"权威与服从"语境中的
未成年人隐私权保护

李延舜 著

Research on Protection of
Privacy of Juveniles
on the Context of Authority and Obedience

社会科学文献出版社
SOCIAL SCIENCES ACADEMIC PRESS (CHINA)

目　录
contents

分 论

导　论

（一）研究意义

隐私权这个诞生才不过 120 多年的新兴权利在现代受到极大的重视，大街小巷无处不在的视频监控、网络空间无孔不入的信息收集、八卦隐私挖掘者和散播者的新闻媒体，都为隐私权在现代社会的彰显提供了客观基础。德肖维茨在其著作《你的权利从哪里来？》中提到权利来源于对现实中"恶行"的反思："首先是辨识出我们试图避免重演的最大恶行有哪些，接着则探问某些权利的丧失是否导致这些恶行的发生。如果权利丧失真会造成重大恶行，这样的经验便能成为强大的论据，说明为什么这些权利应该确立。这种由下而上的取向，其基础在于现实——对于什么是意义不大，人们要比什么是完全正义更能形成共识。如果人们可以就某些权利在减少不义上所扮演的核心角色形成共识，这样的共识便可构成坚实权利理论的开端。"① 仔细想来，现代社会对隐私权的极度渴求跟沃伦（Warren）和布兰代斯（Brandeis）于 1890 年首创隐私权的情形何等相似：那时的新闻媒体也热衷于窥探隐私，那时的科技（如快拍相机）恰好为"窥探"提供了技术支撑。正是这种个人隐私"不保"的年代使得隐私权彰显，这也再次印证了马克思那句经典判断："权利决不能超出社会的经济结构以及由经济结构制约的社会的文化发展。"② 很多权利经常等到环境的发展变化迫使人们关注它们时才得到承认，这是历史上的常事。

俄裔美国哲学家艾因·兰德指出："文明，就是向拥有隐私权的社会不

---

① 〔美〕艾伦·德肖维茨：《你的权利从哪里来？》，黄煜文译，北京大学出版社，2014，第 69 页。

② 《马克思恩格斯全集》第 25 卷，人民出版社，2001，第 19 页。

断迈进的进程。野蛮社会的一切都是公共的,靠部落的法则来治理。文明是将一个人从一群人当中解放出来的过程。"① 不管是将隐私权视为宪法中的一项基本权利,还是人格权中的一项具体类型,隐私权的权利主体都是个人。而从"个人"出发,个人必然在生活中同其他两类主体产生交集:一类是组织(包括国家),另一类是其他个体。就前者而言,隐私权的背后是一道"个人领域"的"围墙","它意味着个人与某些相对广泛的'公众'——包括国家——之间的一种消极关系,是对某些范围的个人思想或行为的不干涉或不侵犯。这种局面可以通过个人的退避或'公众'的宽容来实现。自由主义者认为,保护这个领域是可取的,因为它本身是一项终极价值,是可以用来评价其他价值的价值,也是实现其他价值的手段。"② 就后者而言,隐私权代表着一种"独处"、一种"私密空间"、一种生活中的"自主"。正如加拿大的威尔·金里卡所言:真正的隐私权意味着,"他人的在场可能是令人分心、令人窘迫或令人厌倦的。个人需要有自己的时间,有远离公共生活的空间,去沉思和实验各种异类观念,去养精蓄锐,去培养各种亲密关系。社会生活就像政治生活一样,在这些事情上对个人有颇多的要求"③。阿伦特也认为:"现代隐私权的最重要功能是保护个人的私密性,这种隐私权不是作为政治领域而是作为社会领域的对立面而被呈现来的。"④

但问题恰恰在这里产生,无论将隐私权做何种意义上的阐释,隐私权的"预设"主体都是一个"成年人",他不仅兼具权利能力和行为能力,还是个理性主体。换句话说,"强而智"的成年人才是隐私权的"当然"主体,那么一向被我们成年人视为"弱而愚"的未成年人呢?他们是否也是隐私权的"应然"主体?他们是否可以向成年人保守秘密、有自主行为?更何况,生活关系中也有一些类型,如亲子关系,家长对未成年子女的监护、管教本就合法、合情、合理,未成年子女有无必要及可能享有隐私权?

---

① 转引自涂子沛《大数据:正在到来的数据革命,以及它如何改变政府、商业与我们的生活》,广西师范大学出版社,2015,第157页。
② 〔英〕史蒂文·卢克斯:《个人主义》,阎克文译,江苏人民出版社,2001,第61页。
③ 〔加〕威尔·金里卡:《当代政治哲学》,刘莘译,上海三联书店,2004,第703页。
④ 〔加〕威尔·金里卡:《当代政治哲学》,刘莘译,上海三联书店,2004,第703页。

况且他们一旦行使隐私权，那随着而来的必然有极大可能的危险，在此情形下，赋予未成年人隐私权又能有多大的意义？

本书的旨趣即在这里，未成年人的生活世界相较于成人来说简单得多，在未成年人与其他主体（包括国家）的关系中，有几类特别具有相似性，这就是"权威与服从"关系。比如，未成年子女之于父母关系、未成年学生之于学校师长关系、未成年人之于置身刑诉关系等。在此类关系中，既有情感层面的，如父母子女之情、师生之义；又有道德层面的，如养育之恩、传道授业解惑之德；也有法律层面的，如监护权、法律上的照管义务、侦查权等。但无论在情感、道德还是法律层面，"权威与服从"关系都是客观存在的。在这种关系里，未成年人隐私权的研究还有无必要？它的正当性又在哪？具体的隐私权利类型有哪些？可操作性又有几何？都是值得深入探讨的问题。

（二）研究路径

1. 文本实证

所谓文本实证，是指汇总并分析现行规范性法律文件中的"未成年人隐私权"条款，并在此基础上，对"权威与服从"语境中的未成年人隐私权进行拓展和深化。涉及未成年人隐私权条款的规范性法律文件主要有四类：专门的未成年人保护法、家庭法、教师法以及诉讼法（主要是刑事诉讼法）。

《未成年人保护法》是专门的未成年人保护法，分为总则、家庭保护、学校保护、社会保护、网络保护、政府保护、司法保护、法律责任及附则共九章。其他地方性法规也大多参考了此种立法框架，但也有所不同，比如有的省份有国家机关保护、自我保护等章节的设置。就未成年人隐私权的内容而言，《未成年人保护法》涵盖了家庭法、教师法、刑事诉讼法等多部法律的内容。通过对相关法律文本的汇总及分析，可以得出以下几个结论。首先，各地的未成年人保护专门立法并没有就未成年人隐私权达成共识，这当然可能与大部分地方法律文件的制定早于《未成年人保护法》的修订有关。比如许多条款的内容明明是关于未成年人隐私保护的，但在条款中并未明确指出"隐私权"。不可忽视的是，那些未涉及未成年人隐私权的地方性法律文件更多地站在成人视角思考对未成年人的保护，而且预设了"家庭""学校"等对未成年人的管教显然胜过放任，这种预设就在"为你好"的大义中，尽可能地要求未成年人服从就可以了。其次，未成年人隐私权条款散见于家庭保护、社会保护、学校保护、网络保护、政府保护、司法保护及责任条款中，就法律文本设置的规范性和技术性而言，显然置于不同的章节有不同的意义，它反映了立法者对最有可能侵犯未成年人隐私权的场域认知。如认为新闻媒体最容易侵犯未成年人隐私权的，就在社会保护章节中作出规定；认为学校是容易侵犯未成年人隐私权的，就在学校保护章节中作出规定。在搜集的多部规范性法律文本中，只有少数如《四川省未成年人保护条例》是在"总则"中单独规定了隐私权。这种隐私权的"总则性规定"意义在于无论是国家机关、家庭、学校还是其他社会主体，都要尊重并保护未成年人的隐私权。庆幸的是，《未成年人保护法》采用了此思路，在总则第 4 条规定了未成年人隐私权。再次，未成年人隐私权的对象指向不同，比如家庭保护中的未成年人隐私权指向邮件、信笺、通话记录、聊天记录、日记等，而社会保护中的未成年人隐私权指向姓名、家庭情况、住址、照片、图像等。还有值得注意的是，在学术研究中被归入隐私权保护的一些内容并没有置于相应的隐私权条款中，如考试分数及名次、亲子鉴定、DNA 信息、违法或犯罪记录等。最后，未成年人保护法的责任设置并不完善，大多数的责任章节中仅规定了训诫、治安管理处罚、追究主要责任人、构成犯罪的追究刑事责任，这种规定并不符合侵犯隐私权类型的划分。一般情况下，侵犯未成年人隐私权的主体有父母及其他监护人、学校及教师、新闻媒体、国家机关、商事组织等，根据侵权主体及侵权行为的不同，可以大致分为民事责任、行政责任（如治安管理处罚）、刑事责任（如非法收集、贩卖未成年人个人信息）。进一步讲，承担民事责任的种类有哪些、行政责任的类型有哪些等，《未成年人保护法》并未涉及，而仅是简单地适用《民法通则》《侵权责任法》来进行处理的话显然又是将未成年人当成了成年人来看待，比如在父母侵犯未成年子女隐私权的情形下，其责任承担应区别于普通的隐私侵权情形。随着《民法典》的颁行，《未成年人保护法》等相关规范性法律文件也随之修订。

2. 体系建构

此处的体系是隐私权体系而非未成年人保护法的体系。当前的隐私权研究无论是我国，还是处于领先地位的美国和欧洲，体系都说不上完整。归根结底在于，隐私权作为一种"权利束"，包含太多的权利类型在里面。而之所以出现这种情况，关键因素是隐私权的本质难以界定，由此无法给其确定一个明晰的边界。美国是隐私权体系最庞大、最复杂的国家，有学者统计，美国隐私权的定义可以概括为六种：①沃伦和布兰代斯所提出的著名的隐私权定义——个人独处的权利理论；②限制接近理论——禁止不受欢迎的人接近自己的权利，如最早提出该理论的古德金（E. L. Godkin）认为："没有什么事情比私人生活更值得法律保护，或者换句话说，每个人都有权保持他自己私人事务的秘密性，并由他们自己决定哪些私人事务是公众可以观察和讨论的，哪些私人事务是公众不能观察和讨论的。"③秘密理论——对他人隐瞒自己私人事务的权利，如波斯纳法官认为，隐私权至少包括了两种不同的利益。其一，个人独处的利益。不受欢迎的电话、卡车发出的噪音、电梯里播放的音乐、大街上被别人挤挤推推、电影院播放的隐晦影片或者行为人爆粗口这些事情都可能侵犯了他人个人独处的利益。其二，隐瞒个人信息的利益。当行为人以违背他人意愿的方式获取他人的私密信息时，行为人的信息获取行为侵犯了他人隐瞒个人信息的利益；④个人信息的自我控制理论；⑤人格权理论——保护他人的人格、个性和尊严；⑥亲密性关系理论——控制或限制行为人接触他人亲密关系或个人生活。① 而这种统计只是对隐私权本质的认识，具体到隐私权的体系，则情况更加复杂。

从起源来看，隐私权产生于侵权法，沃伦因其夫人举办的宴会被《波士顿晚报》记者偷拍并报道，伙同时任律师的布兰代斯共同创作出经典的《论隐私权》。但《论隐私权》中提出的"独处的权利"太过抽象，各种各样的"独处"貌似都能归入"隐私权"之中。并且，在侵害产生之后的诉讼中，因形式严格的令状体系，寻求司法救济举步维艰。于是，《论隐私

---

① 〔美〕丹尼尔·J. 索洛韦伊：《隐私权的定义》，黄淑芳译，载张民安主编《美国当代隐私权研究》，中山大学出版社，2013，第 4 页。

权》发表70年后，普罗瑟（Prosser）教授试图完善"像飓风中的干草堆"一样的相关隐私立法，在汇总整理了300多个案例后，他得出一个惊人的结论："判决中出现的不是一个简单的问题，不是一个侵权行为，而是四个侵权行为的复合体。侵权法包含了侵犯他人四种不同利益的四种侵权行为，它们被一个共同的名称联系起来，用库利法官的话来讲就是'独处的权利'，但是除此之外并没有其他共同之处。"① 这四种明确的隐私侵权行为即侵扰侵权，公开披露侵权，公开丑化他人形象的侵权以及擅自使用他人姓名、肖像的侵权。② 普罗瑟对民事侵权领域隐私权类型划分的贡献是巨大的，明确了四种侵权类型后，司法救济的确定性和可预期性大大提高。德国的情况又是怎样的呢？"1896年的《德国民法典》仅仅保护他人的两种无形人格权，这就是，他人的自由权和他人的姓名权，其中，《德国民法典》第823（1）条保护他人的自由权，1896年《德国民法典》第12条保护他人的姓名权。此外，《德国民法典》不保护他人对其名誉、隐私、肖像或者其无形人格特征享有的利益。"③ 也就是说，在德国的近代民法典中，严格形式意义上的"隐私权"并不存在，甚至人格权都不存在。虽然在《德国民法典》的自然人部分有关于姓名权的规定，但学术界对于"人格权"的保护一般都与作为权利主体的人（法）的其他部分一起讨论。如在卡尔·拉伦茨所著《德国民法通论》中，将我们称之为"人格权"的内容放在第一编"人"的第一分编"自然人"中，标题名为"人格的保护"，与（自然）人的权利能力、行为能力与不法行为能力、姓名、住所与国籍并列。④ 另如在迪特尔·梅迪库斯的《德国民法总论》中，将人格权放置在第四编"权利主体"之中，作为"与权利能力同一性质的人的其他法律属性"而与

---

① 〔美〕弗农·瓦伦丁·帕尔默：《美国历史上隐私的三座里程碑》，王盛雅译，载齐延平主编《人权研究》（第13卷），山东人民出版社，2014，第339页。

② 〔美〕小詹姆斯·A. 亨德森等：《美国侵权法——实体与程序》，王竹等译，北京大学出版社，2014，第748~786页。

③ 张民安：《公开权侵权责任制度研究》，载张民安主编《公开权侵权责任研究：肖像、隐私及其他人格特征侵权》，中山大学出版社，2010，第12页。

④ 〔德〕卡尔·拉伦茨：《德国民法通论》（上册），王晓晔等译，法律出版社，2003，第170页。

住所、姓名等并列。① 这是因为德国学界将人格权视为权利主体的人的必要属性，作为人的完整性的不可或缺的一部分。② 此种体例在我国台湾学者的著作中得到了继受，如史尚宽先生、郑玉波先生均作此处理。③ 那么，如何在近现代保护自然人的名誉利益、隐私利益、肖像利益或者其他无形人格利益呢？1954 年，出于一个相对而言微不足道的契机，联邦最高法院承认了一般人格权，这就是非常著名的"读者来信案"。德国联邦最高法院法官援引了《基本法》第 1 条第 1 款（人的尊严）及第 2 条第 1 款（发展人格），一般人格权被解释为《德国民法典》第 823 条第 1 款意义上的"其他权利"。由此，借助德国宪法的规定，一般人格权被创设来保护公民的隐私权。我国的情况清楚明了，隐私权的概念出现较晚，直到 2009 年的《侵权责任法》才予以确定，它也一向被认为是人格权中的重要内容，是一项民事权利。

但隐私权是否只属于私法体系呢？是否存在公法层面上的隐私权？这在隐私权发源地的美国，早已不是问题。一方面，沃伦和布兰代斯于 1890年发表的《论隐私权》一文现在看来仍具有无穷魔力。侵权法理论能从该文中找到理论源泉——它确立了保护人的"精神利益"的重要性，普罗瑟更是据此确定了四项明确的隐私侵权行为；宪法隐私权也从该文中汲取营养。在一系列涉及政府侵犯公民隐私权的联邦法院案件中，如 1941 年的Goldman v. United States 案④和 1961 年的 Poe v. Ullman 案⑤中，《论隐私权》一文的观点更是频频被引用。在 1967 年的格里斯伍德（Griswold）案中，持反对意见的大法官布莱克（Black）鲜明地指出了这一点："看到'隐私权迫切地需要被认可'，让我不大理解的是，联邦最高法院作为普通法法院，现在似乎随着 Warren 和 Brandeis 对侵权行为救济的讨论而提升了一个

---

① 〔德〕迪特尔·梅迪库斯：《德国民法总论》，邵建东译，法律出版社，2001，第 800 页。

② 曹险峰：《论德国民法中的人格与人格权——兼论我国民法典的应然立场》，《法制与社会发展》2006 年第 4 期。

③ 史尚宽：《民法总论》，中国政法大学出版社，2000，第 123 页以下；郑玉波著、黄宗乐修订十版《民法总则》，台北三民书局，2007，第 101 页。

④ 316 U.S.129（1941）.该案涉及《美国联邦宪法第四修正案》是否保护窃听器的使用。

⑤ 367 U.S.497（1961）.该案对抗的是政府强制执行避孕禁令。

层次，上升到了宪法原则的高度，以致阻碍了国家立法机关通过任何在法院看来干涉了隐私的法律。"① 也就是说，布莱克大法官是在指责大多数人把普通法（侵权法）上的权利提升到了宪法的高度，这从侧面证明了沃伦和布兰代斯的隐私权具有跨越 "公、私" 两域的特性，在此意义上，普罗瑟用 "隐私侵权行为" 代替 "隐私权" 的研究进路究竟是进步的意义多一些还是退步的意义多一些，是一个可以讨论的问题。惠特曼教授在谈到布兰代斯的贡献时说：他在欧姆斯蒂德案的反对意见中 "最为出众的地方应该是其将两种相互区别的隐私概念结合到一起的方式——只有其中一种隐私概念具有宪法权威的基础：宪法制定者保证通过宪法为我们提供有利于追求幸福的安全环境。"② 由此可见，隐私权在被布兰代斯提出之始就可通用于侵权法和宪法，这一点在 "权利现在更多地属于公法话语范畴而不是私法话语范畴" 的今天，显得特别重要。如果说布兰代斯所言的宪法意义上的隐私权针对的是《美国联邦宪法第四修正案》和《美国联邦宪法第五修正案》，而在 1967 年 Griswold 案之后，自治性隐私权进入美国法律的视野，《美国联邦宪法第一修正案》《美国联邦宪法第九修正案》《美国联邦宪法第十四修正案》分别与其有了牵连。可以说，在美国，一方面，对隐私权的研究虽始于侵权法，但引起广泛影响和更多关注的却是宪法隐私权，尤其是自治性隐私权。另一方面，大数据时代的到来，使得敏感个人信息成为隐私权的保护客体，美国也由此发展出了 "信息性隐私权" 概念，并借由常见侵犯公民个人信息的两大主体——国家和商事组织（包括个人），使 "信息性隐私权" 具备了公法和私法的双重属性。在德国，除了用 "一般人格权" 构建类似于美国法中隐私权所涉及的私生活利益保护的内容外③（凡属与人格尊严有关的私人领域包括人身自由、住宅自由、通信秘密等均可纳入维系人格尊严的权利保障范围），对国家权力不断搜集和掌管公民的个人信息也持警惕态度，尤其是对第二次世界大战的反思——纳粹之所以能够对有资产的犹太人以及其他他们认为 "不受欢迎的人" 进行抓捕，其中的一个

---

① 381 U. S. at 510 n. 1（1967）.（Black, J., Dissenting）
② 〔美〕詹姆斯·Q. 惠特曼：《西方的两种隐私文化：人格尊严和自由》，蔡雅智译，载张民安主编《隐私权的比较研究》，中山大学出版社，2013，第 388 页。
③ 张军：《论宪法隐私权的法理基础》，《广西大学学报》（哲学社会科学版）2007 年第 1 期。

原因就是，当时人们的个人数据能够被轻易地获得，无论是为公共部门所掌握的信息，还是储存在私营企业中的信息。所以，德国对个人资料的保护方面走在了世界前列，宪法法院在1983年人口普查案中确立了"资讯自决权"，并进而指出这种自决权在一般意义上也属于个人隐私范围。① 但需特别指出的是，信息自决权的提出基于特殊的案例背景，也就是说，公民享有的信息自决权是针对政府公权力的，并不适用于私法领域尤其是商业领域对个人信息的收集。在民事侵权领域，德国隐私权的"领域理论"② 并未过时。尽管王泽鉴教授提出过不同看法③，但近年的一篇文章指出："在1969年'小普查案'中，个人信息的自决权针对的是国家对于众多的个人信息以及秘密信息的强制收集行为，也只有在这一具体适用范围中，本案所提及的个人信息自决权这一观念才是合理的。"④ 也就是说，德国宪法法院是针对国家强制性的信息采集而提出了信息自决权，并没有将其扩展到私法领域。

综上，对隐私权本质认识的深化，是促成从"隐私权的宪法保护"到"宪法隐私权"的根本原因。传统上，我们将隐私权界定为私权，是人格权之一种，由民法对其提供保护。而伴随着国家权力的扩张，政府权力对个体权利的态度发生改变——在保持"消极不侵犯"的义务基础上，增添了"积极去保护"的内容。由此，隐私权的宪法保护一度成为研究的热点。随着国际人权法以及部分国家的宪法对隐私权的确认⑤，隐私权逐渐被视为一

① 〔德〕梅迪库斯：《德国民法总论》（第2版），邵建东译，法律出版社，2001，第809页。
② 德国联邦法院在判断一般人格权的侵害程度时提出了领域理论，即个人私生活可分为隐秘领域、私密领域及个人领域。这三种领域依其接近"私生活核心部分"远近的程度而予以不同层次的保护，参见王泽鉴《人格权法：法释义学、比较法、案例研究》，北京大学出版社，2013，第198~199页。
③ 王泽鉴先生则持不同意见，认为"人口普查案"的重大意义之一即在于"在方法上扬弃了'领域理论'，不再将个人事务作阶层上的区分……而是以数据的使用或结合可能性作为判定标准"。参见王泽鉴《人格权的具体化及其保护范围·隐私权篇（上）》，《比较法研究》2008年第6期。
④ 杨芳：《个人信息自决权理论及其检讨》，《比较法研究》2015年第6期。
⑤ 有超过25个国家的宪法文本中直接规定了隐私权或私生活权的内容；某些法治发展比较成熟的国家虽然在宪法文本中没有直接规定隐私权或宪法保护问题，但往往通过有效的和经常性的违宪审查机制或司法判例来确认和保护宪法意义的隐私权（如美国、德国、日本等）。参见韩大元《公民基本权利概念在中国的起源和演变》，《中国法学》2009年第6期。

种基本人权,且成为抵抗国家权力侵入私人领域的重要力量。"在现实世界日显活跃的人权中,隐私权不仅表现为一种利益性和意志性,还表现为一种对公共权力的态度。抑制公权力使其对个人生活或私人生活领域持一种中立的态度,是把该权上升为宪法权或曰人权的主要原因。"① 除法律文件外,大量的宪法判例也彰显出这种转变,"人们直接根据隐私权提起的诉讼越来越多,而不再是根据那些保护隐私利益的宪法权利而提起诉讼"②。隐私权再也不是纯粹的具体人格权之一种,而是一项基本人权。在此意义上,隐私权的体系应兼有公法和私法两个层面。

此处的关键在于,通常意义上的未成年人隐私权都是指向私法(民事)上的隐私权,强调其公法层面隐私权的价值何在?如果认为,只有成人隐私权才对抵抗国家权力的侵蚀有意义,那强调未成年人隐私权的公法属性是没意义的,但如果在权利意识和制度层面通过公民权利防范国家权力的话,那公法上的未成年人隐私权就有价值。英国最早提出了儿童隐私权自决权的规定,反映出对儿童及其隐私权的尊重。英国在1985年的吉利克(Gillick)案中首次提出儿童隐私自决权,本案主要围绕医生为未满16周岁的少女开处方避孕药时,是否应先征询其父母同意而发生的争议。该案中,英国上议院绝大多数的议员赞成卫生部门提交的不需要获得少女家长同意的指示,且作出裁定。随后该原则发展为"如果儿童具备足够的理解力和智力,能够对需要作出决定的问题作出自己的决定,那么其父母权利应让步于儿童权利,以使儿童作出自己的决定"③。挪威的《儿童法》则对儿童自决权有明确的法律规定:"儿童的自决权——父母应随着儿童成长逐步扩大儿童决定自己事务的权利,直到她或他成年。"其他法律也规定了儿童享有表决权,如挪威的《儿童福利法》等。在此,自决(自治)属性的隐私权反抗一切成人世界的霸权,不仅针对父母家庭,还指向学校、国

---

① 徐显明:《人权建设三愿》,载徐显明编《人权研究》(第二卷),山东人民出版社,2002,第2页。

② 〔美〕琳达·J.埃利希:《选择自由:个人自治与隐私权》,王垚译,载张民安主编《自治性隐私权研究》,中山大学出版社,2014,第155页。

③ 孙云晓、张美英:《当代未成年人法律译丛(英国卷)》,中国检察出版社,2005,第6页。

家。所以，如果没有公法层面的隐私权，谈未成年人的自治性隐私权就没有根基。

3. 个人主义

何谓"个人主义"？布坎南认为个人主义可以分为两类：第一类是建立在作为分析基本单位的各人选择之上的方法论个人主义，第二类则是把价值的最终源泉的唯一归结到个人身上的假定，但"没有第二个假定，第一个假定对于由个人偏好导出宪法结构的分析，相对来说是没有什么意义的"[①]。《简明不列颠百科全书》个人主义条目写道：个人主义是"高度重视个人自由、广泛强调自我支配、自我控制、不受外来约束的个人或自我"的一类学说。"这类学说一般包括以下几层内容。①人性理论。以个体的人作为研究社会问题的出发点，认为每个正常的成年人都既是利己的又是具有理性的，并由此推论，最符合他利益的就是让他有最大限度的自由和责任去选择他的目标和达到这个目标的手段，并付诸行动。②一套价值体系、人权思想。这包括三条原则：其一，一切价值均以个人为中心，因为一切价值最终都是有个人体验的；其二，个人本身就是目的，具有最高的价值，社会知识达到个人目的的手段；其三，一切个人道义上都是平等的，任何人都不应当被当作另一个人获得幸福的工具。③一种对社会生活总的态度、倾向和信念。他主张高度评价个人的自信、个人私生活和对他人的尊重；主张个人有权不同于他人，有权同其他人竞争，有权超越或落后于其他人。④一套确立社会秩序的原则。这一原则反对任何强加给个人的命令，特别是国家对个人的支配，主张每个人或家庭都享有最大限度的机会去取得财产，并按自己的意愿去管理和转让财产。"[②] 该条目的解释相当细致，总体说来，个人主义是现代法律体系的根基，它强调每个人的权利和平等保护，其基本特征在于"把个人当作人来尊重；就是在他自己的范围内承认他的

---

① 〔美〕詹姆斯·M. 布坎南：《宪法经济学》，载刘军宁等编《市场社会与公共秩序》，三联书店，1996，第 339 页。
② 刘庚子、杨百城：《两种传统、一个故事——略论西方政治传统中的个人主义》，载刘军宁等编《自由与社群》，三联书店，1998，第 235~236 页。

看法和趣味是至高无上的"①。

在"权威与服从"语境中研究未成年人隐私权必须是个人主义的，这从隐私权本质（价值）上的"个人主义"和方法论上的"个人主义"两方面来阐释。

首先，隐私权的本质是"个人主义"的，也就是说，隐私权是"个人"的权利。现代社会之所以重视"隐私权"，乃是因为法律中的"人"必然是独立、自由的人，追求平等的地位和发展的机会是"人之为人"的基本要素。而"要想给每人本性任何公平的发展机会，最主要的容许不同的人过不同的生活。凡是压毁人的个性的都是专制，不论管他叫什么名字，也不论他自称是执行上帝的意志或者自称是执行人们的命令"②。那么，"过不同的生活"从何而来？答曰：除了物质上的满足之外，最主要的是精神上的自由，而拥有隐私则是精神自由的重要组成部分，这种自由对未成年子女来说同样需要。尽管当前学者们对隐私权的概念并未获得统一认识，但有一点是确定的，即隐私代表着远离公共领域的私人领域，"在这个领域中，如穆勒所表述的，个人不受或不应受到别人的干涉，能够做和想他所中意的任何事情——按照他自己的方式去追求他自己的利益。"③ 这一点在《世界人权宣言》和《公民权利和政治权利国际公约》上体现得特别明显，无论是前者第 12 条④还是后者第 17 条⑤，都没有明确提到公民隐私权，但我们就将这两条视为隐私权的保护条款，私生活、家庭、住宅、通信都是"私人领域"的具体展现。如果说私法层面隐私权的"私人领域"本质体现得还不太明显的话，那公法层面隐私权的"私人领域"本质就暴露无遗。以美国自治性隐私权的演进历程为例，格里斯伍德诉康涅狄格州案正式确立了自治性隐私权，它确立了家庭领域中"卧室"的神圣不可侵犯。在该

① 〔英〕哈耶克：《通往奴役之路》，王明毅、冯兴元等译，中国社会科学出版社，1997，第 21 页。
② 〔英〕约翰·密尔：《论自由》，程崇华译，商务印书馆，1959，第 59 页。
③ 〔英〕史蒂文·卢克斯：《个人主义》，阎克文译，江苏人民出版社，2001，第 55 页。
④ 《世界人权宣言》第 12 条：任何人的私生活、家庭、住宅和通信不得任意干涉，他的荣誉和名誉不得加以攻击。
⑤ 《公民权利和政治权利国际公约》第 17 条：任何人的私生活、家庭、住宅或通信不得加以任意或非法干涉，他人的荣誉和名誉不得加以非法攻击。

案之后，同样具有实质性影响的 Eisenstadt v. Baird 案①在私人领域自治的道路上走得更加深远。该案指向一项限制避孕措施的州法规，该法规限制向未婚人群销售避孕用品，法院指出："确实，格里斯伍德一案涉及的隐私权是基于婚姻关系而存在的。但是我们应当明白，夫妻共同体并不是一个具有自身想法与情感的独立实体，而是一个由两个具有独立智识与情感结构的个人所组成的联合体。"② 法院的"创新之处"就在于，通过阐释隐私权的"主体"来更进一步保护公民的私人领域不受国家权力的侵犯。在以往的案例中（代表性的是格里斯伍德案），人们是基于古老又神圣的婚姻制度来保护隐私权，而审理该案的法院认为，人们是基于其个人的个体身份而享有隐私权，无论他们扮演何种社会角色或具有何种社会关系。此案过后，隐私权的正当性由保护"卧室"转向了保护"个体"，"隐私权意味着一种个人权利，不论是已婚人士还是单身人士，他们都享有在不受到毫无根据的政府侵入的情况下作出是否生育子女这类对个人具有影响力的基本决定的权利"③。大法官布莱克曼在 Bowers v. Hardwick 案的反对意见中这样解读隐私权："法院此前的隐私权案件判决并不是根据涉案行为的性质作出的，而是根据个人在私人事项上享有选择自由的理论作出的。我们之所以保护这些权利并不是因为它们有利于社会公众福利，而是因为它们构成了个人生活的核心部分。'隐私权这一概念包含了个人只属于其自身，而不属于其他人或者社会全体的道德事实'。"④ 布莱克曼进而谈道："由于亲子关系会给个人的自我定义带来戏剧性的改变，因此我们保护他人享有的决定是否生育子女的权利……我们之所以保护家庭关系是因为家庭对于个人的幸福快乐起着至关重要的作用，而不是因为我们更偏爱某种模式的家庭生活。"⑤

---

① 405 U. S. 438（1972）.
② 转引自〔美〕迈克尔·J. 桑德尔《道德分析与自由主义宽容理论：以堕胎与同性恋问题为例》，孙言译，载张民安主编《自治性隐私权研究》，中山大学出版社，2014，第377~378页。
③ 405 U. S. 453（1972）.
④ 478 U. S. 186，204（1986）.（Blackmun, J., dissenting）
⑤ 转引自〔美〕迈克尔·J. 桑德尔《道德分析与自由主义宽容理论：以堕胎与同性恋问题为例》，孙言译，载张民安主编《自治性隐私权研究》，中山大学出版社，2014，第380页。

布莱克曼法官的解读正是基于"个人主义"立场。此外，布伦南法官对该案持相同看法："在州禁避孕药案中，隐私权确实基于婚姻关系。但已婚夫妻并非自身具有思维和心脏的独立实体，而是由两个具有分离思想与感情组成的个人。如果隐私权具有任何异议，它必然是'个人'权利，不论结婚还是单身；对于决定是否生育孩子这一影响个人的根本问题，个人有自由不受缺乏理由的政府侵犯。"① 我们保护隐私权不是为了家庭、婚姻、生育，而是为了独立、自由、自主的个人。

其次，"权威与服从"语境中未成年人隐私权的研究路径也是"个人主义"的，它与"集体主义""共同体主义""社群主义""社团主义""整体主义"相对应。在方法论以及价值的归依上，"是个人高于社会，还是社会高于个人，抑或其他？对这个问题回答的差别，构成了不同法律文化系统中法律精神的基本特点"②。普遍观点认为，西方法律传统中"个人主义"是主流，东方法律传统中"整体主义"占支配地位，并由此造就东西方法律文化的巨大差异。然而，在"权威与服从"语境中的未成年人隐私权研究中，整体与个体不可避免地交织在一起。一方面，无论是"亲子关系"还是"师生关系"，我们常将其看作一个整体，而家庭、学校正是这个整体的诞生和繁衍地。戴维·米勒认为："人们不仅把自己看作是本质上具有私人利益和私人动机的个体，也把自己看作是与社会单位相联系的个体，并以此来回答'你是谁'的问题。他们会说，除此外，'我还属于……'。社群不仅是一种相对于其他人而言的感情上的归属感，它也因此而深深地进入认同。如果割断与社群的关系，个人的生活就将失去重要的意义。"③ 麦金太尔也提醒我们"注意这样一个事实，即，自我必须在诸如家庭、邻里、城邦、部族等共同体中，并且通过他在这些共同体中的成员资格去发现他的道德身份，这并不意味着自我必须接受这些共同体形式的特殊性在道德上的各种限制。不从这些道德的特殊性出发，就无从开始；正是从这类特

---

① 张千帆：《宪法学导论——原理与应用》，法律出版社，2004，第607~608页。
② 公丕祥：《法制现代化的理论逻辑》，中国政法大学出版社，1999，第233页。
③ 转引自俞可平《社群主义》（第三版），东方出版社，2015，第68页。

殊性出发的向前运动构成了对善、对普遍性的探寻"①。由此，对个体的认识离不开整体，探讨个体的权利也必须要在整体的情境中，"权威与服从"正是对这个整体情境的阐述。另一方面，隐私权的主体必然是单个的人，未成年人隐私权就必须要突破家庭、学校的藩篱，高扬个人主义的大旗。在隐私权的话语体系中，有些学者提出诸如"家庭隐私权""团体隐私权"之类的概念，这些概念不仅在隐私权的"主体性规定"上站不住脚，更严重的是，集体主义视角下的个体人格容易被无视——"权利义务均由作为一个整体的团体承担，并将成员个人完全排除在外：'如果什么东西应给付团体，它不应付给团体所属的个人，个人也不应偿还团体所欠之债'。"② 团体一旦被认可具有法律人格，个人就将深陷在集体人格的危险之中。以家庭隐私权为例，它的本质是一种家庭集体主义，该理论将每一个家庭看作一个独立的个体，并授予每一个家庭独立的法律人格，因此受到学者的批评。"因为这种理论将给家庭成员中最不具备防御意识的个体带来一系列伤害，妇女和儿童作为家庭中最不具备防御意识的个体，这种理论给他们带来的伤害最为严重。最近这几十年来有关女权主义的调查研究揭示，将家庭作为一个单独的整体不仅仅是一个社会构建的问题，它带来的影响是我们无法估量的。家庭隐私权这种提法尤不可取，因为家庭隐私权这种提法是作为一种意识形态工具来保护家庭成员中较为强势的一方，通常是用来保护扮演父亲以及丈夫角色的男性的利益。而家庭成员中势力较为弱势的一方，如妇女以及未成年子女的利益则得不到保护。正因如此，女权主义者提倡，隐私权也涉及公共利益，国家公权力也应该介入个人隐私权之中，她们希望通过这种途径保护家庭成员弱势一方的隐私权利。"③ 正是在此意义上，西耶士告诫我们："最大的困难来自那种使一个公民仅与若干他人

① 〔美〕阿拉斯戴尔·麦金太尔：《追寻美德：伦理理论研究》，宋继杰译，译林出版社，2003，第280页。
② 〔德〕彼得罗·彭梵得：《罗马法教科书》，黄风译，中国政法大学出版社，1992，第52~53页。
③ 〔美〕本杰明·土穆里·阿耶莱特·布莱切尔·普里伽特：《未成年子女的隐私权研究》，黄淑芳译，载张民安主编《侵扰他人安宁的隐私侵权》，中山大学出版社，2012，第206页。

相一致的利益。这种利益促使人们共同商议，结成联盟；由此策划出危害共同体的计谋；由此形成最可怕的公众的敌人……社会秩序严格要求普通公民不组成行会……当国民还能做到时，它不应该将自己置于人为形式的束缚之中。这样便会使自己面临永远丧失自由的危险……我们应该将世界上的各国国民理解为身处联系之外的个人，或像人们所说的，处于自然状态的个人，他们行使自己的意志是自由的，不牵涉任何民事组织。"①

文明的进程"是人从一种粗鄙的个人主义状态向更高的、更合乎道德、更优雅的个人主义状态的进步。文明的终极秩序就是民主，它接受个人主义在这个国家的永久存在……国家的特殊责任就是实现这种文明。在这种文明中，单个人的权利、自由、心理和精神的发展构成了所有社会宪制和法律的最高目的"②。虽然在一些天然的"社群"内部（如家庭）讲个体权利貌似"不和谐"，但一味追求"和谐"也必会掩盖一些不公正之现象。纵观法律的进化史，传统私人领域中的一部分生活关系必然会进入法律的视野，这既是"个人"的胜利，也是国家应负的义务。

（三）行文结构

本书分总论和分论两部分。

总论从第一章至第五章，主要解决"权威与服从"语境中未成年人隐私权保护的基本理论。第一章阐述研究价值，以"三个递进"的方式层层论述"不服从"语境中的未成年人隐私权保护价值。首先是隐私权之于人的价值，其次是隐私权之于"权威与服从"语境中的未成年人价值，最后是"权威与服从"语境中的未成年人隐私权价值。第二章阐述论文的研究困境。在深入论证现行隐私权法的前提预设与未成年人的背离后，文章从理论和实践两个层面阐述选题存在的困境。理论方面，处于"权威与服从"语境中的未成年人隐私权究竟是一项法律权利还是道德权利？权利背后的利益以及权利之间如何区分？赋予未成年人隐私权有无意义？实践方面，承担未成年人隐私侵权的构成要件匮乏以及通过法律予以

---

① 〔法〕西耶士：《第三等级是什么？》，转引自朱学勤《道德理想国的覆灭》，上海三联书店，1994，第188~190页。

② 转引自〔英〕史蒂文·卢克斯《个人主义》，阎克文译，江苏人民出版社，2001，第25页。

保护的效果不明显是两大致命难题。第三章阐述研究的起点，即具体化、类型化未成年人隐私权。这又分两个步骤：先是完成隐私权的类型化，再是完成未成年人隐私权的类型化。第四章论述研究的核心，在于将"权威与服从"语境中未成年人隐私利益保护置于"法律关系"之中。生活中的隐私要上升到法律关系中的隐私权客体，必须要在形成一种"社会共识"的前提下，用法律手段（即隐私权）对该隐私进行保护，而这个过程应通过未成年人隐私权的立法、执法和司法来实现。第五章阐述研究的结论，即作为法律上"受尊重"的未成年人隐私权。法律上的受尊重传达了一种秩序观念，一种法律秩序。与"禁止性规范"不同，它通过向社会传递一种价值观以及在这个社群生活的个体的价值观，希望每个个体不但能从这种价值观中学会不伤害他人，而且通过积极行为为社群及其成员做贡献。在"权威与服从"语境中，"受尊重"的未成年人隐私权通过四个方面来阐释：作为"框架性权利"的未成年人隐私权、作为"法律原则"的未成年人隐私权、作为"程度"的未成年人隐私权和作为需要"利益衡量"的未成年人隐私权。

分论从第六章至第八章，主要解决不同"权威与服从"语境中的未成年人隐私权保护问题。第六章阐述亲子关系中的未成年子女隐私权保护。伴随着亲子关系的剧烈变革以及未成年子女隐私意识的觉醒，未成年子女隐私权进入了研究的视野。理论层面，个人主义还是家庭主义、监护权与隐私权的利益衡量是研究的难点，制度构建方面，家事法院（庭）的建制、非诉程序及指令的设计是两个重中之重。第七章是师生关系中的未成年学生的隐私权保护。教育中存在"唯分数至上"、抹杀个性等现象，在"老师也是为你好"这种"爱"的表达下，教育机构及工作者肆意干涉着学生的私人生活。无论是学籍、档案管理、教学与奖惩，还是学校生活，学生的隐私期待备受忽略。在未成年学生隐私权保护的制度构建方面，双罚的设计以及正当程序原则最为必要。第八章阐述刑事诉讼中的未成年人隐私权保护。尽管在刑事诉讼中，公众知情权与国家公权很重要，但涉案未成年人的隐私权保护也具有特殊价值，尤其是"标签理论"和刑法的预防目的。未成年人的隐私权保护贯穿刑诉的侦查、审判及执行等各个阶段。在制度设计方面，隐私权入宪，引入合理期待规则，少年法院（庭）的人性化、规范化操作，建立责任追究制度以及非法证据排除等，是最有效的保护涉案未成年人隐私权的路径。

总　论

第一章　研究价值

第一节　隐私权之于人的价值

一　隐私权是一种现代性需要

隐私如同氧气，只有当它消失的时候我们才开始感激它的存在。[①] 而之所以称隐私权是一种现代性需要，正与"现代社会的隐私环境之恶劣"息息相关，尹田教授指出："'隐私'观念较之其他人格利益，其产生更加决定于一定社会之物质条件与文化环境：从主观上讲，倘无将个人空间与公众空间相分离的强烈愿望和必要，倘此种分离不被认为具有支配个人生活之安宁和幸福之重要价值，则'隐私'的观念大概是不会产生的；从客观上讲，倘若一定的物质生活方式和条件基本不能形成破坏个人秘密空间的重大威胁，或即使有所破坏，也不至于造成对个人自由、安全和尊严的严重损害，则'隐私'也大概不至于成其为一项权利而需要法律的特别保护。"[②] 隐私权在现代受到诸多关注，正是因为现代社会人们的隐私利益肆意被侵犯，这种侵犯可以通过以下三个方面进行阐述。

首先，传统"公共领域"与"私人领域"的界限日趋模糊，现代人们追求美好私人生活的希望已经落空。历史上，对私人生活的认识经历了一个由"鄙视"到"重视"、由"低等"到"高阶"的转变。比如对希腊人来说，在共同世界之外的，"一个人自己的"隐私中度过的生活，按定义就

---

① Charles J. Sykes, *The End of Privacy*, New York: St. Martin's Press, 1999, p. 4.
② 尹田：《自然人具体人格权的法律探讨》，《河南省政法管理干部学院学报》2004 年第 3 期。

是"愚蠢的";对罗马人来说,隐私提供的只是一个摆脱共和国事务的暂时庇护所……我们今天把私密性空间称为私人的,并把它的起源追溯到罗马晚期,但是这种私密空间的异彩纷呈的确不为现代以前的任何时代所知。①之所以出现这种情况,是因为私人领域的政治境遇发生了转变。在古代人看来,过一种"私人"性质的生活意味着不被允许进入公共领域,而不能参与公共事务的人不是完整意义上的人。所以,"这里决定性的历史事实是,现代的隐私就其最重要的功能是庇护私密性而言,不是作为政治领域的对立面,而是作为社会领域的对立面被发现的,从而它与后者有着更紧密更真实的联系"②。而现代社会由于公共安全的需要、社会福利的需要、保护弱势群体的需要,传统的泾渭分明的公私界限被打破了,比如家庭关系再也不是纯粹"围墙之内"的事务、官员及明星的感情生活需要在地下才能不为人知、网红为了出名或利益直播自己的日常起居、满街的监控及定位让人的行踪无处匿形等,原本属于隐私的事务一下子变得公开了。注重生活质量、追求自由的人们开始怀念以前的生活,并试图通过"隐私权"来找回过往的曾经。

其次,安宁与不受打扰的精神生活在现代成为一种"渴求"。在越来越拥挤的社会生活条件下,忙碌与疲惫让人们渴望获得心灵的休憩。"在这个纷扰的社会中,我们已经习惯于享受心中那块净土给我们带来的宁静,在心中这片净土上,我们应该最起码能够享受不被他人监视、干扰的自由。因此,任何对他人心理空间的侵扰、监视行为,都应被视为侵犯他人私人领域的行为。但是,对他人生活的窥视,既可以是信息上的也可以是视觉上的,并且窥视行为并不都是由窥视者在'私下里'采取的。此时个人隐私之所以遭到侵害,其关键并不在于行为人将他人的个人隐私暴露在公众面前,而在于人与人之间有关个人隐私的界限被完全抹除。"③ 它不需要实际地侵入你的房屋,就可以粉碎你"独处"的愿望,最典型的是电话或短信推销。一旦对外泄露了个人的电话号码,接下来的商品推介就"不请自

---

① 〔美〕汉娜·阿伦特:《人的境况》,王寅丽译,上海世纪出版集团,2009,第24页。
② 〔美〕汉娜·阿伦特:《人的境况》,王寅丽译,上海世纪出版集团,2009,第24页。
③ 〔美〕朱莉·E. 科恩:《信息性隐私权:被客体化的主体》,孙言译,载张民安主编《信息性隐私权研究》,中山大学出版社,2014,第44~45页。

至"了，即使保持号码的完全保密，那还有移动或电信运营商的不时"光顾"。安宁与不受打扰的生活不仅仅指物理空间上的"独处"，还包括个人事务不能被置于光天化日之下而被他人谈论。"把纯属个人性的事务中有关私人的问题予以公开是对人格权的伤害。它损害人们精神上的平静与舒适，而且可能造成比单纯肉体伤害尖锐的多的痛苦。"① 这种"不被他人谈论"的诉求实质上是一种社会交往的"退出"，每个人都需要一块心灵或精神的"自留地"，在这里，他可以舔舐伤口，可以享受宁静，可以重整旗鼓，哪怕是从此一蹶不振，每个人也都需要它。

最后，隐私权的现代性需要源于科技发展带来的隐私危机。② 用道格拉斯法官的话讲："当代的中心问题是科学革命，及其带来的所有奇迹和损害。机器——这样一个人们无意识地打开装着它的瓶盖而不能再将它塞回瓶内的妖怪，已经产生出新的权力集中，尤其是政府权力的集中。这种权力的集中在前所未有的程度上完全压倒和深深威胁着渺小的个人。"③ 当代科技发展对公民隐私权的侵害主要有两种类型：一是以政府为代表的公权层面的，二是以企业为代表的私权层面的。就前者而言，公权对公民隐私权的侵害主要表现为信息收集和行为监控。我们比较熟知的个人信息收集可能是德国的两次"人口普查案"，并且在第二次中诞生了所谓的"信息自决权"，但事实上，任何一个国家对个人信息的收集都不遗余力。在美国，1790 年第一次人口普查仅仅询问了 4 个问题；1830 年问卷中提到了 2 个私人问题——答卷人是否失聪或失明；到了 1860 年，人口普查罗列了 142 个私人问题，其中包括了疾病情况、残疾情况与经济情况等。1860 年的人口普查激起了媒体的公愤，催生了 20 世纪初许多呼吁出台保护人口普查信息保密性的严厉法律的文章。截至 2010 年，美国联邦机构与部门拥有差不多 2000 个数据库，其中涉及的事项包括移民、破产、社会保险、军事人员以及不计其数的其他事项。州政府保存许多公共记录，涉及包括逮捕、出生、刑事诉讼、结婚、离婚、财产所有、选民登记、工伤保险以及其他各种类

① 〔美〕罗斯科·庞德：《法理学》（第三卷），廖德宇译，法律出版社，2008，第 45 页。
② 李延舜：《科技异化对隐私安全的危害及隐私权立法的回应性发展》，《中州学刊》2021 年第 8 期。
③ 〔美〕伯纳德·施瓦茨：《美国法律史》，王军等译，法律出版社，1989，第 261 页。

型的事项。州许可制度要求登记从事特定职业人员的信息，例如医生、律师、工程师、保险代理人、护士、警察、会计及教师等。许多州针对性罪犯建立了 DNA 数据库。① 除信息收集外，政府监控给公民隐私权带来的危害更甚。如果说"9·11 事件"之前，政府对公民的监控以及非法搜查还有刑事诉讼过程中的"正当程序条款"以及《美国联邦宪法第四修正案》背后的隐私权条款予以制约的话，那 2011 年《爱国者法案》的出台让监控与搜查权范围急剧扩张。《爱国者法案》授予司法部使用窃听器和其他监视技术等手段追踪可疑恐怖分子和间谍的权力，可以秘密搜查民宅、窃听人们的电话交谈、监测民众使用互联网。"电子监控设备具有隐秘性、分布广泛、无选择性监控的特点，最重要的是，它的存在阻碍了人们的自由交谈，而人们可以自由自在地进行谈话是开放社会的标志之一，监控设备就如破门而入的方式一般几乎摧毁了个人自由。"② 美国公民自由联盟纽约州的负责人塞尔吉谈道："面对一个越来越庞大，而且是处于无序状态的监视网，美国人应该受一次当头棒喝才能意识到问题的严重性。美国人在充分享受现代社会的同时，付出的却是失去隐私的代价。"③ 事实上，早在隐私权理论提出的早期，布兰代斯做联邦最高法院大法官时就在欧姆斯蒂德案中专门提到科技发展对隐私权的影响："当《宪法第四修正案》和《宪法第五修正案》被批准时，政府侵犯公民的隐私的形式是简单的。政府有效地强迫公民自证其罪的唯一手段是对公民使用暴力。如果有必要的话，政府可以通过严刑拷问的方式有效地强迫公民作证。政府可以扣押公民的私人文件或其他的私人生活资料，如果有必要的话，政府可以破门而入的方式扣押公民的私人文件。《宪法第四修正案》和《宪法第五修正案》明确禁止政府非法侵犯公民住宅的神圣性与生活的私密性；但是'时间带来变化，时间酝酿了新的形势和新的需求'，政府已能运用微妙的、影响更为深远的侵犯

---

① 〔美〕丹尼尔·J. 索洛韦伊：《隐私权与权力：计算机数据库与信息性隐私权隐喻》，孙言译，载张民安主编《信息性隐私权研究》，中山大学出版社，2014，第 121~123 页。

② 转引自〔美〕托马斯·K. 克兰西《〈美国联邦宪法第四修正案〉所保护的对象：财产、隐私和安全》，李倩译，载张民安主编《隐私合理期待总论》，中山大学出版社，2015，第 442 页。

③ 天颖：《美国人生活在监视器下》，《北京青年报》2001 年 4 月 26 日。

公民隐私的手段，科学发明和发现使得政府可以获得密室里低声交谈的内容，这比动用拷问架来获取证据更富有成效。"① 就后者而言，私权主体对公民隐私权的侵害特征突出且更富有针对性，他们的主要侵权方式是收集个人信息，从而实现"集群营销"。随着互联网、物联网、移动网以及各类 App 的普及，个人信息的收集变得简单。以上网为例，每一个网站都有一个独一无二的文本代码信息，当用户在打开浏览某一个网页时，cookie 就会自动将网站的信息记录在用户的电脑硬盘中，从而利用该信息对用户进行识别。此外，各种各样的注册登记、网购信息、自媒体平台，表面上看好像用户完整地"拥有"自己的个人信息，但实际上，公民的个人信息自对外"发布"之时起就已经不在自己掌握之中了。商家对个人信息的渴望不断激增，由此而催生了一个新的产业——数据库产业。"数据库产业好比信息时代中的交易市场，商家将收集而来的个人信息在市场中进行销售与交易。信息列表的租金价格从几美分到每个姓名 1 美元不等。超过 550 家公司加入到了个人信息产业之中，并且这些公司的年收入都达到数十亿美元。单单邮件列表的销售金额就达到了每年 30 亿美元。一个普通消费者可能出现在 100 份邮件列表中，被至少 50 个数据库收录其中。越来越多配备有数据库的公司意识到，它们的数据库已然成为其最有价值的资产，并且开始销售它们的数据，其中包括杂志社、信用卡公司、商场、邮购目录公司，甚至电话公司等。"② 不仅是这些商业性质的社会组织对个人信息收集的热情不减，很多具有事业单位性质的组织也开始将个人信息数据库对外出售，比如学校、医院等。

不管是公权还是私权，对个人信息隐私的侵犯已经达到非常严重的程度。美国人特别喜欢用"隐喻"来表达法律情境，于是有了"Big Brother"，用以暗示政府对公民行为的监控；也有了"Little Brother"，传达商业组织对个人信息的狂热爱好。奥威尔的经典名著《一九八四》中这样描述被监控的人生："不论是睡着还是醒着，在工作还是在吃饭，在室内还是在户外，

---

① 转引自〔美〕托马斯·K. 克兰西《〈美国联邦宪法第四修正案〉所保护的对象：财产、隐私和安全》，李倩译，载张民安主编《隐私合理期待总论》，中山大学出版社，2015，第 420 页。

② 〔美〕丹尼尔·J. 索洛韦伊：《隐私权与权力：计算机数据库与信息性隐私权隐喻》，孙言译，载张民安主编《信息性隐私权研究》，中山大学出版社，2014，第 126 页。

在澡盆里还是在床上——没有躲避的地方。除了你脑壳里的几个立方厘米以外，没有东西是属于你自己的。"① 事实的确如此，科技助推了政府和强势企业对公民隐私侵犯的程度，更难以防范且无处不在。"我们正处于一种不断变化但却日趋精密的被监视状态中……正是这些记录的存在引爆了个人隐私危机，而这一问题的严重性再怎么夸大也不为过。"② 不仅如此，数字化时代，人们的"过往"变得难以消除。人都有过年少轻狂的时候，成长的道路上都会犯错，放在以前，过去的就过去了，犯错的人有重新来过的机会。不仅是人，社会也有遗忘的机制。然而，数字时代，记忆成为常态。早在1998年，拉西卡（J. D. Lasica）就在线上杂志《沙龙》发表过一篇著名的文章《网路永远不会忘记》，最后结语是"过去就像是刺青，纹进了我们数位的皮肤里"③。从此，由于我们的过往将可能被存储且随时被调取，我们"要面对的不再仅是当代的批判，甚至还得面对未来的批判……我们可能就变得如同惊弓之鸟，对于发表言论过度谨慎；换句话说，'未来'对我们现在的言行造成了寒蝉效应。在数位记忆推波助澜下，圆形监狱不仅存在每个角落，甚至还穿越了时空。"④ 数位存储由此诞生了一种掌控心灵的新模式，它给每个曾犯过错的人增加了额外的社会成本和负担，也让未曾犯错的人在前行的路上战战兢兢、如履薄冰。

二 隐私权的内在价值

隐私权从诞生之日起就伴随着争议，最大的争议源自它没有一个权利核心，且随着社会的发展，隐私权的外延又不断扩展，美国有关隐私权的规定正是这种状况的典型代表：它变成了一个兜底性的权利，将人格、尊严、名誉、荣誉、自主、自治、私人领域等熔为一炉。但无可争议的是，

① 转引自涂子沛《大数据：正在到来的数据革命，以及它如何改变政府、商业与我们的生活》，广西师范大学出版社，2015，第157页。
② 〔美〕艾伯特·拉斯洛·巴拉巴西：《爆发：大数据时代预见未来的新思维》，马慧译，中国人民大学出版社，2012，第8页。
③ 〔英〕麦尔荀伯格：《大数据·隐私篇：数位时代，"删去"是必要的美德》，林俊宏译，台北远见天下文化出版股份有限公司，2015，第26页。
④ 〔英〕麦尔荀伯格：《大数据·隐私篇：数位时代，"删去"是必要的美德》，林俊宏译，台北远见天下文化出版股份有限公司，2015，第23页。

隐私权不仅没有在诸多争议与批评声中消沉下去，反而茁壮成长，这与现代社会对"个人"的尊重相关联，而隐私权恰恰体现了这种尊重。正如有学者用通俗的语言指出的："尽管我们也许很难界定我们所说的隐私权到底意味着什么，也解释不清为什么我们如此迫切地需要它，但我们本能地感觉到，如果没有一定程度的隐私权，人就不能拥有正常的生活。"①

首先，隐私权维护公民的人格尊严。严格说来，人格与尊严连在一起并不恰当，人格更多的与"权利能力"和"人格权"联系在一起，而尊严是现代一切人文社会学科的伦理总纲，我国将其连在一起是一种习惯上的不加区分地混用。隐私权自产生之初就以保护人的尊严和不可侵犯的人格为己任。美国第一个承认隐私权的 Pavesich v. New England Life Insurance co. 案②中，法院认定，若行为人未经他人同意为商业目的而使用他人姓名和肖像，构成对他人人格完整性的侵犯，贬损了他人尊严。审理 Pavesich 案的法院明确表达了其对市场无限扩张的权力日益加剧抹杀他人个性的担忧。正如布卢斯坦（Bloustein）在对该案的评论中所指出的那样："未经他人允许，为商业目的而使用其照片的行为实际上将人变成了商品，使他人沦为经济需求和别人利益的奴仆。在一个警惕将人类价值商品化的社会里，违背他人意愿而使其成为商业的一部分必然是对他人人格尊严的贬损。"③ 院长在《侵权法重述》中也将"未经他人许可，擅自使用他人肖像"视为隐私侵权的四种类型之一。不仅是传统的隐私权类型蕴含人格尊严，新兴的信息性隐私权同样如此。如雷登伯格（Reidenberg）认为，我们可以从一个国家对待个人信息的方式看出它对公民尊严的尊重程度。如果一个国家能够公平地对待个人信息，那么就表明该国家能够尊重公民的个人尊严。杰西卡·利特曼（Jessica Litman）也持有相同的观点，她认为数据库开发者的行为和活动对个人尊严是一种伤害，这种活动理应受到谴责。④ 试想一下，你的工

---

① 赵水忠：《是谁偷窥了你的网络隐私权》，电子工业出版社，2002，第 12 页。

② 50 s. e. 68（Ga. 1905）.

③ Edward J. Bloustein, *Privacy As an Aspect of Human Dignity*: *An Answer to Dean Prosser*, 39 N. Y. U. L. Rev. 962, 971（1964）.

④ 〔美〕斯坦·卡拉斯：《论隐私、个体特征性与数据库的关系》，南方译，载张民安主编《信息性隐私权研究》，中山大学出版社，2014，第 519 页。

作、收入、作息、娱乐、穿什么牌子的衣服、开什么样的车并去了哪些地方、和谁一起去的、得过什么疾病、有没有前科，甚至更私密点的信息如用什么样的避孕工具、有过哪些情史等，这些几乎构成了一个人完整的"人格图谱"，如果这些都被一一掌握，那是多么可怕的事情！事实上，人的尊严神圣不可侵犯已经在绝大多数国家入宪，这也为承认隐私权的宪法权利性质打开了方便之门，尤其是在信息性隐私权类型出现之后。著名学者帕梅拉·萨缪尔森就曾评价美国的个人数据保护法缺乏根基："在美国，为什么我们没能寻找到一个全面的综合性的方式？其中的一个严重障碍在于，我们根本没有搞清楚，人们对自己的个人信息究竟拥有何种利益，这种利益的本质是一项商业性利益、消费者利益、个人尊严利益、公民基本权利，还是以上几种利益的综合体，或者不是它们其中的任何一项利益？《欧洲数据指令》之所以具有优势，究其原因就在于该项指令所建立的监管体制与其所暗含的价值理念是一致的，即信息性隐私权是一项基本的人权。因此，如果美国并没有为个人数据中所包含的利益作出一个核心定义，那么我们就很难建立一项旨在保护个人数据的法律机制。"[①] 在德国，除民法典规定了具体人格权外，德国联邦法院还通过判例形成了一般人格权，并以此保护公民的隐私权，隐私权也由此成为一项宪法中的基本权利。在数据保护立法中，《德国联邦数据保护法》（BDSG）不仅授予了"数据主体"广泛的个人权利，也规定其中的一部分权利是不可改变的，比如禁止人们在任何形式的"法定交易"中签字放弃某些个人权利。BDSG 以这种方式来保护个人的信息自决权，德国宪法法院已经将这项信息自决权认定为联邦德国基本法——《联邦德国宪法》中的一项基本权利。[②]

其次，隐私权造就公民"个性"。"个性"的价值源于对"个体"的尊重，是"个人主义"方法论的逻辑推演，即使在强调"整体主义"的社会里，个体的价值也没有完全被泯灭。曼斯菲尔德指出："人的伟大植根于个体的价值，无论个体有多渺小。每个人都有自己的身份，或更简单地说他

---

① 〔美〕帕梅拉·萨缪尔森：《作为知识性财产权的隐私权》，张雨译，载张民安主编《信息性隐私权研究》，中山大学出版社，2014，第364页。

② 〔美〕保罗·M.施瓦兹：《财产、隐私和个人数据》，张雨译，载张民安主编《信息性隐私权研究》，中山大学出版社，2014，第315页。

有自己的姓名，这使他成为一个个体并引以为豪。这并不是说每个人都是伟大的——绝大多数人默默无闻——而是说人的伟大源自每个个体身上所体现的个体性。假如个别的人不够伟大，人性也就不伟大了；而如果人们不是各自不同，人类也不伟大了。因此，对于绝大多数默默无闻的公民来说，只要有名有姓，他们都共同实现了人的伟大。"[1] 这种认识在西方有着深厚的传统，而对个性的重视同另一项传统有关，即尊重私人领域（隐私领域）。从本质上讲，个性的形成产生于隐私领域。人类学家施卫德（Schweder）和布尔尼（Bourne）提出："西方个性起源于其（尊重）隐私的风俗——隐私暗含着对独立自主的热爱或需要，而独立性，基于维护个性的完整，则需要隐私。"[2] 西方强调对隐私领域的尊重义务主体首先指向国家，因为就危害程度而言，国家对公民隐私领域的侵犯是最具破坏力的。因此，德国联邦宪法法院认为："个性形成于个人的隐私领域，且宪法保护公民免受国家对这一领域的任何侵犯。这项宪法命令要求政府去尊重个人生活的隐私；其基础在于宪法第 2 条第 1 项所保障的个性自由发展的权利。如对这项基本权利的内容和范围加以合理考虑，那就要求国家尊重并保护不可侵犯的人格。"[3] 当然，随着社会力量的发展和社会权的兴起，社群主义为越来越多的现代人所接受，这里面的社会规范也成为可能压制公民个性形成的重要因素，以至于威尔·金里卡在研究当代政治哲学时专门谈道："虽然古典自由主义者强调社会是个人自由的基本场所，浪漫主义者却强调社会规范会影响个性。不仅政治强制会威胁个性，而且似乎无所不在的社会期望的压力也会对个性构成威胁。"[4]

最后，隐私权有助于"内在能力"的养成。内在能力是个非常抽象的表达，但内在能力又切实存在并在生活中反映出来。隐私权在两个层面上对个人内在能力的养成发挥重要作用。一是"自立"层面的内在能力。在

① 〔美〕哈维·C. 曼斯菲尔德：《保守主义与美国式自由的两篇演讲》，载赵敦华主编《哲学门》（总第 11 辑），北京大学出版社，2005，第 182 页。
② Schweder & Bourne, *Does the Concept of the Person Vary Cross-culturally?* In R. A. Schweder & R. A. Levine（Eds.），*Culture Theory: Essays on Mind, Self and Emotion*, Cambridge: Cambridge University Press, 1984, p.194.
③ 张千帆：《西方宪政体系——欧洲宪法》，法律出版社，2001，第 96 页。
④ 〔加〕威尔·金里卡：《当代政治哲学》，刘莘译，上海三联书店，2004，第 702 页。

一个人的成长过程中，缺乏隐私可能就无法形成内心生活。"隐私的价值就在于它能使我们的生活不受外来者的侵扰，使我们的个人事务免受他人决策的影响和控制。但是，人们珍视隐私的最终目的并不在于它给我们带来的这些方面的益处，而在于它确保了我们的自主权，体现了对个体身份的尊重。孩子们和年轻人在学校的成长与此尤为相关。在他们的成长过程中，隐私所具有的教育学意义在于隐私能够培养他们的自立、自力（Personal Power）和自主（Autonomy）。秘密也具有同样的潜能……我们可以毫不夸张地说，秘密和隐私都有助于形成人们的内在能力。"① 如果惧怕儿童在走向成人的路上犯错，那最"便宜"的方法莫过于让其每一步都按成人的指示来，但如此培养长大的一代是我们真正所想要的吗？密尔说过，"人类心灵具有一种品质，即作为有智慧的或有道德的存在的人类中一切可贵事物的根源，那就是，人的错误是能够改正的。借着讨论和经验人能够纠正他的错误。"② 成长的路上总会犯错，犯错的意义绝不止于印证"家长主义"的正当性，而在于个人的成长。对于儿童来说，"在那些我们明明知道他人可能犯错的情形下我们还信任他人，这才是真正的信任"③。二是"自主"的层面上的内在能力。自主意味着不受他人或组织的控制，要想让每个人依其本性自由发展，最重要的莫过于容许其过与众不同的生活。而隐私领域的存在为"不同"的生活提供了容身之所。"隐私是一种特殊的独立。这种独立可以理解为一种尝试，如果挑战现代社会的全部压力，这至少是捍卫人身或者精神上自治的一种尝试。它试图建起一道不可违抗的尊严之墙来挡住全世界。'自由'的人应当是有隐私的人，他保留有自己的想法和判断，而不会感到任何高于一切的强制力去强迫他与别人（甚至与他喜爱、信任的人）分享每件有价值的事情。"④ 由此，隐私权的权利能力不仅是

---

① 〔加〕马克斯·范梅南、〔荷〕巴斯·莱维林：《儿童的秘密——秘密、隐私和自我的重新认识》，陈慧黠、曹赛先译，教育科学出版社，2014，第90页。

② 〔英〕约翰·密尔：《论自由》，许宝骙译，商务印书馆，1959，第23页。

③ 〔美〕本杰明·土穆里、阿耶莱特·布莱切尔·普里伽特：《未成年子女的隐私权研究》，黄淑芳译，载张民安主编《侵扰他人安宁的隐私侵权》，中山大学出版社，2012，第216页。

④ 转引自〔美〕理查德·C.托克音顿、阿丽塔·L.艾伦《美国隐私法：学说、判例与立法》，冯建妹等编译，中国民主法制出版社，2004，第52~53页。

"消极""被动"的，还有"积极""主动"的成分在里边。

密尔曾这样论述何谓幸福："人类幸福并不是快乐和痛苦的加权平衡，而是人类在对自我选择的计划和活动的成功追求中达致的繁荣，自主选择能力的运用和个性的表达是这种幸福的两个根本要素。"① 可见隐私权对于"幸福"何等重要，它既为"个性"摇旗呐喊，又为"自主"保驾护航。从本质上讲，隐私观念指的是一种个人与其他主体（包括国家）间的界限划分，在公民的隐私领域内，个人拥有不受干涉或侵犯的权利，这种权利的实现可以通过其他主体的"尊重"或"宽容"来实现。对隐私领域的保护是可取的，因为它本身就是一项终极价值，即内在价值。

三　隐私权的外在（工具）价值

隐私权的存在价值不仅关乎自身，还与其他的价值相连。作为一种价值，隐私权并不是孤立存在的，它是规制社会活动的价值系统的一部分。如果隐私权能够蓬勃发展，那么其他价值也能够茁壮成长；如果隐私权被消灭殆尽，那么我们关切的其他价值也会遭到扼杀。如果隐私权发生了改变，那么其他价值也会发生改变。我们应当始终保持警惕，"隐私权的丧失是大部分其他基本权利与自由遭到侵犯的先决条件"②。那么，隐私权的工具价值主要体现在哪些方面呢？西方学者认为，财产权和隐私权是保障公共领域与私人领域分离的核心要素，财产权与自由相关联，隐私与公民资格相关联。③ 隐私权的工具价值也主要表现在与公民资格相关的价值上，主要有两点：一是公民自治价值，二是民主参政价值。

首先，隐私权关乎公民"自治"。法学中的"自治"价值主要体现在公民对抗国家权力的侵蚀上，通过自治来对抗国家权力主要是在消极的意义上实现的，即划定一个自治领域，国家不得任意、非法侵入。这种划定一个圈、禁止国家干预的自治主要在私人领域中实现，比如传统的家庭内部。但迈出家门，进入公共场所，某些私人行动也应归属于个人自治，如"与

① 转引自应奇《从自由主义到后自由主义》，三联书店，2003，第 28 页。
② Parker, "A Definition of Privacy", 27 *Rutgers L. Rev.*, 275, 288 (1974).
③ 〔奥〕曼弗雷德·诺瓦克：《民权公约评注（上）》，毕小青、孙世彦译，三联书店，2003，第 287 页。

众不同"的权利、饮酒的权利等。人们对这些权利虽有微词,但这些权利都是不受任意或非法干预及剥夺的。而隐私权恰恰体现公民的这种需求,个人领域与隐私领域的现代重合为隐私权的自治价值提供了理论基础,"隐私权就是他人独立作出生活决定、独立行为的前提条件。只有当他人的私人事务得到了足够的保护,他才能够在多个相互冲突的愿望与目标之中作出选择。我们之所以珍视自己的隐私,不仅仅是因为隐私本身就具有价值,更是因为我们的隐私空间是我们发展、实施自治权的基础。"① 故而,保护隐私是实现自治的前提。

现代社会强调隐私的自治价值具有特殊的重要性,因为现代国家的一项主要特征就在于"国家行政人员的控制能力的巨大扩张,直至甚至能左右个人日常活动的最私密部分"②。传统国家的统治力量跟现代相比已经不可同日而语。随着福利国家的推进、国家安全的强化、监控定位技术的发展、公共领域与私人领域的界限模糊,隐私权已成为一项基本人权。胡玉鸿教授这样评价隐私权的现代功能:"公共领域需要像'水晶人'那样透明,这样就不至于为公共沟通与公共交往带来障碍;公共领域需要思想、信仰、利益、观点的一致性,这样才可创造社会协力与社会稳定的表象;公共领域拥有各种强大的资源,可以对任何个人的信息、资料进行监察、窥视,从而使个人几无藏身之地……一句话,如果不规定个人的隐私范围,或一个人只需凭自己的意愿即可主宰的领域,那么社会就会最终戕灭自然人性。"③

其次,隐私权关乎公民的民主参政。也许会有人质疑:隐私权关注的是隐私领域,而民主参政是参与公共治理之事宜,两者有何关联?但正如女权主义经典名言"个人即政治"一样,公民的隐私直接与其参与民主的程度息息相关。美国莫菲教授对此深有研究,他认为:"任何运作中的民主理论,甚至在人民已经接受民主集权主义的地方,也至少有两个实质性要

---

① 转引自〔荷〕贝亚特·罗斯勒《自由、隐私与自治》,张雨译,载张民安主编《自治性隐私权研究》,中山大学出版社,2014,第484页。

② 〔英〕安东尼·吉登斯:《民族-国家与暴力》,胡宗泽、王铭铭译,三联书店,1998,第11页。

③ 胡玉鸿:《法律与自然情感——以家庭关系和隐私权为例》,《法商研究》2005年第6期。

求。第一是对于政治信息、交流、表达与他们的平等权利，至少是平等的选举权。政治组织不必为人民提供政治参与的所有手段，但起码不得否认公民的平等参与的法律权利，也不得支持某些团体以非正式但实际有效的方式否定人民的这一权利。第二，一个运作着的民主理论为保持其完整性必须尊重人民的隐私权。对于一个真正的选举程序来说，通过公开行为的选举必须是个人权利的自由行使。"① 在此意义上，参与民主实际上担负着隐私失去的代价。当然，仅仅参与选举与被选举成为官员所付出的隐私成本是不同的，但无论如何，掌握政治对手的隐私并以此为要挟在现实中并不少见，在这种情况下，公民隐私成为他人获取政治权力的手段。只有法律明确保护公民的隐私权，并将政治权力运行的合法性判断置于司法权的管辖范围内，民主参政议政才有可能实现。

再次，隐私权关乎公民的结社权与言论自由。结社权是公民权利中非常重要但又常被忽略的权利，它以个体自由为起点，以结社权和选举程序为手段，最终实现民主参政及自治。但结社权的行使与隐私权也有莫大关联，莫菲教授同样指出："强迫从事政治宣传的团体的隶属关系曝光绝不是一个聪明的态度。它可能构成对结社自由的实际限制……本法庭已经认识到结社自由和行使这一自由权属于个人隐私这两点之间的重要关系。"② 选举中的自由选择不仅需要秘密投票以及无障碍的辩论，还需要不因宣传"与众不同"的观点或言论、不因支持不受欢迎的候选人而受到社会的或法律的制裁。正如哈贝马斯提出的"商谈理论"需要一个"商谈情境"一样，结社权的行使也需要一个保护隐私的政治环境。此外，隐私权的保护与言论自由紧密相连。一个人可以没有私心，但不会没有隐私，而一旦隐私被他人掌握或被非法公开，那他的言论自由势必不会存在。更重要的是，数字时代、网络时代的个人隐私极易存储和搜索，"一旦知道资料除了原来预定的对象之外，还可能被其他人存取、用于不同用途，就会限制'数据主体'自我表达的方式……如果我们不确定自己的言论会被谁、以什么方式

① 〔美〕沃尔特·E. 莫菲：《宪法、宪政与民主》，信春鹰译，载宪法比较研究课题组编译《宪法比较研究文集》（3），山东人民出版社，1993，第49~50页。
② 〔美〕沃尔特·E. 莫菲：《宪法、宪政与民主》，信春鹰译，载宪法比较研究课题组编译《宪法比较研究文集》（3），山东人民出版社，1993，第51页。

运用，就只能先假设最坏的情况，也就是认定任何评论都会被用来造成最大的伤害。谷歌执行长施密特（Eric Schmidt）在一次与《纽约时报》专栏作家弗里德曼（Thomas Friedman）的谈话中，就说这是'背着历史记录过日子'，而且警告人们会不得不更加小心注意自己如何讲话、如何互动、向他人提供了什么。"①

第二节　隐私权之于"权威与服从"语境中的未成年人价值

需注意的是，成年人与未成年人对隐私权的需求是不同的，比如民主参政等对未成年人来说并不适用，但强调未成年人隐私权也有其独特意义。徐国栋教授如是说："一旦在法律中对人或物进行分类，没有别的目的，那就是区别对待。区别对待有两种，要么是歧视，要么是优惠，两者都破坏平等。为了限制这种可能，除非有合理的理由，立法者不得进行分类，而且法院还要对立法者已作出的分类进行宽严不一的审查。"② 未成年人是祖国的珍宝，是未来的希望，判断一个国家的前途仅需要看它对该国儿童的态度就可以了。隐私权不仅仅是成人才享有的权利，对未成年人来说，隐私权也具有相当价值。

一　从客观价值论到主观价值论

价值论是主客体关系的描述，是客体满足主体需求的一种价值评判。价值论一般有两种：客观价值论和主观价值论。客观价值论是"认为物品固有一种不受环境或人类估价影响的价值"的理论，③ 其古典形式为亚当·斯密、大卫·李嘉图创立的劳动价值论。我国法律长期以来皆以劳动价值论为基础，但随着社会发展和现代转型，客观价值论对一些社会现象往往无法解释，比如车辆、手机吉祥号的高价、网红的走红及现场直播的收费、

---

① 〔英〕麦尔荀伯格：《大数据·隐私篇：数位时代，"删去"是必要的美德》，林俊宏译，台北远见天下文化出版股份有限公司，2015，第143~144页。
② 徐国栋：《民法哲学》（增订本），中国法制出版社，2015，第131页。
③ 〔美〕熊彼特：《经济分析史》（第1卷），朱泱等译，商务印书馆，1991，第98页。

污染排放额的拍卖，甚至是借腹生子、代孕等。此时，社会需要一种全新的价值理论，主观价值论应运而生。19 世纪 70 年代，奥地利人门格尔率先提出"边际效用价值"说①，并由其弟子庞巴维克和威赛尔发扬光大，形成了奥地利学派，引发了经济学界主观价值论取代客观价值论的革命，并进而扩展到整个人文社会学科。主观价值论认为，价值是一种心理现象，它反映了"产品与人的福利的关系"②。由于特定产品在不同环境中对不同人提供的满足不同，因而价值是主观的和个人化的，取决于产品在特定情况下的效用和稀缺程度。③ 换句话说，不同的产品对不同的人价值是不同的，比如一块面包，对一个两天没吃饭的人和一个刚吃过饭的人来说，其价值是不可同日而语的。这里，产品的"效用"是价值的来源，产品的"效用"是满足人的愿望的能力，"效用"只有在产品具有稀缺性时才转化为价值。④因此，在法律上常常会有此种情况发生，甲是一个拥有珍珠的旅者，在沙漠中断了水，焦渴之际，他遇到了一个恰好能匀给他一瓶水的乙，于是，甲自愿用珍珠换了乙一瓶水。从合同的角度看，两人得到的"货币数量"是不等值的，且相差巨大，但他们得到的效用是相同的，因此，这个买卖是"公平的"，法律不应干预。霍布斯在其名著《利维坦》中也持此论："一切立约议价的东西，其价值是由立约者的欲求来测量的，因之其公正的价值便是他们满意付与的价值。"⑤ 值得注意的是，革命导师马克思、恩格斯也经历了一个从强调客观价值到主观价值的转变。马克思在《资本论》第一卷中强调了客观价值论，但在第三卷中也强调了主观价值论。马克思说过："'价值'这个普遍的概念是从人们对待满足他们需要的外界物的关

---

① 奥地利学派这样解释边际效用：在一系列被满足的欲望中，总有一个最后被满足的欲望，它必定是最不重要的欲望。如果物品减少了，它是首先被砍掉而得不到满足的欲望，因而它是处在被满足和不被满足的边沿上的欲望或称"边际欲望"。奥地利学派认为，边际效用就是物品满足边际欲望的能力。边际效用是价值的尺度，产品价值的高低决定于边际效用的大小。庞巴维克因此说："决定物品价值的不是它的最大效用，也不是它的平均效用，而是它的最小效用。"该部分可参见鲁友章、李宗正主编《经济学说史》（下册），人民出版社，1983，第 213 页。

② 鲁友章、李宗正主编《经济学说史》（下册），人民出版社，1983，第 209 页。

③ 徐国栋：《民法哲学》（增订本），中国法制出版社，2015，第 534 页。

④ 鲁友章、李宗正主编《经济学说史》（下册），人民出版社，1983，第 210 页及以下。

⑤ 〔英〕霍布斯：《利维坦》，黎思复、黎廷弼译，商务印书馆，1985，第 114 页。

系中产生的"①;"它是人们所利用的并表现了对人的需要的关系的物的属性"②。这显然是效用价值论。恩格斯在 1944 年《政治经济学批判大纲》中谈道:"价值是生产费用对效用的关系。"③ 这是集劳动价值论和效用价值论于一体的认识。

隐私权之于未成年人的价值评判自然应以主观价值论为基础,不仅是因为隐私的"客观价值"难以衡量,还因为现代的未成年人对隐私权的需求日益强烈。站在何种立场、秉持何种态度、采取何种方式对待隐私,很大程度上归结于权利主体(未成年人)对隐私权的需求和心理状态,离开社会现实谈隐私保护及制度构建是没有意义的。正如小波斯纳所言:"自治的社会所必需的很多选择权的意义来源于它们对其他人所造成的积极或消极的影响,在孤立状态中是没有价值的。"④ 隐私权的价值来源既表现在它能满足未成年人需要的这种"效用",同时,隐私权作为一种"权利资源",它还具有稀缺性。所谓"稀缺性","就是某种物品的现有数量同该产品的用途之间的关系"⑤。也就是说,"单是效用并不足以产生价值,除有用之外,还必须是稀缺的,就是说,并非无限量地存在的"⑥。比如空气和阳光,对每个人来说都有效用,但没有价值,因为不具备稀缺性。隐私权这种权利资源的稀缺性需要从两个方面来认识:一是权利行使的成本很高,对未成年人来讲,赋予其隐私权在某种程度上可能带来"危险",因为成年人可能无法接近他们的内心深处并了解其行踪,隐私权的"滥用"对未成年人来说绝不是什么好事;二是权利救济的成本也很高,从"无救济就无权利"的角度来看,对隐私侵权的救济无疑是昂贵的,尤其是司法救济,而且"对簿公堂"对和谐的家庭及社会来说,产生的负面影响也不小。但不管怎样,强调并尊重未成年人的隐私权是发展的趋势。因为未成年人的跨度很

---

① 《马克思恩格斯全集》第 19 卷,人民出版社,1963,第 406 页。
② 《马克思恩格斯全集》第 35 卷,人民出版社,2013,第 138 页。
③ 《马克思恩格斯选集》第 1 卷,人民出版社,2012,第 26 页。
④ 〔美〕埃里克·A. 波斯纳:《法律与社会规范》,沈明译,中国政法大学出版社,2004,第 314 页。
⑤ 〔美〕熊彼特:《经济分析史》(第 1 卷),朱泱等译,商务印书馆,1991,第 452 页。
⑥ 〔法〕瓦尔拉斯:《纯粹经济学要义》,蔡受百译,商务印书馆,1989,第 424 页。

大，不考虑"智商缺陷"的话，仅以年龄要素来看，五六岁的未成年人与十五六岁的未成年人对隐私领域的渴求程度是不同的，他们的主观认知对将来的发展特别重要。著名教育家阿尔弗雷德·阿德勒这样说："儿童的发展既不是天赋决定的，也不是客观环境决定的；儿童自己对外在现实以及他与外在现实的关系的看法才决定了儿童的发展。这是一个重要的看法。儿童与生俱来的可能性和能力并不占主导地位，同样，我们从成人的角度对儿童的评价和看法也不重要。重要的是，我们要以儿童的视角看待他的处境，以他的错误判断来理解他们……我们应该记住，如果儿童不犯错误，儿童教育不仅不可能，也不必要。如果儿童的错误是天生注定的话，那么我们也不可能教育他，或改善他。"① 这段话可以作为未成年人隐私权的经典注脚，向成人世界的隐私权话语体系挑战。尽管有关未成年人隐私权的相关立法已有体现，尽管成年人已经足够确信是站在未成年人的利益立场上来"决定"相关问题，但有一点是肯定的：我们再也做不到从儿童的"视窗"看待世界，一如隐私权对他们的意义。

二　心理层面的"自我认同"价值

隐私权对儿童心理层面的"自我认同"要从秘密或隐私说起，虽然秘密和隐私不是同一层面的概念，但两者皆具有教育和成长意义，且秘密和隐私在"内容指向"上有交叉之处。当孩子得知思想和想法可以放在脑子里，别人不会知道时，孩子就认识到在他或她的世界中有某种"内"和"外"的分界线。在关于心理疗法的文献中，这常常被称作"自我领地的形成"②。这种自我领地意识的觉醒，让孩子创造出自我的多个层次和内、外空间，他会认识到有些东西"他知道"而"别人不知道"，不管他会因此"沾沾自喜"或是"疑惑烦恼"，这种内外空间的"自我发现"对他的成长格外重要，甚至有助于个性的形成。1927 年法国精神病学家皮埃尔·阿内（Pierre Hanet）就发现秘密行为具有重要意义，"秘密行为"宣告了"内心

① 〔奥〕阿尔弗雷德·阿德勒：《儿童的人格教育》，彭正梅、彭莉莉译，上海人民出版社，2011，第 56~57 页。

② 〔加〕马克斯·范梅南、〔荷〕巴斯·莱维林：《儿童的秘密——秘密、隐私和自我的重新认识》，陈慧黠、曹赛先译，教育科学出版社，2014，第 9 页。

世界"的降临。①

　　未成年人的自我认同理论源于美国著名心理学家埃里克森（Erik H. Erikson）——一位著名的精神分析医生。他指出自我认同是一种熟悉自身的感觉，一种知道个人未来目标的感觉，一种从他信赖的人们中获得所期待、认可的内在自信。儿童的自我认同感，是指将儿童的自我意识和外部评价等进行综合，从而对"我是谁"这个问题给出自己的答案。它是儿童在与他人交往时，把价值观融合到自己人格中去并对自我价值进行评价的过程。当代对儿童自我认同感的研究表明，儿童的自我认同感的形成时期非传统理论中青少年后期，而是起始于婴儿期出现的依恋。它的形成过程是一个不断积累与深化的过程。② 因此，对儿童的隐私权进行尊重与保护，是一种潜在的塑造儿童自我意识的过程，同时，也是使儿童形成尊重他人隐私意识的过程。这有助于提升儿童的自我认同感，为儿童在未来能够适应复杂的社会和拥有良好的人际关系等方面提供良好的基础。

　　现代社会正处于一个竞争激烈、"压力山大"而又"慢不下来"的时代，在这样一个"竞争激烈"的年代，如果儿童在成长过程中对自己产生怀疑，就非常容易走上自暴自弃的道路。有一个恺撒登陆埃及的经典传说：当时恺撒刚上岸不小心被绊倒了，罗马士兵把这视为不祥之兆，有士兵甚至想即刻返航，但恺撒机智地张开双臂喊道："你属于我了，非洲"，由此化解了一场危机。可见，自我意识、自我认同对一个人的行为及世界观产生多么大的影响。对未成年人来说，对其自我认同带来最大危害的莫过于考试成绩及排名。阿德勒谈道："我们并不想贬低智力测试和智商的功能，我们的意思是，如果要进行测试，那么被测试的孩子及其父母都不应该知道测试的结果，即智商的高低。因为孩子及其父母并不理解这种智力测试的真正价值。他们会认为这种测试结果是对孩子一种最终的和完整的评定，认为测试结果判定了孩子的最终命运，这个孩子从此也就会受这种测试结

① Russell Meares, "The Secret and the Self: On a New Direction in Psychotherapy", *Australian and New Zealand Journal of Psychiatry*, 1987, 214 (4), 545-59.
② 关于埃里克森关于儿童自我认同理论的该部分叙述，可参阅李浪《青少年心理学》，吉林文史出版社、吉林音像出版社，2006，第52页。

果的限制和左右。实际上，把测试结果绝对化的做法，一直备受人们的批评。在智力测试中获得高分并不能保证孩子的未来成功，相反，那些长大成人以后获得成功的孩子在智力测试中却获分较低。"① 正因如此，现代的人们开始反思是否应当将"考试成绩排名"纳入隐私权的客体范围之内，如果单纯地为了"激励"而每次都公布成绩排名，那它对大部分学生的负面影响应当是高于对少数学生的正面作用的。一旦孩子认为自己"笨"甚至"无能"，那要想再矫正过来就不那么容易了。

三 "发展"价值

"发展"是个含义丰富的概念，似乎任何对个人的成长有利的要素都能包含在里面。《未成年人保护法》第4条规定处理涉及未成年人事项要"适应未成年人身心健康发展的规律和特点"，以及"听取未成年人的意见"就体现了发展的观点。对未成年人来说，隐私权的哪些功能对其"发展"有益呢？首先，隐私权对未成年人独立、健全人格的培养是有益的，阿德勒在谈儿童的人格教育时说："在考察人格的建构时，需要加以注意的是，人格的整体及其独特的生活目标和生活风格并不是建立在客观现实的基础上，而是建立在个体对生活事实的主观看法的基础上……每个人都根据他对事物的看法来塑造自己，他的有些看法在心理上是健康的，正确的；有些则是不健康的，错误的。"② 在隐私意识出现后，儿童开始出现"内""外"两个世界的划分，并逐渐开始尝试以内部世界评价外部世界。这个是有心理实验数据支撑的，10岁之前的孩子在把其同学的"小秘密"告诉老师时很少考虑道德的因素，而10岁以后，孩子们再面对类似情形，就会考虑诸如友谊、承诺、道德等因素了。这是因为10岁以后内心深处已经形成了诸多主观价值，并以此来指导外部实践了。这种内在的、主观的看法对一个人的独立人格培养特别重要，尊重未成年人的隐私权，就意味着尊重孩子们的内心领域，就意味着孩子们也会尝试去尊重别人的价值判断，从而形

① 〔奥〕阿尔弗雷德·阿德勒：《儿童的人格教育》，彭正梅、彭莉莉译，上海人民出版社，2011，第100页。
② 〔奥〕阿尔弗雷德·阿德勒：《儿童的人格教育》，彭正梅、彭莉莉译，上海人民出版社，2011，引言，第3页。

成健全人格。其次，保护儿童隐私有助于形成和维护他们的个人自治。个人自治从来不是"全有全无"的问题，而是一个渐进的形成过程。心理学家如让·皮亚杰（Jean Piaget）和维克托（Victor）证实，小孩在理解对私人信息进行控制的过程中会慢慢形成自我观念，生活中出现的隐私概念、秘密甚至是撒谎让小孩懂得了许多事情都可以不让别人知道，除非他自己选择讲出来。当小孩认识到他可以决定与谁亲近及亲近的程度时，能选择什么事情发生在他身上时，就形成了自治性的自我观念。① 在此而言，隐私权实际上是提供一块"自由的王国"，在这个领域中，儿童开始以自己的"认知"来思考现实，更重要的是，成人世界对其隐私领域的尊重实际上传达了一种"信任"。"当他人被允许暂时从公众视线和言论中消失时，社会就给予了他人信任，他人也暂时远离了公众且他的暂时缺席得到公众认可。他人在这种社会环境中形成的自我与别人保持一定的距离，这种自我不是与社会无关的存在，这是有价值的自我独处。他人认为自己的独处拥有这种被认可的价值是其自治性的自我观念在道德上的延伸，当社会给予他人犯错或失败的机会时，社会就表现出了对其个人自治的信任，对其目标、选择及行为的信任。"② 这种信任不是指相信未成年人不会犯错，不会作出某些轻率的甚至"愚蠢的"决定，而是指相信未成年人在这种"自由"的氛围中逐渐成长，听从他内心的声音，并在"纠错"的过程中走向自治。斯坦利·本（Stanley I. Benn）也提出类似主张："享有隐私是他人形成个人自治能力的必要条件，因为如果他人不享有一定程度的隐私，他人的行为就会遭受别人的严格批判、审查。而当他人意识到这一点时，他人就会改变自己的行为以免受到公众的责难。缺乏隐私的状态容易产生他律而非自治，在这种状态下，他人的行为更加容易被公众的意见左右。"③ 所以，要确信一种观念，自治能力是培养出来的，而不是"天赋的"或到了某个阶

---

① 转引自〔美〕约瑟夫·H. 库普弗《隐私、自治与自我》，李倩译，载张民安主编《自治性隐私权研究》，中山大学出版社，2014，第 492 页。

② 转引自〔美〕约瑟夫·H. 库普弗《隐私、自治与自我》，李倩译，载张民安主编《自治性隐私权研究》，中山大学出版社，2014，第 495 页。

③ 转引自〔美〕詹姆斯·斯泰西·泰勒《隐私与自治：对二者之间关系的重新评价》，罗小艺译，载张民安主编《自治性隐私权研究》，中山大学出版社，2014，第 506 页。

段就突然拥有的，尊重儿童的隐私对其自治能力的培养是有益的。最后，"发展"是面向未来的一个概念，谁都想"宛如新生""一身轻"地奔向未来，但现实是谁都可能犯错，由于"溺爱""冲动""年少轻狂"等原因触犯法律，甚至犯罪。未成年人犯罪是每一个国家都要认真对待的课题，在教育、改造的过程中，将犯罪记录作为一种特殊"隐私"来处理已经得到绝大多数国家的认同。美国家长教师联谊会（PTA）的联合主席戴维斯（Davis）就表示："现在，青少年时期犯下的愚蠢错误，很可能影响深远，一辈子的时间都留在记录里，无法抹去。"[①] 而社会对未成年人过错的遗忘会更契合未成年犯重新融入社会的过程，就此而言，隐私权实现了将特定事项人为"遗忘"的功能，这对未成年人的发展来说，起码是部分未成年人来说，具有重要价值。

第三节 "权威与服从"语境中的未成年人隐私权价值

"权威与服从"是一种特殊类型的社会关系，对于未成年人来讲，许多情境都存在"权威与服从"关系，比如家长与子女、教师与学生，这种关系的产生有各个方面的原因。

一 权威与服从的多元解读

1. 传统解读

权威与服从体现着社会关系中的"不平等"，而人与人之间的"不平等"时时刻刻存在。当然，这种不平等不是指法律人格上的不平等，而是实质上的不平等。比如民法就是最大的不平等的提倡者，因为它视财产权及公平竞争为圭臬，也就是说，平等与否重在"过程"，而不是"起点"和"终点"。这种不平等深深地烙印在历史中，卢克斯谈道："人并非生来就是自由平等的、理性的和独立的，而是生来就置身于异常丰富而复杂的'习

---

① 〔英〕麦尔荀伯格：《大数据·隐私篇：数位时代，"删去"是必要的美德》，林俊宏译，台北远见天下文化出版股份有限公司，2015，第 12 页。

惯'与'成见'、风俗与传统的社会关系之中,这种社会关系为他们提供安全感和行为准则,并赋予他们以生命的意义。"① 在有着几千年传统的社会中,它自有一个"自然"的等级体系,不管它被冠以阶层、集团还是阶级,最后都会产生一种"习以为常"的社会秩序,其中对未成年人来说,最典型的就是"服从权威"的秩序。家庭是社会的基础,家庭对人的成长无比重要,家庭也是习俗与观念的最重要的传承之所,但传统的家庭文化是"孝的文化,它不承认'个人'的存在。依此原则组织起来的家,既是社会的基本单位,又是在文化上有着头等重要意义的伦理实体,其中,身份的原则支配一切"②。在这段话中,身份高的拥有权威,身份低的只能服从。古语有云:"夫孝,天之经也,地之义也,民之行也。"③ "孟懿子问孝,子曰:无违。"④ 即家长对子女的一切事情了如指掌是天经地义的事情,而子女不可违背家长意愿,不能以个人隐私为由对家长有任何隐瞒。如若有所隐瞒,则被视为不孝,将会受到严厉的刑罚。

在所有解读"权威与服从"的要素中,传统是最重要的,马克斯·韦伯曾经分述了三种权威,第一种就是基于"传统"的权威。那么,传统的权威到底是来自哪里?答曰历史。陈来教授在谈到这个问题时,就将其定性为一种历史性权威。"经典一经形成和被认可,经由历史上世代的诠释,延续为一种传统。它参与历史,也成为历史的一部分。因而,尽管究极言之,即使在一个宗教传统中,精神的、文化的、哲学的传统,其权威来自超自然的存在,但同时也来自历史本身。历史作为过去,其本身可以具有权威的意义,因为它代表了人类过去超出个体经历的经验。从而,任何一种在历史上绵延发展的传统本身具有一种由时间性赋予的、相对独立的权威,即历史性权威。"⑤ 也就是说,历史创造了权威,权威在历史中产生并不断得到强化。然则,传统权威以何种形式表现出来呢?答曰"经典"。经典不仅仅指典籍,还有各种"完美人格"。四书五经自然是典籍中的经典,

---

① 〔英〕史蒂文·卢克斯:《个人主义》,阎克文译,江苏人民出版社,2001,第79页。
② 梁治平:《寻求自然秩序中的和谐》,中国政法大学出版社,2002,第140页。
③ 《孝经·三才》。
④ 《论语·为政》。
⑤ 陈来:《价值·权威·传统与中国哲学》,《哲学研究》1989年第10期。

还有一些"完美人格"也是经典，如孔子大力提倡"圣"的观念①，孟子则提出"师"的观念②，这些观念的提出是因为人们信赖"圣人"、信赖"师"，相信他们为人们指出精神进步的方向，因而"尊师重道"成为传统文化中的重要内容，服从这些权威变成了应有之意。回到未成年人这个主体上来，因为基于"生养"、基于"传道授业解惑"、基于"公共安全的需要"，未成年人服从父母、服从师长、服从警察成为日常传统，而未成年人的隐私权也因这些传统的权威存在而受限。

2. 权力解读

马克斯·韦伯将权力定义为"一定社会关系中某一行动者处在尽管有反抗也要贯彻他自己意志的地位上的概率"③。也就是说，权力者可以无视权力对象的意见，而将自我意志贯彻到底。那么，权力和权威是何关系呢？从语义角度看，权威含有尊严、权力和力量的意思，主要是指人类社会在实践过程中形成的具有威望和支配作用的力量。④ 朱维奈尔（Jouvenel）将权威定义为"获得另一个人同意的能力"⑤。由此可见，权威是指得到认同的权力。如果权力没有得到认同，那只能通过"强制"来贯彻自己意志。"一旦权威主体凭借权力强行推行特定的秩序，或者强行通过特定的规则，而这一秩序或者规则并不符合正当的社会生活交换的理念，也没有人民的支持性基础，那就有可能通过权力的制裁性功能（例如斥责、禁言、罚款、剥夺自由甚至剥夺生命等方式）来维持。"⑥ 所以，无论是哪国的政府或领袖，都在制度性权威建设中灌输"服从"的理念，即"作为统治者对共同

---

① "圣"的原始意义为聪明之士，孔子将其提高为人文智慧和德行人格的象征，而先秦时代的人们已认定孔子即圣人。孔子提出君子有三畏"畏天命、畏大人、畏圣人之言"，圣人的教训应具有权威性，有德行的人必须服从这个权威。

② 认为"圣人，百世之师"（《孟子·尽心下》），就是说，中国哲学中的"圣人"首先是作为导师的权威被承认的。从这个观点来看，圣人的权威性并非来自他是超人或超自然的存在以为人类的主宰，而是在于他代表人格的最高典范。圣人是历史经验、道德智慧的象征，他的权威来自人们确信他所具有的伟大人格和智慧。

③ Max Weber, *The Theory of Social and Economic Organization*, Oxford University Press, 1947, p. 152.

④ 《辞海》（中），上海辞书出版社，1999，第 3554 页。

⑤ Bertrand de Jouvenel, *Sovereignty*, University of Chicago Press, p. 323（1957）.

⑥ 李帅：《权威与服从：对施密特理论的检视——读〈论法学思维的三种模式〉》，《政法论坛》2016 年第 5 期。

福利贡献的结果，人们服从权威命令的义务并不会在社会交换中发展起来，其是一种被社会化机构所反复灌输的道德义务"①。当然，绝大多数情况下，权威是作为一个政治术语存在的，但在社会学中，尤其是社会权得以被"发现"且日益壮大之际，社会权威也受到越来越多的重视。

社会权力的类型很多，如超国家权力、国际组织权力、国际惯例、行业规则、公司章程、宗族家法等，在法律渊源多元论者的眼中，社会权力是社会法的不二支撑，而社会权力的构成要素也很多，最重要的是资本、技术、人的联合、习俗、自治，甚至超国家权力源自主权国的承认等。但在未成年人的世界中，尤其是在未成年阶段的早期，基本由社会来决定他们的行为。

从权力的层面解读权威与服从还有一个重要方面就是权威与权力间的关系。权威是合法的权力。在权威系统中，所谓"共识"就是认定权威具有合法性。"权威是控制其他行动者的权力；权力是实行上述控制的能力，其中可能涉及权利，也可能与权利无关。正是权利的共识性特征，使行使控制权的权利和权威行动的合法性相互一致。采取某种行动的权利仅存在于下列条件之中：某行动是有权采取这种行动，对此人们已经形成了共识。只有存在共识，处于权威地位的人拥有权利，支配者才有权利使用特定的形式被支配者服从。如果权威者从事的行动超出了共识范围，便无权行动，或者说他们的行动是非法的，其行动丧失了合法性。这意味着，权威者拥有的控制权可能被撤除，并使作为其合法行动基础的共识不复存在。如果他们有采取行动的权利，但行动效率低下，权利仍可能被撤除。出于其他原因，作为控制权基础的共识也可能崩溃，权威可能丧失权利（丧失合法性）——不是通过权威自身行动，而是因由其他因素改变了人们对权利应归谁所有的认识。"② 这段拗口的表达传递出两层含义：一是权威来自权利者的共识，权威因"共识"而具有"合法性"；二是权威可能被推翻，权利者的认识改变具备使权威丧失的能力。具体到未成年人隐私权，虽然成人

---

① 〔美〕彼得·M.布劳：《社会生活中的交换与权力》，李国武译，商务印书馆，2013，第314页。

② 〔美〕J.科尔曼：《社会理论的基础》，社会科学文献出版社，1999，第545页。

及相关组织在诸多方面拥有权威，但权威的存在并不妨碍未成年人权利的正常享有，甚至，未成年人的"认知"转变会将权威"拉下神坛"，诸如"有生无养"的父母等，虽然整体意义上的权威仍存在，但对具体的曾拥有权威的人或组织来说，权威再也不是"永久"存在的了。

3. 心理解读

从心理层面解读权威与服从主要涉及两个方面。一方面对这种权威与服从关系的内心认同。人总是生活于各种各样的社群之中，未成年人更是如此，小到家庭，大到学校。桑德尔谈到社群的现代意义时说，社群"不仅是描述一种感情，而且是描述一种自我理解的方式，这种自我理解的方式，部分地构成了主体的认同。根据这种强有力的观点，说社会成员受制于社群意义，不是简单地指大多数社群成员拥有社群的情感，追求社群的目标，而是指他们体会到他们自己的认同——是其情感和欲望的主体，而不仅仅是其客体——在某种程度上为其身处其中的社群所规定。对于他们而言，社群描述的不仅是他们作为公民拥有什么，而且还有他们是什么；不仅是他们选择的关系，而且是他们发现的归属；不仅是一种归属，而且是其认同的一种构成。"① 社群主义者批评自由主义者的一个重要面向就是自由主义者"肆无忌惮"地主张个人权利，从而使人与人之间变得冷漠，失去了人之为人的诸多乐趣。而强调社群并主张社群是"公民"的"构成性要素"，对于重塑人生方向和价值观具有重要意义。另一方面是通过行为阐释内心对权威的服从。这又可分为两种，一是从内心深处确信社会权威的行为示范价值并内化为自己的行为规则，另一种则是因为惧怕被排斥而服从权威。瓦茨拉夫·哈维尔（Vaclav Havel）雄辩地指出："当许多微不足道的孤立行为结合在一起时，它们就会创造出一种每个人都无比熟知的景象。当然，此种景象也具有潜在的意义：它提醒人们自己生活在何处，被赋予了何种期待。它告诉人们其他人正在做什么，它向人们指出，如果不想被排挤，不想陷入孤立，不想和社会疏远，不想破坏生活规则，不想

---

① 〔美〕迈克尔·桑德尔：《自由主义与正义的局限》，转引自俞可平《社群主义》（第三版），东方出版社，2015，第150页。

承担丧失平静、安宁和安全的风险的话，那么最好也像其他人一样行事。"①可见，无论源于内心对社会权威规范的确信、认同还是源于惧怕被"排斥"，权威与服从关系在心理层面得到了解释。

未成年人从小就被灌输"父母所做的一切都是为了你好""外面坏人很多，什么事都要跟爸爸妈妈讲"的思想，听的次数多了，就习以为常了，逐渐等到"隐私意识"觉醒，才开始反思"权威与服从"的关系。在青少年成长的路上，最叛逆的青春期正是这种"权威与服从"的逆反，对隐私领域的重视及隐私权的渴求也是走向"心理自治"的重要一步。

4. 社会的解读

父母家长及社会是否尊重儿童隐私权，不仅是个人的问题，更是社会的问题。一方面，现代生活的快节奏以及高昂的生存成本让普通家庭的父母无暇深入地跟子女沟通交流，只有通过窥视子女隐私，才能方便快捷地了解他们的生活状况；另一方面，子女的升学压力也很大，兴趣爱好、情感变化、成长苦乐、心灵世界都不如考试重要。这两方面一结合，儿童的心理需求和供给失衡，成年人与未成年人站在了对立的两端。未成年人隐私权问题已经不仅仅是个法律问题，而且是社会问题。

成年人对未成年人不能享有隐私权的看法具有相当的一致性，即未成年人因其理性不足、经验缺乏，故而一旦其享有并行使隐私权，会陷自己于危险之中。这当然具有相当多的说服力，毕竟现实中拐卖一个孩子的成本并没有"为人父母者"设想的那么高。而且从另一个层面考虑，未成年人主张隐私权的保护对象往往并不是"十分光彩"的，比如主张自己的房间为隐私领域，从而在里面偷偷地浏览色情网站，如果家长不能随时得知孩子在干什么并及时予以纠正，那不是放任他们在堕落的道路上愈行愈远吗？这是一个不容忽视的现实，在这点上，美国著名法学家波斯纳持类似观点。波斯纳认为，隐私权是个体所享有的，避免行为人公开自己见不得人的信息的一种工具；同时，他认为，当人们抱怨自己的隐私权缺乏保护

---

① 转引自〔美〕斯科特·E.桑德贝《"每个人"的〈美国联邦宪法第四修正案〉——隐私或者政府与公民之间的互相信任》，罗小艺译，载张民安主编《隐私合理期待总论》，中山大学出版社，2015，第531~532页。

之时，其实是不想行为人暴露那些描述自己弱点和缺陷的信息。由此，波斯纳对当下一些强调个体控制权的隐私理论进行了有力批判，特别批判了那些在消费者信息领域仍然使用上述理论的学者。① 这种将隐私权视为"一种帮助自己误导别人的工具机制"②，人们主张隐私权并不是从隐私权的本质出发，而是作为一种维护自身良好形象的工具。然而，不管是为了预防未成年人可能会碰到的潜在的危险，还是倡导展现"本我"，仅以此为据不足以论证未成年人不享有隐私权。未成年人首先是"人类"中的一个群体，隐私权对"人"的价值也都同样适用于他们身上；再者隐私权对未成年人的一些特殊利益也有促进作用，如对其个性的形成、自治能力的培养等。退一步讲，即使未成年人在其隐私领域内做了一些"不太光彩的事"，可"不太光彩的事"和"违法犯罪"是一样性质的吗？如果隐私权的客体不包括那些"算不上高尚"的信息，试问隐私权的客体还剩下多少？

5. 经济的解读

从经济学的视角解读"权威与服从"，主要涉及交换理论和不服从权威的成本与收益分析。布劳曾这样阐释社会交换与权力的关系："对于社会交换中的利益接受者而言，如果拒绝以某种方式回报这种利益，那么他在社会中的信用和声誉就会受到不利影响，最终可能会被排除在今后的社会交换之外；但如果该主体接受了这种利益，但无法提供等量的回报，那么社会地位就会在社会交换中产生分化。如果一个人反复地请求另外一个主体做特定的事项使自己受益，那他将被迫服从后者的意愿，这意味着他含蓄地通过自己的请求表达了自己愿意服从该主体的权力。"③ 布劳的利益给予并不仅指商品，实际上，父母对子女的无私付出、教师对学生的谆谆教导，都是一种利益给予，而对于接受利益者（未成年人）来讲，唯一能拿来"交换"的就是服从。当然，从一个长远的循环来看，现在的利益接受者会

---

① 〔美〕斯坦·卡拉斯：《论隐私、个体特性与数据库的关系》，南方译，载张民安主编《信息性隐私权研究》，中山大学出版社，2014，第514页。

② 〔美〕理查德·S.墨菲：《个人信息的财产性：隐私侵权的经济根据》，孙言译，载张民安主编《信息性隐私权研究》，中山大学出版社，2014，第371页。

③ 〔美〕彼得·M.布劳：《社会生活中的交换与权力》，李国武译，商务印书馆，2013，第209页。

成为将来的利益给予者，在整个人类发展史中这是一个平衡。但就某一阶段而言，恰恰是我们所强调的这个"不对等"的"当下"，服从是未成年人唯一拿来用于交换的商品。于是，在这种不对等中，未成年人的一切都须向成人或组织开放，没有隐私可言。

那么，如果以"隐私权"为由不服从这种权威，未成年人将要负担的成本和获得的收益之间是否能达到平衡呢？科斯定理认为，在一个零交易成本的世界里，不论权利的法律原始配置如何，只要权利交易自由，就会产生高效率的社会资源配置。然而，现实中总存在"实在的交易成本"，包括"获得市场信息所需的成本，讨价还价与签订合同所需的成本，监督合同履行和制裁违约行为所需的成本等"①。所以波斯纳在此基础上进行了推论，形成了现实条件下的波斯纳定理："如果市场交易成本过高而抑制交易，那么，权利应赋予那些最珍视它们的人。"② 相比其父母、师长，未成年人无疑是更珍视隐私权的人。那么，打破权威、拥抱隐私，未成年人需要付出的成本有哪些呢？首先必然是危险的增加，我们虽不能以"周围全是坏人"为出发点来讨论成本，但周围可能有坏人存在确是无可争辩的事实。一旦儿童的信息不能被家长知晓，极有可能让坏人有机可乘。其次，对享有监护权、教育管理权的人或组织来说，其权利行使存在限制，反过来会对儿童的利益产生"不利益"。最后，给家庭关系、师生关系的和谐带来潜在的隐患，尤其是权利的行使意味着最终可以通过司法途径来解决，而一旦双方对簿公堂，那原本和谐的家庭关系、师生关系将会变得紧张，流言蜚语等也会接踵而至，对双方来说算是"双输"！

6. 法律的解读

法律层面的权威与服从主要涉及两个问题。一是对未成年人来讲，无论是服从父母还是师长，不仅因为对他们来说，父母或师长是"权威"的代名词，还有其他的成分在里面。首先，父母或师长或司法机关都有相应的权利（权力），让未成年人处于一种"服从"的地位。父母拥有监护的权

---

① 赖茂生、王芳：《信息经济学》，北京大学出版社，2006，第62页。
② 〔美〕理查德·A.波斯纳：《法律的经济分析》，蒋兆康译，中国大百科全书出版社，1997，序言第22页。

利，师长拥有教育管理的权利，司法机关拥有侦查、起诉、审判的权力，无论是哪一种，一般情况下未成年人都须"服从"。从社会自治的角度讲，家庭、学校都是典型的自治主体，在组织内部，家长、师长都是权威的"天然承担者"。在此意义上，权威不仅仅指一种"合法"的权力、"被承认"的权力，还有"权利""非正式法律渊源"等内容存于其中。对于未成年人隐私权来讲，第二个法律问题是一种"担心"，即一旦认可未成年人享有隐私权，未成年人会不会动辄以权利的名义来对抗成人的监护权、管教权？如果未成年人滥用权利，那就违背了法律赋予其权利、保护其正当利益的"本意"。这的确是个值得认真对待的问题，美国杰克逊大法官用"言论自由"的例子予以说明："《美国联邦宪法第一修正案》是思想超前者的避难所，同时也是煽动仇恨者的庇护所。当《宪法第四修正案》为那些渴望平静生活的人筑起一道隔绝政府侵扰的壁垒时，这道壁垒同样也会成为毒品走私贩子竭力藏身的场所。"[1] 杰克逊接着指出："《宪法第四修正案》所保护的并不是那些次要的权利，而是那些属于公民不可或缺之自由的权利。在剥夺他人权利的手段中，再没有什么手段能够像恐吓他人、在他人心中埋下恐惧和击垮他人的精神防线一样具有如此巨大的威力。不受规制的搜查和扣押行为是专制政府的'军火库'中最为强大的武器之一。只要在那些被剥夺上述权利的人群中短暂居住和共事，即使他们仍具备许多值得称道的品质，但不难发现，如果他人的房屋、人身和财产无时无刻都可能遭受警察的不正当搜查和扣押，那么其人格将变得拙劣，其自主能力将消失殆尽。"[2] 杰克逊的论证实际上是沿着公民的基本权利和自由必须得到保护的思路来进行的，以未发生的"隐忧"来对抗公民的基本权利和自由，无论如何是站不住脚的。对于未成年人来说亦如此，承认未成年人的隐私权是让其在毫无根基的权利域中站稳一小块土地，这一"方寸之地"对未

---

① 转引自〔美〕斯科特·E. 桑德贝《"每个人"的〈美国联邦宪法第四修正案〉——隐私或者政府与公民之间的互相信任》，罗小艺译，载张民安主编《隐私合理期待总论》，中山大学出版社，2015，第533页。

② 转引自〔美〕斯科特·E. 桑德贝《"每个人"的〈美国联邦宪法第四修正案〉——隐私或者政府与公民之间的互相信任》，罗小艺译，载张民安主编《隐私合理期待总论》，中山大学出版社，2015，第534页。

成年人成长和发展具有重要的价值，而且无论是现实的社会关系，还是法律上的权利义务关系，未成年人隐私权也绝不是欧洲人权法中那种"无条件的权利"类型。所以，无论是出于现实的考量，还是法律的解读，未成年人可能滥用权利的判断都过虑了。

二 "不服从"语境中的未成年人隐私权

在"权威与服从"语境中谈未成年人隐私权，其出发点实际上是一种"不服从"，即对"权威"的不服从并进而衍生出未成年人的正当隐私权利。但需注意的是，这种不服从的前提是未成年人法律上的合法隐私利益受到了侵害，而非将生活中的任何对立都看作不服从。以亲子关系为例，父母与子女之间经常对立，诸如关于早一些还是晚一些上床睡觉的争执，并不是父母权利和子女权利的对立，而是现实生活的写照。① 所以，"不服从"指向基于合法、正当权益基础上的不服从，而非生活情境中的杂事。

1. 基于权威异化的不服从

所谓权威异化，是指理想类型的"权威"变得不再"理想"，从而可能失去权威。这主要有两种表现。一是利益分离层面的权威异化。常态下的"权威与服从"体现了一种"榜样"的力量，对社会的有序发展是有益的，但这种关系并不总是这么美好。基于"利益"的权威关系可以分为两种类型："其一是共同的权威关系。即被支配者转让控制权的前提是双方的利益是一致的，支配者行使权威能使被支配者获益，但支配者并不直接用自己的资源换取控制权，而是通过承诺使被支配者预期到未来的利益而转让控制权。其二是分离的权威关系。在这种关系中，双方的利益并不一致。支配者行使权威是为了达到自己的目的，被支配者服从权威是为了直接获得某些补偿。这种关系类似于市场交换关系。"② 前一种共同的权威关系能促进服从，而后一种分离的权威关系却往往带来逆反，因为服从权威的本质是基于"认可"，相信权威能为社稷谋福利、为个人谋发展，但一旦幻想破

---

① 〔德〕迪特尔·施瓦布：《德国家庭法》，王葆莳译，法律出版社，2010，第336页。

② 邵莉、季金华：《权威关系的社会价值与合法性——对恩格斯、帕森斯和科尔曼之权威理论的解读》，《南京社会科学》2002年第3期。

灭，则权威也不存在。二是权力扩张层面的权威异化。权威作为一种合法的、被承认的权力，其本质还是权力，而权力具有的特性，权威也具有，由此，权力的扩张必然产生权威的控制力得到强化。"权威关系是长期存在的合同关系，支配者掌握着持续有效的权利。控制权一旦被转让至支配者手中，便有可能导致控制范围的扩大化。"① 当权威者（支配者）跨越领域行使权威时，被支配者必然失去更多的控制权。再加上如果被支配者没有得到"失去控制权"所享有的补偿，或者"获得的"远比"失去的"要少，人们必然会对权威的合法性产生怀疑。所以，"权威固然重要，但是对权威的限制也同样重要。确立权威与限制权威是一体之两面"②。

在未成年人隐私权的话语体系中，权威异化是常有的事。以家庭权威为例，父母是权威的享有者，但父母无权任意处置孩子。父母权威的正当性来自于"父母责任"，而非父母对子女拥有所有权，父母权威指向对未成年子女的养育、教导，甚至是惩罚，但绝不是虐待，把孩子当作私有财产一样任意处置。再以教师权威为例。入学后，教师权威逐渐取得比父母权威更重要的地位，这在心理学上称为"权威的分化与转移"，但教师权威指向对未成年学生的教育及日常管理，而不是对孩子进行"好学生""坏学生"的分类及在此基础上的区别对待，尤其是以成绩作为评价、判断学生优劣的唯一标准，这种教风违背了教育的本质，必然在权威滑落的道路上愈行愈远。这种要求子女（学生）"事无巨细"都要报告给家长（师长）的行为直接侵犯了子女的隐私权，子女（学生）变成了家长（师长）达成自己意愿的工具。换句话说，子女（学生）过的并不是自己想要的生活，而是家长（子女）想要的生活。而要打破这种日趋异化的权威教育管理模式，除改革教育体制等方法外，唯一可行的就是承认未成年人的隐私权，尊重其私人领域，最大程度上培养其个性、自立、自由精神。

2. 基于自由的不服从

自由与权威的关系一向比较紧张，要么东风压倒西风，要么西风压倒东风。但在现阶段，自由显然受到更多的肯定。"保守主义的大传统认定，

① 〔美〕J. 科尔曼：《社会理论的基础》，社会科学文献出版社，1999，第96页。
② 刘军宁：《保守主义》（第三版），东方出版社，2014，第221页。

自由的价值高于权威，优先于权威，一切与权威有关的社会组织都应以培育自由为首要目标，判断社会和政治制度优劣的尺度是根据其扩展或是收缩自由领域来判断，自由是人的存在的政治目的，因为自由是人的存在的条件。"① 但强调自由的优先性并不意味着否认权威，两者之间并非"有你没我、有我没你"的敌对关系。"没有权威的自由是放纵，没有自由的权威是专制……权威过弱，会因无力保护而对自由有害；权威过大，又会因可能威胁自由而同样对自由有害。一旦社会中的自由与权威之间失去了平衡，这个社会就面临着危险……自由与权威之间可以，而且应该保持一种健康的紧张关系，这种健康的紧张也构成了保守主义的一个重要遗产。这种关系之所以可以是健康的，是因为权威与自由之间是可以调和和共存的。"②

　　承认未成年人隐私权就是在成人主导的社会里，对成人权威的一种批判和反抗。人文精神的特质就在于，"在面对现实的同时又关注着一个价值世界，在面对现实时总带着审视、挑剔的目光，总怀着超越现实的努力。现实一方面是它所不可回避的东西，另一方面又是它所不满意的、要努力加以批判的东西"③。长久以来，成年人在未成年人的生活中占据了主导性的地位，在"为你好"的"家长主义"理念下，未成年人默默地接受着成年人给予的一切，尤其是被安排好的生活方式。如果孩子叛逆，不听话，那后果绝不止于一个家庭，而是整个社会都会对这种叛逆进行声讨，约翰·密尔称这种行为是"多数的暴虐"。"和其他暴虐一样，这个多数的暴虐之可怕，人们起初只看到，现在一般俗见仍认为，主要在于它会通过公共权威的措施而起作用。但是深思的人们则已看出，当社会本身是暴君时，就是说，当社会作为集体而凌驾于构成它的个别个人时，它的肆虐手段并不限于通过其政治机构而作出的措施。"④ 并且，与政治压迫相比，这种多数暴虐更可怕，"因为它虽不常以极端性的刑罚为后盾，却使人们有更少的逃避办法，这是由于它透入生活细节更深得多，由于它奴役到灵魂本身"⑤。

---

① 刘军宁：《保守主义》（第三版），东方出版社，2014，第230页。
② 刘军宁：《保守主义》（第三版），东方出版社，2014，第228~230页。
③ 卢风：《人类的家园——现代文化矛盾的哲学反思》，湖南大学出版社，1996，第203页。
④ 〔英〕约翰·密尔：《论自由》，许宝骙译，商务印书馆，1959，第5页。
⑤ 〔英〕约翰·密尔：《论自由》，许宝骙译，商务印书馆，1959，第5页。

所以，如果权威者试图借助其强势地位而推行其偏好的生活方式，人们都得以自由的名义拒绝之。密尔谈道："对于社会要借行政处罚以外的办法来把它自己的观念和行事当作行为准则来强加于所见不同的人，以束缚任何与它的方式不相协调的个性的发展，甚至，假如可能的话，阻止这种个性的形成，从而迫使一切人物都按照它自己的模型来裁剪他们自己的这种趋势——对于这些，也都需要加以防御。"①

成年人不能强迫未成年人去做一件事或不去做一件事，说因为这对他比较好，因为这是大家的共同意见，因为这对他来说是最聪明的决定。这种论证都不是正当的，未成年人隐私权传达了这样一种理念，即在特定的隐私领域内排除成人权威的干预，自由支配其个人事务。换句话说，即任何一个人都不应因其"价值偏好"与社会中的大多数人不一致而被迫放弃其享有的对个人事务的决定权。② 当然，未成年人的这种自由支配是有限的、有条件的，即使是儿童权利的鼓吹者也不会否认这一点。强调并尊重未成年人的隐私权就是未成年人迈向自由的第一步，也是未成年人对抗成年人权威的重要一环。布伦南和诺格尔谈道："我们认为任何能够令人满意的关于儿童道德地位的理论必须要调和以下三种主张，即儿童应当被给予同成人一样的道德考量，但他们能够以不同于成人的方式被对待，而且父母在养育他们的子女方面具有有限的权威。"③ 正是这种对成人权威的"有限性"认识强化了儿童权利的正当性论证，儿童的自由成长不能夭折于成人的"无限权威"之中。

3. 基于个体主义的不服从

个体主义既是一种人生哲学，又是一种人文社科领域的研究方法，它与"整体主义"或"集体主义"相对应。在社会现象中，我们常常把一些"社群"或"组织"视为一个"共同体"，基于共同体作出的决议对组织内的成员来说享有权威。比如一个家庭、一个学校，我们视其为一个组织、

---

① 〔英〕约翰·密尔：《论自由》，许宝骙译，商务印书馆，1959，第5页。

② Thornburgh v. American College of Obstetrician & Gynecologists, 476 U. S. 747, 777（1986）. (Stevens, J., Concurring)

③ Samantha Brennan & Robert Noggle, "the Moral Status of Children: Children's Rights, Parents' Rights, and Family Justice", *Social Theory and Practice*, 1997（1）, pp. 1-26.

一个集体。集体主义认为个人隶属于集体，集体高于个人，集体是价值的最终裁定者，为了集体的利益，个人应当无条件地服从。"集体主义要求个人放弃自己的独立思考，依赖于更高的道德权威；放弃自己的行动自由，听命于更高的政治权威；放弃自己的追求，服从于他人的追求……在一个典型的集体主义社会，个人的价值和社会地位是由其出身、所属阶级、性别等非个人因素决定的。"① 由此，"个人被认为没有认清自身利益的能力和特权，个人不明白自身的最大利益所在。只有那些扮演家长角色的统治者，才有高见之明，知道什么样的行动抉择和制度安排最有利于芸芸众生的最大利益。芸芸众生都是短视无知的，常常铸成错误"②。未成年人隐私权就是处于这样一种典型的"集体主义"话语体系中。集体变成了一个超级人格，拥有天然的正当性和权威性，集体中的成员必须以集体的价值为价值，以集体的行为准则为准则。换句话说，集体因其"权威"而拥有了"规划"集体成员行为模式的权力。"权威总会造成人们行为上协调一致的社会表象，使人们有意识地按照一定的标准调整自己的行为，以避免与权威的行为评价标准相冲突。一方面，权威的这一功能意味着行为调整不仅会发生在共识的条件下，而且权威还会凭借其一系列强制手段迫使人们按照权威的意志从事活动，当然，这些强制手段是建立在体现共识的制度规范上。另一方面，按照一定的标准协调人们的行为关系，是权威影响力最为直接的体现，也是维系权威、保持系统有序性的最后防线。当权威丧失对其成员行为的调控能力时，系统将不复存在。"③

但必须认清的是，集体主义往往用"科学""客观""理性""利益"等来论证其自身的正当性，但事实果真如此吗？还是只是一身"皇帝的新装"？无论是家庭内、还是学校内，判断"科学"和"理性"与否的只是组织内的"领导"，即家长和师长。也就是说，个人是否有能力认清"科学""理性"并不重要，只需要听从领导们的教导就足够了，"社会选择的不是

① 刘军宁：《保守主义》（第三版），东方出版社，2014，第 173 页。
② 刘军宁：《保守主义》（第三版），东方出版社，2014，第 175 页。
③ 邵莉、季金华：《权威关系的社会价值与合法性——对恩格斯、帕森斯和科尔曼之权威理论的解读》，《南京社会科学》2002 年第 3 期。

依据个人的价值和逻辑，而是由少数导师和领袖所揭示的'客观历史规律'"①。这样的论证有一个前提预设，即"认识规律"的能力是分层的、认识规律能力的养成是跳跃性的。首先，不管是什么样的领导（或权威者），他们的认识能力是毋庸置疑的；其次，从被领导者（集体内成员）成为领导者，其认识能力是随着这个过程而具备的，并非源于人的本性。这种预设显然是与"平等理论"相悖的，个人即使生存、发展于集体之中，个体的价值和个人的行为模式也不能被集体所"规定"。当个人完全与社会上的其他人一致，按照社会所要求的思想行动时，个人就只能成为社会上一个"无面目的人"。马克思明确指出："首先应当避免重新把'社会'当作抽象的东西同个体对立起来。个体是社会存在物。因此，他的生命表现，即使不采取共同的、同他人一起完成的生命表现这种直接形式，也是社会生活的表现和确证。"②

对未成年人来说，虽然我们普遍地认为其"理智不足"，但这种"不足"并非"没有"，仅是与成人相比，存在程度上的差别而已。如果"挑刺"的话，试问一个17岁的未成年人和刚满18岁的成年人之间，"理性"认识能力的差距有多大？未成年人中的"大龄者"已经能够在某些方面的私人领域中占据支配地位，"如果人们不能自由地选择并且采取能够表达其独特性与个体性的生活方式，那么，宪法所保障的人格尊严就会受到严重的削弱，因此隐私权是以个人自治理论为基础的"③，这种自治正是政治学与法学中"个人主义"的延伸。

4. 基于成人"有限理性"和儿童"有限自决"的不服从

在成人主导的权利话语中，拒绝承认未成年人隐私权的最大理由莫过于未成年人的理性不足，一旦未成年人以"隐私权"为由，拒绝成人的监督和管教，现实生活中可能发生危险。这种成人与未成年人"理性能力"存有较大差距的论证存在两方面的缺陷。一方面，隐私权更多的是一种

① 刘军宁：《保守主义》（第三版），东方出版社，2014，第175页。
② 《马克思恩格斯全集》第3卷，人民出版社，2002，第302页。
③ 〔美〕迈克尔·J.桑德尔：《道德分析与自由主义宽容理论：以堕胎与同性恋问题为例》，孙言译，载张民安主编《自治性隐私权研究》，中山大学出版社，2014，第372页。

"防御性"的权利,即使强调自主、自治层面的隐私权,也仅是隐私权体系中的一部分。隐私权也是一项基本人权,它不同于其他立基于"行为能力"才能行使的权利,是人权体系中发展权的重要内容。况且,"人权的根源在人性而不在理性——况且成人也并非总是理性的;人权对抗的也并非仅仅是国家——人权对抗一切强权包括儿童对抗成人世界的强权"①。另一方面,那种认为成人足够"理性"的观点也过时了。"理性"指一种不依赖于经验的认识能力,是帮助人们达成正确认识的天赋观念。② 理性可以分为理论理性和实践理性,前者是人的认识能力,解决"真"的问题;后者是人选择善恶的能力,解决"善"的问题。一个"知",一个"行",从而达致"知行合一"。理性人前提是从 17 世纪资产阶级革命以来现代法律的基本出发点,认为人是"智而强"的。但伴随着行为经济学的法律化③,传统"智而强"的人的假设遭到质疑,取而代之以"弱而愚"的人。"最新蜕变出来的行为经济学与其说是一种经济理论,不如说是一种哲学理论,它从外部提供了根本变革传统民法理论的契机,因为它动摇了传统民法所持的理性人假定,以'有限的理性'动摇了理性人的理论理性方面;以'有限的意志力'动摇了理性人的实践理性方面;它还以'有限的自利'动摇了传统民法所持的经济人假设中的行为目的论。"④ 徐国栋教授由此认为,行为经济学成功地把"弱而愚"变成常态,如此一来,"所有的自然人要经历一场人格小变更——从'自权人'到'他权人'的变更。这是一场'从父亲到儿

---

① 段玉章:《儿童权利观初论》,载徐显明主编《人权研究》(第 12 卷),山东人民出版社,2013,第 234 页。
② 《哲学大辞典》(下),上海辞书出版社,2001,第 1506 页。
③ 行为经济学的法律化产生了行为法经济学,代表人物有哈佛大学教授焦耳斯(Christine M. Jolls)、芝加哥大学教授桑斯坦(Cass R. Sunstein)和康奈尔大学教授理查德·塞勒,他们联名在 1998 年《斯坦福法律评论》第 50 卷发表了《法律经济学的行为途径》,挑战以波斯纳为代表的主流法律经济学"人们都是其自身满足的理性的最大化者"命题。他们首次提出"行为法经济学"概念,以"现实人"取代"经济人"为核心,论证了"三个有限"(有限的理性、有限的意志力、有限的自利),提出了"三合一"式的法律经济分析新模式:实在分析,即解释法律的效果和内容;规定分析,即对法律如何能用于实现特定目的进行考察;规范分析,即更广泛地评估法律体系的目的。该部分内容可参见徐国栋《民法哲学》(增订本),中国法制出版社,2015,第 437~438 页。
④ 徐国栋:《民法哲学》(增订本),中国法制出版社,2015,第 454 页。

子'的运动,其意义不小于梅因所说的'从身份到契约'的运动"①。

综上,隐私权本身的权利性质和成年人"有限理性"的确定,为"不服从权威"语境中的未成年人隐私权提供了最大程度上的支撑。为孩子好,并非为孩子规划好一切,并非只有家长的理性才是值得信赖的,并非无视孩子自由发展的天性,并非将孩子的一举一动都尽在掌握中,否则,只会培养出"温室中的花朵"。"一个开放社会必须要确保这个社会的所有成员都有机会根据自己的条件,对管理他们的规范予以评价,并为这些规范的修订及完善作出贡献。所以,这样的社会不会屈服于某一小群体的利益,同意让他们在处理他人事务时剥夺或者限制'他人'的这一权利,即便这些'他人'是他们所谓的在提出权利主张时所代表的群体。这样的开放社会不单单是不会屈服,他们还会积极地为社会中各方沟通增加各种渠道,同时帮助社会成员分享各自的生活经验……这些开放社会得以存在的前提条件对于儿童而言,特别重要。儿童是这一问题中的难点,因为他们需要与他们心智成熟程度相符的指导。而根据自决权原则,儿童应被赋予一定的自由权,借此,他们可以对指导他们行为的规范进行自主评判。"② 尽管一个社群或组织总是希望该群体的未成年人能够认同本群体的文化及行为规则,但从个人的发展来讲,要尊重儿童在成长过程中的"有限"自决。隐私权提供了这样一种多元选择的可能,独特的个性、完整的人格、健全的心理、自治的能力,这一切都只有在宽容的环境中才能实现。为了他们能茁壮成长,不要把他们禁锢在"预设"的文化范式和行为规则里。

---

① 徐国栋:《民法哲学》(增订本),中国法制出版社,2015,第455页。
② 〔英〕约翰·伊克拉:《家庭法和私生活》,石雷译,法律出版社,2015,第178~179页。

第二章 "权威与服从"语境中的未成年人隐私权保护研究困境

第一节 现行隐私权法的前提预设与未成年人的背离

每一个理论体系都有自己的前提预设。对于未成年人隐私权来说，它的实质是对权利主体的扩展，那么，这种扩展会对现行的隐私权"前提预设"产生何种影响呢？换句话说，现行隐私权制度的"前提预设"对未成年人隐私权研究会带来哪些不利呢？本章将从三个方面阐述此种疑惑。

一 立法理念中的"成年人"预设

首先，从隐私权的产生来看，沃伦和布兰代斯研究隐私权的起因是波士顿报纸《星期六晚报》用被认为是"高度私人化和令人尴尬"的细节报道了沃伦夫人举办的派对，严重侵扰了他们的私人生活。可见，隐私权从创造之初，就被赋予了美国人追求"自由"和"独处"的标签，正如艾伦所说，隐私权价值根源于自由精神，"从萨缪尔·沃伦与路易斯·布伦戴斯一起最先讨论隐私权开始，他们就将'独处'归为'自由'的概念之内，然后又提出自主与自由的私生活，更是强调隐私是以自由为前提的"①。道格拉斯大法官也将隐私权概括为一种"美国公民所享有的，形成自我生活模式的优先权，享有这种权利的美国公民可以在没有其他人干涉的情况下，

---

① 〔美〕理查德·C. 托克音顿、阿丽塔·L. 艾伦：《美国隐私法：学说、判例与立法》，冯建妹等译，中国民主法制出版社，2004，第14~15页。

做任何他愿意做的事情，去任何他想要去的地方"①。诚然，美国的隐私权概念和我国的不同，但认真研究我国的隐私权制度也可见此端倪。王利明教授认为隐私权的内容应该包括"生活安宁"和"生活秘密"两个方面。前者包含三项内容：拒绝对私人生活的干扰、禁止非法侵犯私人空间和不允许对个人自主决定的妨碍；后者包含了个人的各种重要隐私，如身体特征、财产状况、谈话隐私、夫妻关系、情感生活等。② 然而，无论是生活安宁的追求和生活秘密的保守，都主要面向成年人。《民法典》第 1032 条关于"隐私"的界定、第 1033 条"隐私权侵害行为"的类型列举也传达出同样的意味。试想，让一个生活不能完全自理、心智尚不健全的未成年人去保守自己的所有秘密、过"独处"的日子，这不仅不可能，而且是危险的。现代法律视野中的人应该是"中人"，也就是普通人，他既不会聪明绝顶、智商爆表、能文能武，也不会智力低下、生活不能自理。但毋庸置疑的是，"中人"肯定是理性的人。张龑博士在探讨法律体系中的家与个体自由时谈道："现代以来，西方思潮所观察到的人，形式化之外添加了理性这一内涵，结果无论是自由主义还是共和主义，也不管是社会主义还是资本主义，无不是只截取每个人生命中理性成熟的一段或一个侧面。当这些思潮构成了现代社会的主流价值之后，无论是自由、民主、平等还是正义等价值或原则，所看到的人都非完整的生命，最好不过是生命中最为理智成熟的那个阶段。典型如私人自治，既包括意思自治也包括行动自由，都是'成人中心'的表达。"③ 这段话隐含的意思是现行法律中的人是理性的人，而未成年人的理性不足，故而其作为权利主体的地位处于边缘。如果将人格视为权利主体的资格，那通过什么认为拥有人格呢？一开始是理性，认为有理性的人有人格。在经过康德的批判之后④，意志进入法律的视野。而意志

---

① Doe v. Bolton，410 U. S. 179，213（1973）.

② 参见王利明《隐私权概念的再界定》，《法学家》2012 年第 1 期。

③ 张龑：《论我国法律体系中的家与个体自由原则》，《中外法学》2013 年第 4 期。

④ 康德在《纯粹理性批判》中写道："理性必须在其一切活动中都把自己置于批判之下，而且理性不能在不损害自身和不引起一种不利于它的嫌疑的情况下通过任何禁令来破坏这种批判的自由……理性并没有任何专制的威严，相反，他的箴言任何时候都只不过是自由公民的协调一致，每个自由公民都必须能够不受压制地表达他的疑虑甚至他的否决权。"参见〔德〕康德《纯粹理性批判》，邓晓芒译，人民出版社，2004，第 569~570 页。

又是什么呢？康德将"意志"等同于"实践理性"，"由于渴望作出决定的内在原则存在于主体的理性中，这种渴望的能力便构成意志。因此，这种意志就是活跃的渴望或欲望的能力，因为，这种意志，与其说它与选择行动有关，倒不如说它和那些决定选择行动力量的原则有关。这种意志自身，当然没有什么特殊的作决定的原则，但是，就它可以决定自愿选择的行动而言，它就是实践理性自身"①。于是，在人格权的普遍化时期，理性悄悄地被意志替换。"从理性意味着一种正确选择与判断的能力而言，的确可以说有些人不具有理性；但是，按照哲学上的一般说法，'意志'即人们的一种心理欲求并因而行动的能力，因而，每一个生而为人者可能并不都具有理性，但必然拥有意志，由此可以直接得出的推论必然是'有意志者有人格'。"② 但不幸的是，对于未成年人来说，其不仅被认为理性不足，意志（决定行为的能力和责任能力）更不足。体现在法律中，就是我们只需要宣示对未成年人的隐私权予以保护即可，至于未成年人隐私权的权利边界、保护方式，法律几乎没有提及。法律似乎没有认清这样一个现实，即最渴望消极自由的，只是那些成年的、强壮的、财力充足的人，而对于那些老弱年幼及其他弱势群体来说，消极自由反而意味着被抛弃。以赛亚·伯林并不否认此点："的确，向那些衣不蔽体、目不识丁、处于饥饿和疾病中的人提供政治权利或者保护他们不受国家的干涉，等于嘲笑他们的生活状况。"③

其次，从权利性质及内容来分析。隐私权属于人格权的一种，然而人格权又是一种"绝对权"，在权利的位阶上高于一般的财产性权利，这一点在现行人格权法中也有体现。但是，未成年人的隐私权却是受到了诸多限制，除却新闻与言论自由、公共利益和国家安全利益这些公法上的限制之外，在私法领域，未成年人的父母或其他监护人、学校等基于知情权、管理权，教育、公检法机关基于侦查权、审判权，也对其隐私权行使造成极大限制，甚至未成年人的父母、师长、司法机关及工作人员反而会成为侵

---

① 〔德〕康德：《法的形而上学原理——权利的科学》，沈叔平译，商务印书馆，1991，第12~13页。
② 胡玉鸿：《法律史上人格制度的演化》，《法律科学》2008年第4期。
③ 参见〔英〕以赛亚·伯林《自由论》，胡传胜译，译林出版社，2011，第173页。

犯其隐私权的主力军，而这些鲜有发生在成年人身上。故而，现行隐私权法中这些内容的缺失意味着"成年人"隐私权法的本性。

最后，在将个人敏感性信息纳入隐私权法的保护范围之后，越来越多的学者开始主张权利人对个人信息性隐私的支配和使用。如刘德良教授在谈到隐私权的利用时说："允许他人收集个人信息，随着隐私权利的发展，特别是个人信息已经发展成为一项信息自决权，隐私权越来越具有商业价值，即个人的私人信息和私密资料，权利人有权决定如何利用以及在何种范围内利用。"① 刘德良教授的言论直接佐证了本文论点，即现行隐私权体系是以成年人为前提预设的，因为未成年人本身的行为能力是不完整的。即使其监护人代为行使隐私的支配和使用权能，那谁能保证该"代为行使行为"究竟是出于被监护人的利益考量还是监护人本身的利益考量？退一步讲，即便是成年人，对现代社会无处不在的信息收集和使用又能有多大的警惕性？正如施瓦茨所言："绝大多数用户甚至都没有意识到他们访问过的网站正在收集用户的信息，而即便认识到这种可能性，他们对于个人信息将被作何处理这个问题也没什么概念。"② 成年人对控制自身的信息隐私尚且无能为力，对未成年子女的信息隐私就更不用多言了。

二 监护人、管理人与未成年人"利益一致"预设

在传统社会中，人们普遍住在四合院或者围墙围起来的房子里，围墙的存在不仅仅是为了保护家庭成员人身和财产的安全，更蕴含着一种"墙里墙外"不同文化的精神。在围墙内，人们可以自由地着装、交谈、娱乐，甚至争吵、打骂，但是发生在墙内的事不会随意被墙外的人知晓。换言之，墙内是一个整体。在这个整体中，每个成员都有自己的角色定位，最典型的莫过于"严父慈母""妻贤子孝""四世同堂、其乐融融"等。

---

① 刘德良：《隐私与隐私权问题研究》，《社会科学》2003 年第 8 期。
② 〔美〕保罗·M. 施瓦茨：《网络隐私权和国家》，廖嘉娴译，载张民安主编《公开他人私人事务的隐私侵权》，中山大学出版社，2012，第 478 页。

不管是《民法典》《教育法》《教师法》还是《未成年人保护法》，都假设父母、学校等监护人、管理人在抚养、保护、教育未成年人方面与他们的利益是一致的，也正是基于这种"一致性"，法律赋予监护人、管理人诸多实体性权利。以父母子女关系为例，日本学者我妻荣谈道："人由于有父母子女的关系，从而发生各种各样法律上的效力……但是，父母子女关系所产生的最终的效力，而且是与其他亲属关系有本质不同的父母子女关系的特有效力，恐怕是父母应该处于对未成年子女进行哺育、监护、教育的地位。这与其说是权利，莫若说是权利和义务融合在一起的一种应尽的职责，并且随着时代的演变而不断发生变化。"① 从古罗马的"家长权"发展到现代的"亲权"（或监护权），从"家长本位"到"子本位"，每一种变迁都是对未成年子女权利保护的进步。

然而，立法者想象的美好场景并不总会出现在每一个家庭之中。随着孩子由"懵懂无知"到"天真顽皮"再到"青春叛逆"，子女开始需要独立的私人空间，开始想拥有一些不为外人所知的小秘密，哪怕对方是父母。就在这种"成长"过程中，未成年子女的隐私权（尽管当事人自己可能并没有认识到这是隐私权）与父母的监护知情权之间有了冲突。我们需要开始"正视"冲突，意味着需要重视未成年子女的隐私权，开始学会尊重未成年子女的独立人格养成。让·卡波尼埃（Jean Carbonnier）在解释《法国民法典》第9条第1款②的主体范围时指出："隐私被尊重成为主观性权利的客体，使隐私被尊重的权利在性质上等同于人格权。此种权利必须为所有人所享有，即便是那些不能行使自己权利的无行为能力的人，诸如未成年人等。此种权利不仅可以对任何第三人予以主张，而且还可以对亲权享有者予以主张，因为未成年人有权要求其父母尊重其隐私生活。"③ 1989年联合国大会通过的《儿童权利公约》强调，"把儿童作为个体权利主体而不是作为一个家庭或群体的成员来加以保护，因此有学者指出，在这个成人主宰的社会中能如此的关注儿童的利益，应该说是历史的进步和人权的胜

---

① 〔日〕我妻荣、有泉亨：《日本民法·亲属法》，夏玉芝译，工商出版社，1996，第130页。

② 《法国民法典》第9条第1款规定：任何自然人均享有其私人生活受尊重的权利。

③ Jean Carbonnier, droit civil, les personnes, p. 318.

利,而对儿童权利的重视和保护可以作为尊重人权的标志"①。

这种"监护人、管理人与未成年人利益一致"的预设在亲子关系中体现得分外明显,我们常说,天底下最疼孩子的永远是父母,这是一种基于血缘的天然情感。在法律上,父母权利的思想基础在于,父母比其他任何人或机构更加关心子女的最佳利益。并且,为了保证这种最佳利益的实现,法律甚至限制国家权力的干涉,由父母决定子女的最佳培养方案。但是,这种决定是受限制的,受"儿童最大利益"的限制。德国法上,"父母责任"概念代替"亲权"就明确地传达了一种立场转换。历史上,"父母责任"一词在 20 世纪 80 年代末日益流行,但实际上,早在 1985 年的联邦德国政府咨文中就提及了这一内容。该咨文指出:"让子女和他们的家人在一起,这是维护子女利益的最佳办法。允许父母承担其照顾自己子女的自然责任及法律责任,这是维护父母利益的最佳办法。因此,我们的工作重点应该是协助父母履行这种责任。"② 我们必须承认,无论是"家长权"还是"亲权",都是一种权利,无论这种权利的行使是不是为了实现未成年人的利益,甚至可以说,这种权利也是家庭内部的权力安排,父母在家庭权力体系中位于金字塔的顶端。但由父母权利转向父母责任,使得家庭内部成员的利益保护侧重发生了转移,未成年人不再是消极的利益的承受者,而成为在国家监督下的利益的主动的索取者。"父母责任"概念主要传达出两层含义:一是父母对其子女负有照护义务,提出这一术语是为了修正父母对子女只有"权利"这一观点;二是增进子女的利益是父母的责任而非国家义务。德国《基本法》第 6 条第 2 款保护的范围就包括:父母有权自由决定用何种方式适当地实现他们的父母责任。国家对父母权利的干预措施,必须和父母不履行义务的严重程度以及维护子女利益的要求相适应。国家可以采取措施干预父母的照顾权,但以可能和足够为限。③

---

① 王雪梅:《儿童权利保护的"最大利益原则"研究》,《环球法律评论》2002 年第 4 期。
② Consultative Document, *Review of Child Care Law*: *Report to Ministers of an Interdepartmental Working Party*, 1985, para. 2. 8.
③ 〔德〕迪特尔·施瓦布:《德国家庭法》,王葆莳译,法律出版社,2010,第 264 页。

三 一般过错责任构成要件的"一体统摄"预设

因为隐私侵权责任的承担在法律上得到确认的历史并不久远，而在隐私侵权之前，民法学者和法院已经通过研究和审理其他类型的侵权行为，总结出一般过错侵权责任的构成要件，并"合乎逻辑"地认为：未成年人隐私侵权作为侵权行为中的一种，其当然也适用一般过错侵权责任构成要件。如张新宝教授在其《侵权责任法原理》中对隐私侵权责任的构成要件作出了明确说明："其一，行为人实施了侵害他人隐私权的侵权行为；其二，损害后果；其三，因果关系；其四，过错。侵害他人隐私权的行为应当是一般过错侵权行为。"[①] 杨立新教授也在《侵权法论》中对隐私侵权责任的构成要件做了说明："侵害隐私权责任的构成，必须具备侵权责任的一般要件，即须具备违法行为、损害事实、因果关系和主观过错四个要件。其中的所谓损害事实表现为他人的隐私被刺探、私人活动被监视、私人空间被侵入、私人资讯被公布、私生活被搅扰、行为被干预等。"[②] 两位教授关于隐私侵权责任构成要件的演绎推理固然没错，可必须注意的是：基于未成年子女隐私权的特点及隐私侵权行为的类型多样化，一般过错责任的构成要件不能涵摄所有情形，这里重点强调以下三点。

第一，并不是所有未成年人隐私侵权责任的承担都要"四要件"齐全，比如"禁止令"（诉前禁令）的申请和颁发并不以"事实上造成损害后果"为要件。在侵权法领域，从事后救济到事前预防的转变是潮流所向，英国衡平法中早有"禁止令"的规定，《法国民法典》第9条第2款[③]也有类似规定。在我国，《民事诉讼法》第100条第1款也作了此规定。在此之前，临时禁令（或诉前禁令）已存在于知识产权领域，如《商标法》第65条、《专利法》第66条、《著作权法》第56条。可以说，预防性的救济完善了侵权法的救济体系，也是现代侵权责任法的重要转向。除此之外，"隐私侵

---

① 张新宝：《侵权责任法原理》，中国人民大学出版社，2005，第193~194页。
② 杨立新：《侵权法论》（第三版），人民法院出版社，2005，第353页。
③ 第9条第2款规定：在不影响对所受损害给予赔偿的情况下，法官可规定采取诸如对有争执的财产实行保管、扣押或其他适于阻止或制止妨害私生活隐私的任何措施；如情况紧急，此种措施可依紧急审理命令之。

权损害后果的难以计算"也提醒立法者和法官在具体的侵权案件中有意识地忽略"损害后果"这一要件。让·卡波尼埃在对《法国民法典》第9条进行解释时就作了这种说明:"法国最高法院对《法国民法典》第9条所规定的原则作出了阐述,认为该条对他人私人生活提供的法律保护构成一种独立的保护制度,因为法国最高法院认为,只要他人能够证明其私人生活受到了侵犯,他人就有权获得损害赔偿。"① 在一些案件中,即使原告没有办法证明被告的侵权行为给他带来了具体多少损害,法院仍然判决被告向原告进行损害赔偿。因为"通常而言,在如今泄密职业化的背景下,要求泄密行为的受害者证明他受到了损害意味着剥夺了其抵抗泄密行为的能力"②。

第二,"四要件"仅满足一般侵权行为的担责要件,在一些特殊的侵权案件中,还需要具备一些其他的构成要件,侵犯未成年人隐私权的责任即如此。未成年人隐私权以及隐私侵权的类型研究对确定特殊侵权责任构成要件是有益且必需的,因为隐私权的范畴正在不断扩大,且每一种都有自己独特的行为表现方式。如非法公开他人私人信息的隐私侵权至少必须具备:"其一,被行为人公开的信息必须是他人的私人信息而非公共信息;其二,他人的私人信息被行为人予以公开披露而非私下披露;其三,所公开披露的信息是让一个有理性的人高度反感的信息;其四,社会公众对他人私人信息不享有合法利益。如果不具备这些特殊的构成要件,行为人当然也不会对他人承担隐私侵权责任。"③ 同样,侵扰他人安宁的隐私侵权责任和侵犯他人信息性隐私的侵权责任也应具备各自的特殊要件。

第三,对于"过错"要作适当的区分。过错有两种:故意和过失。我国民法中的过错不像罪过那样再分成直接故意和间接故意、疏忽大意的过失和过于自信的过失,而只能把过失区分为重大过失和一般过失。两者在不同类型的未成年人隐私侵权案件中有不同的标准。比如侵扰他人安宁的

---

① Jean Carbonnier, *Droit civil*, Introduction Les personnes La famille, L'enfant, Le couple, puf, p. 533.

② Martin, "Le secret de la vie privée", 1959 *REV. TRIM. DR. civ.*, 227, 255.

③ 张民安、杨彪:《侵权责任法》,高等教育出版社,2011,第267页。

隐私侵权和非法收集、传播、使用个人信息的隐私侵权过错类型是"故意",而公开他人私人事务的侵权过错仅需"过失"即可。法国最高法院第一民事庭就特别指出:"以同情方式、善意方式或者令人不快的方式实施的行为,仍然可能构成对私生活的侵犯;侵犯私生活与所采取的方式无关。"①甚至,在视隐私权为一项主观性权利的法国,对隐私权的保护更加激进,如《法国民法典》第9条,它对隐私侵权的认定由过错责任转向了过错推定责任。让·卡波尼埃指出:"鉴于《法国民法典》第9条所规定的隐私权被看作是一种主观性的权利,人们能够从该条的规定当中得出这样的结论,这就是,只要他人的私人生活遭受了侵害,他人就能够要求行为人对其承担侵权责任,他人无须证明行为人具备过错侵权责任的必要构成要件。"②

第二节 "权威与服从"语境中的未成年人隐私权研究之理论困境

法治社会是"权利"彰显的社会,公民的权利越受到重视,意味着国家权力的正当性和合法性越足。但从一个"权利"意识不足的传统社会一下子向法治社会过渡,不免伴随许多"过犹不及"的现象。在权利话语体系中变现为"权利泛滥",即本不属于权利体系的一些行为也被赋予"权利"名称,似乎一下子"不违法"的行为都能冠以"权利"称呼,这实在是一种"矫枉过正"的表现。权利本身应当是一种稀缺资源,如果权利的清单超越了当前具体的社会条件,权利的增加就未必会使权利增值。美国学者格伦顿说,"权利范畴的迅速扩展——延及树木、动物、烟民、不吸烟者、消费者等等——不仅使权利碰撞的机会成倍增加,而且也使核心民主价值面临平凡化的风险"。③我国刘作翔教授也针对此情形发表了如下观点:

---

① 《法国民法典》(上册),罗结珍译,法律出版社,2005,第42页。
② Jean Carbonnier, *Droit civil*, Introduction Les personnes La famille, L'enfant, Le couple, puf, p. 519.
③ 〔美〕玛丽·安·格伦顿:《权利话语——穷途末路的政治言辞》,周威译,北京大学出版社,2006,前言第3页。

"从应然的角度讲，似乎法律赋予人的自由种类（表现方式）越多，这一法律制度则越好，越理想，越符合和满足人对自由的期望和要求，但是，这必须与具体的社会条件相结合。如果社会环境尚不具备实现某种自由的条件，法律就不能对其作出规定和确认。如果在某些自由对社会的发展和进步带来危害时，法律应作出相应的限制规定，以阻止其危害社会。"① 由此，"权利"的泛滥对法治建设而言并非好事，那具体到隐私权，有无必要将隐私权的主体"特殊化""具体化"到未成年人呢？从理论上而言，未成年人隐私权涉及两个难题：一是对未成年人而言，保护其隐私利益与承认其隐私权哪一种方式更为可取？二是未成年人隐私权究竟是一种道德权利还是法律权利？下面就这两个问题展开论述。

一　权利说抑或利益说？

1. 权利与利益的分野

首先，权利高于利益。很多学者将权利与权利所保护的利益混为一谈，而实际上，两者不可通约。所谓利益，"它是人类个别地或在集团社会中谋求得到满足的一种欲望或要求，因此人们在调整人与人之间的关系和安排人类行为时，必须考虑到这种欲望或要求"②。利益存在于各种社会关系中，不仅仅是在法律层面。而权利却是法学上的一个基本范畴，是现代法的核心。但关于何谓"权利"，却是众说纷纭。康德在谈权利的概念时指出："问一位法学家'什么是权利？'就像问一位逻辑学家一个众所周知的问题'什么是真理？'同样使他感到为难。"③ 菲因伯格甚至认为，给权利下一个"正规的定义"是不可能的，权利是一个"简单的、不可定义、不可分析的原初概念"④。虽然权利很难下定义，但在诸多对权利本质的认识中，"利益说"却是其中的一个分支，法律上的权利与利益密切相连。权利的"利益论"解读肇始于边沁，发扬于耶林和赫克。庞德指出："耶林通过使人们注

---

①　刘作翔：《迈向民主与法治的国度》，山东人民出版社，1999，第68页。

②　〔美〕庞德：《通过法律的社会控制》，沈宗灵、董世忠译，商务印书馆，1984，第81~82页。

③　〔德〕康德：《法的形而上学原理》，沈叔平译，商务印书馆，1991，第39页。

④　转引自李步云《法理学》，经济科学出版社，2000，第153页。

意到权利背后的利益，而改变了整个的权利理论。他说权利就是受到法律保护的一种利益。所有的利益并不都是权利。只有为法律所承认和保障的才是权利。"① 菲利普·赫克也指出："法律是所有法律共同体中互相对峙且为得到承认而互相斗争的物质、民族、宗教和伦理方面的利益的合力。"② 由此，他认为利益是法学的核心，但权利和利益并非总是在方向上一致的，权利人并非总是得益人。比如监护权，监护权的行使能为被监护人带来利益，而对于监护权人来说，却要"耗时耗力"。郑玉波教授也专门谈道："其实法律对于吾人利益之保护，未必皆以赋予权利之方式出之，其依反射作用，使人享有利益者，亦不在少。例如法律使人遵守交通规则，结果人人皆得享受交通安全之反射利益；此项利益即非权利，因享受者无权向他人请求履行也。"③ 所以，很多情形下，权利与利益指向并非一致，两者不可等同。

对未成年人隐私权来说，保护其隐私利益与赋予其隐私权的意义是不同的，保护其隐私利益肯定符合社会上大多数人的利益，因为这个时候，何为隐私利益以及在什么程度上保护其隐私利益成为一个可以讨论的问题。正如"隐私"不同于"隐私权"一样，"隐私利益"与"隐私权背后的利益"也是不同的，隐私权背后的利益是一种法定的利益，而前者不是。利益更多的是一种功利主义的考量，保护其利益是以社会利益的总量为基础的，而"权利不是以功利或社会效果为基础，而是以其正当性的演化与利益无关的道德原则为基础"④，这就表现出权利可以对他人利益、社会利益和多数人的意志施加限制。所以，对未成年人而言，赋予其隐私权与保护其隐私利益完全是不同的两个概念。美国学者皮文睿指出："以实际的态度来看，当权利被解释为利益时，证明某人的利益在某种程度上比社会的利益更重要的责任转移给了那个人。在实践中，这一表达方式使天平向集体

① 〔美〕庞德：《通过法律的社会控制》，沈宗灵、董世忠译，商务印书馆，1984，第46～47页。
② 转引自郭道晖《法理学精义》，湖南人民出版社，2005，第88页。
③ 郑玉波：《民法总则》，中国政法大学出版社，2003，第61页。
④ 〔美〕皮文睿：《论权利与利益及中国权利之旨趣》，载夏勇主编《公法》（第1卷），法律出版社，1999，第105页。

利益倾斜。在缺乏珍视人的生命的尊严和个人的内在的道德价值的宗教或哲学传统的社会中,倾斜将更经常发生。"① 这正是我们担心的,如果认为保护未成年人的隐私利益即足够的话,那这样的判断恰恰是成人世界的一个话语霸权——未成年人父母的利益、师长的利益,甚至是社会的利益,都可以成为压垮儿童利益的"稻草"。

其次,权利是类型化、法律化的利益。王利明教授在谈民事权利的时候就提到过"民事权利是类型化的利益"②,从利益上升到权利是有条件的。郭明龙博士在其著作《个人信息权利的侵权法保护》中谈到要对所保护的某种利益赋予"权利"名分,应当具备三个条件:其一,该利益达到值得法律加以"言说"的重要程度;其二,其负载利益的特定性,其权利边界比较成熟,利益比较具体,能够对一定的法律生活进行抽象,提供比较稳定的行为规则和裁判规则;其三,与已有的法律权利体系相协调,不能造成权利体系混乱。③ 这其实是一种依据利益"重要性"以及"边界清晰"的论证思路,即如果利益值得用法律的手段予以保护,那就上升为权利。对于该论证思路,我们不能说错误,但是太主观了,因为"重要性"本身就是一个价值判断,以主观判断作为证成权利的理由是牵强的。英国著名家事法教授约翰·伊克拉提出了权利证成的思路:

> 获得权利的理由:"一、权利主张须以道德体系为前提条件,正如哈特所证明的那样,主张法律权利以法律制度的存在为前提。权利主张的优势在于他们关注的是具体的事实,就像普通法体系下的法律案件一样。在这些事实下,道德原则得以使用和得到解释,其还经常通过责任的延伸来扩展适用范围。新提出的权利主张势必富有争议,正如权利主张在历史中所展示的那样。但是社会中不断有人提出新的权利主张,其整体的结果是义务范围的扩大。二、权利的社会基础。如果有人主张权利,他们必定认为任何其他有同样类似情况的人都有同

---

① 〔美〕皮文睿:《论权利与利益及中国权利之旨趣》,载夏勇主编《公法》(第1卷),法律出版社,1999,第128页。
② 王利明:《民法总则研究》,中国人民大学出版社,2003,第202~203页。
③ 郭明龙:《个人信息权利的侵权法保护》,中国法制出版社,2012,第51页。

样的权利。这一立场将以某种社会类别、事件、情况或活动作为其特点。权利申请人能够认识这些特点并主张这些特点是他们权利产生的基础……事实上，从特征上看，对权利的主张，与某一群体利益的主张具有更大的关联性。第三个理由是，一项权利主张是否有足够充分的理由向他人施以一项义务。这是一个评价性和实证性的问题……在评估某一利益的重要性时，需要记住的是，一项权利主张指向的是权利申请人对其认为是他或她幸福要素之一的一种最终状态。这是非常重要的。是否有可能评估各种最终状态对不同权利申请人的幸福的重要性呢？权利概念本身无法产生相关的评价措施从而可以评估各种利益的权重，但这并不意味着没有评估各种权利主张的标准。我们可以按这些权利主张给个体生活的影响程度进行评估。和一个人应该参加一场体育赛事相比，参加求职面试的机会通常更为重要。尽管在某些情况下，这两种情形都可以被称为权利。但如果只能实现其中一个，那么就应该选择后者。"①

伊克拉教授的论证思路是从社会事实出发，产生道德舆论，然后形成利益共同体并集体发声，最后由立法者判断该权利主张的充分性，如果认定"充分"，则该主张会对他人施以义务，由此，权利生成。伊克拉的论证不仅环环相扣，而且点出了利益上升为权利后的最大变化，即义务的产生。约瑟夫·拉兹在谈到权利时明确地说："权利本身是对他人施以义务，以保护或促进权利所有人一定利益的理由。"② 也就是说，一旦形成权利，就意味着权利人为了实现或保护这一利益而请求他人履行一定的作为或不作为义务，从而摆脱了单纯的利益保护所伴随的"不确定"及"无保障"状态。

关注权利是类型化、法律化的利益这个判断对未成年人的权利保护特别重要，麦考密克（Neil MacCormick）曾提出一个著名论断："权利必须被视为是法律应保护的利益，而不是意志的表达得以实现。如果我们用第二种方式来理解权利，那么那些年幼的儿童就不能享有权利，因为他们不能

---

① 〔英〕约翰·伊克拉：《家庭法和私生活》，石雷译，法律出版社，2015，第 147~148 页。
② Joseph Raz, *the Morality of Freedom*, Clarendon Press, 1986, p.44.

作出任何选择。"① 这当然是有道理的,如果站在成人的视角来表达"利益"的偏好以及构建"利益"的保护机制,未成年人就不需要权利了。更何况,隐私权还并非一般的权利,它是人权的重要组成部分,而人权的权利主体是不分年龄、健康、种族、肤色、富贵贫贱。综上,无论是从未成年人隐私权的权利证成还是人权属性的逻辑推演,未成年人通过享有隐私权来保护其隐私利益是更值得期待的。

最后,儿童权利所蕴含的利益类型有哪些?弗瑞曼(Freeman)提出了四种分类:享受福利的权利、受保护的权利、社会公正基础上的权利、自治基础上的权利。毕万(Bevan)将儿童的权利分成"受保护"和"自信"两大类。福汀赞成毕万的分类,因为它"考虑到目前整个儿童法在实践发展中存在的根本矛盾——这是介于履行儿童受保护权利的必需和鼓励他们自我决定之间的矛盾"②。而一般来说,儿童有三种利益:首先是基本利益,一般指维持生存和生活所必需的利益,这种利益既有物质上的,也有心理上的;其次是发展利益,不仅仅指身体和心智能力,更多地指向个性的塑造、技能的培养;最后是自主利益,发展利益的本质就是为实现自主和自治做准备。儿童监护人的职责是"为儿童建立最有利的环境,推动儿童逐步完善的个性得到进一步发展,以这种方式来塑造结果"③,而这个结果正是自治。

就上述三种利益进行分析,前两种利益涵盖了为了维持健康生活包括心理健康所必需的生活条件的满足以及自我发展所必需的各种条件的满足。这些利益可以被认为是强意义上的权利的充分依据,因为即使是非常年幼的儿童,他们的生理和心理上都表现出强烈的驱动力。而自主利益是一种更高层次的利益,它类似于富勒眼中"愿望的道德",又类似于马斯洛"需要体系"中最高层次的类型,还类似于决定价格的边际成本。约瑟夫·拉

---

① Neil MacCormick, *Children's Rights: A Test Case for Theories of Rights*, in *Legal Right and Social Democracy*, Clarendon Press, 1982, ch. 8.

② 〔美〕凯特·斯丹德利:《家庭法》,屈广清译,中国政法大学出版社,2004,第226页。

③ John Eekelaar, "The Interests of the Child and the Child's Wishes: The Role of Dynamic Self-Determinism," in Philip Alston (ed.), *The Best Interests of the Child: Reconciling Culture and Human Rights*, Oxford University Press, 1994, p. 54.

兹曾言:"具有高度自主权的个体是他们自己的道德世界的创建者之一","通过自主生活,人民的福祉得到了提升"①。我们可以想象一下一个这样的社会,这个社会的成员认为,儿童的自决权,实际上也就是未来一代成年人的自决权不符合任何人的利益,这样的社会绝对不会是一个开放社会。开放社会的一个先决条件是,个体自治权利的行使被认为是符合该个体的利益;另一个先决条件是,他们有权获得民事行为能力并表达他们自己的利益。②

如此一来,可以将儿童的基本利益、发展利益视为"强意义上的权利"所保护的利益,而自主利益是"弱意义上的权利"所保护的利益。这种区分有着重要价值:把儿童视为潜在的权利所有人,就意味着要把注意力一直放在是否可以认可儿童的观点,同时将其放在"行为能力受限制"的背景下进行相应的评价。否则,"除非成人的态度发生了彻底的改变,社会结构也已做了重大调整,转向让儿童有可能表达自己的观点,并且和儿童说话时,心怀尊重,否则没有哪个社会会将儿童视为权利所有人"③。事实也正是如此,如果决策者(成年人)已经确信什么对儿童最好,那儿童自己的意见还有什么重要性呢?对儿童来讲非常重要的"儿童福利原则"也会因此失去"初心",而成为"成人福利"的另一种表达。在作为法律原则的"儿童福利原则"进入司法程序中时,采用"儿童权利"的视角进行分析具有以下两个优点。一是严格从上述三种利益出发来理解儿童观点,只有这样,才能将儿童利益和子女意愿原则所"指代"或"代表"的"其他关切"区分开来。当然这并不是鼓励儿童都应参与到法庭诉讼中去,但通过特定的场景设置以及训练有素的法庭报告人员转述儿童的观点还是可以做到的,并且,这种"委婉"的参与比直接在法庭上表达要好得多。二是权利的方法可以兼顾利益相关人的权利,从而进行利益衡量。我们应该正确理解以下内容:其他相关人的利益是什么,司法审判在审理身份行为时也

---

① Joseph Raz, *the Morality of Freedom*, Oxford University Press, 1986, pp. 154-191.
② 〔英〕约翰·伊克拉:《家庭法和私生活》,石雷译,法律出版社,2015,第 167 页。
③ John Eekelaar, *the Importance of Thinking that Children Have Rights*, in Philip Alston, Stephen Parker and John Seymour (eds.), *Children, Rights and the Law*, Clarendon Press, 1992, p. 228.

有局限性，同时审判时应给予儿童利益更大的权重。① 当然，法庭也要明确一点，不应为了一种推定的未来利益而让儿童陷入"可能"遭受明显伤害的风险中去，比如父母子女关系被破坏或者带来生活环境的不稳定。

2. 赋予未成年人隐私权有意义吗？

这个疑问要分两个层次来回答：首先，赋予未成年人权利有意义吗？其次，赋予未成年人隐私权有意义吗？但无论是哪一个回答，都绕不开的话题便是未成年人因其行为能力不足，不足以完整地行使权利。

"通常是哲学家而不是家庭法学家提出并讨论各种不同的儿童权利理论。而19世纪70年代的'儿童解放者'运动推动了儿童权利的发展。儿童解放者们认为，儿童有权利去享受成人的自由，特别是自由决定自身的权利。其他人持不同的观点，他们认为，儿童拥有的不是被迫提前进入成年期的权利，而是被关心被保护的权利，还认为，给儿童自主的权利会削弱和抑制父母的威信并反过来影响儿童。"② 这是个非常有趣的发现，为什么首先是哲学家，而后才是法学者去主张儿童的权利？不容回避的一个问题便是，赋予其权利必须要有能力去行使，否则，赋予权利还有意义吗？或许正是法学家无法自洽地回答这个问题，故而依其谨慎、规范的思维，不会轻易提出该主张。事实也的确如此，当权利被适用于儿童时，引起了一些人的恐慌。对儿童权利颇有洞察力的学者迈克·金警告说，推进儿童合法权利不太可能为儿童创造一个更美好的世界，是指可能带来伤害。③ 还有人建议，与其谈论儿童"权利"，不如讲讲如何为儿童"做对的事情"④。儿童权利论的一个最大困境就是儿童在绝大多数情况下都要依赖于成人去行使权利，并且当他们的权利受到侵害时，还需要成人去捍卫他们的权利。哈特在《有自然权利吗？》一文中指出："如果允许我们使用常用的'权利'一词来探讨动物或婴儿的权利，那么'权利'的表达就是无意义的，因为这种表达将与其他不同道德情势中的表达相混淆，即在这些道德情势中，

---

① 〔英〕约翰·伊克拉：《家庭法和私生活》，石雷译，法律出版社，2015，第173~174页。
② 〔美〕凯特·斯丹德利：《家庭法》，屈广清译，中国政法大学出版社，2004，第226页。
③ 转引自〔英〕约翰·伊克拉《家庭法和私生活》，石雷译，法律出版社，2015，第142页。
④ 转引自〔英〕约翰·伊克拉《家庭法和私生活》，石雷译，法律出版社，2015，第142页。

用来表达一种特有权力的'权利'不能够被其他的道德表达所取代。"① 也就是说，哈特认为未成年人享有的权利是一种"自然权利"而非"法律权利"，实际上，在古典自由主义话语体系中，人权理论隐含的逻辑起点是自由、平等和自治的理性人，而非生物人。在此逻辑下，"理性"成为判断"人（生物人）是否为人（法律人）"的重要标准，正如亚契（David William Archard）所讲："自约翰·洛克以来，说儿童是'人'是有争议的，因为'人'这个术语意指那些拥有道德主体地位和能够为他们自己的行为负责任的'人'。"② 儿童在此被排除出"人"的含义之外，自然也被排除在权利主体之外。

那么，问题来了，如何判断一个人具有理性呢？行为能力的概念正好解决了这个问题，即通过年龄和智力来解决。对未成年人来说，两者区分得并不是很明显，因为正常情况下，年龄小的自然智力不足。在我国，8周岁以下的人不具有行为能力，8~18周岁的人为限制行为能力人，18周岁以上的是完全行为能力人（包含16~18周岁以自己的劳动收入为主要生活来源的人）。在德国，7周岁以下的人不具有行为能力；7~18周岁的人为限制行为能力人，18周岁以上的为完全行为能力人。当然，以18周岁为成年并不是各国通例，但绝大多数国家是采用18这个数字的，由此，未成年人要么是无行为能力人，要么是限制行为能力人。未成年人的利益必须得到保护这在现代法律中都已不是问题，但赋予其权利呢？虽然大多数国家如《德国民法典》第107条规定限制行为能力人可以单独地、有效地从事某些没有什么危险的法律行为，这似乎是承认部分未成年人的某些权利，但隐私权能包含在内吗？

继哲学家之后，各路学者开始逐渐尝试对这个问题进行回答，即"既然权利主体自己根本无法行使权利，那么赋予其权利又有什么意义呢？"有的学者从"权利主体资格"或"人格"角度出发进行论证，如拉伦茨说道，

---

① Freeman, Michael D. A., *The Rights and the Wrongs of Children*, London, N. H. F. Printer, 1983, pp. 56-57.

② David William Archard, *Children*, *Family and the State*, Ashgate Publishing Company 2003, p. 29.

确定某人具有权利主体资格，意味着将通过行使（权利）所获得的利益归属于权利主体。事实上，有些人即使具有完全行为能力，他们也是由其他人来代为行使权利的。重要的是，这种行使（权利的行为）是为谁的利益而为的。因此，将权利赋予不具有行为能力的孩子，而非赋予孩子的父母，自有其合理的意义。① 康德更进一步主张，"儿童作为人，就同时具有原生的天赋权利——有别于单纯的继承权利——而获得父母的细心抚养，直到他们有能力照顾自己为之"，"从孩子们具有人格这一事实，便可提出：无论如何不能把子女看作是父母的财产"②。诺瓦克在对《公民权利和政治权利国际公约》第 16 条③的解释中指出："必须区分在法律面前被承认为一个人的能力与行为能力即通过自己的行为建立权利和义务关系的能力。在法律面前被承认为一个人的能力在本质上是与对法律人格的承认相联系的，而行为能力的两种形式——承担合同责任的能力和承担侵权责任的能力——则不是承认法律人格的必然结果。与许多文献中所表达的观点相反，《公约》第 16 条并不保护行为能力。因此，在所有法律体系中都规定了对未成年人和精神病人的行为能力的限制，这并不代表着对第 16 条的违反。"④

除基于"权利主体资格"或"人格"的论证外，也有学者从"尊严"的角度进行论证。台湾学者李震山言道，确实有很多精神病人或幼儿不具备常人那样的自治能力，"但此并不表示无自治自决能力之人即无人性尊严或非人性尊严之权利主体，因为人性尊严之存否，若受个人能力影响，甚至取决于人之主体特质，很可能有许多人将被视为非人、下人或物质而遭社会排拒，甚至被消灭。为避免这种残酷结果产生，人性尊严实不应以人之行为能力有无为判决准据"⑤。那种将尊严与理性选择联系起来的看法是站不住脚的，对此，德沃金教授提出了著名的"关键权益"理论，并以此

① 〔德〕迪特尔·梅迪库斯：《德国民法总论》，邵建东译，法律出版社，2013，第 782 页。
② 〔德〕康德：《法的形而上学原理——权利的科学》，沈叔平译，商务印书馆，2005，第 98~101 页。
③ 《公民权利和政治权利国际公约》第 16 条：人人在任何地方有权被承认在法律前的人格。
④ 〔奥〕曼弗雷德·诺瓦克：《民权公约评注》（上册），毕小青、孙世彦等译，夏勇校，三联书店，2003，第 280 页。
⑤ 李震山：《人性尊严与人权保障》，元照出版公司，2000，第 15~16 页。

来证明是否享有尊严。德沃金指出,人实际上享有两种不同的权益:一种是"体验权益",即通过自己对生活的参与而享有的权益,例如通过阅读一本有趣的小说而获得身心的满足;但还有一种是"关键权益",指的是涉及当事人生活目标和生活理想的权益。因此,德沃金得出一个重要结论,就是从"体验权益"的角度出发,无法证成痴呆病人是否享有尊严,但是,痴呆患者没有"体验权益"不代表他们没有"关键权益",而"关键权益"本身才是证明人能否享有尊严的关键。"一个人想要被别人有尊严地对待的权利其实是一种希望别人承认其关键权益的权利。希望别人承认他是拥有道德坚持的生物,而这种道德坚持对他人生的行进是具有固有而客观的重要性的。"① 英国伊克拉教授通过主张法律必须保护某些利益来论证"强意义的权利":"许多权利都通过不为一般大众所知的国际文件和法律判决得到社会认可,这是实情。有时,权利也被说成是不可剥夺的。但是,即便人们也许不能经常对这些权利提出权利主张,甚至连自己都不知道他们享有这些权利,这些被宣称的权利仍可被看作是完整意义上的权利,因为这些权利规定了各种利益或最终状态。我们可以放心地推定,任何人都希望自己的这些权利或最终状态得到保护:不受虐待的自由;提供教育和卫生保健的权利;宗教和言论自由。同样,我们也可以说,那些意识不到自己权利的人或者年幼的儿童享有强意义的权利,即使他们不能提出这样的权利主张。"② 由此,与德沃金教授相同的是,两人都通过"利益"与权利相连;不同的是,德沃金教授拐了个弯,架设了一个中间桥梁——尊严,而伊克拉教授直接通过"利益"来证成某些权利的享有。

如果将未成年人权利放到"权威与服从"语境中,会发现还有一个重要的论证理由,即"任何人都不能简单地将多数人的利益转变为优于个人权利的集体的或团体的权利"③。未成年人在这种特殊情境中被视为还未展翅的雏鸟,承认未成年人的权利和自主就意味着放纵未成年人犯错

---

① 〔美〕德沃金:《生命的自主权——堕胎、安乐死与个人自由》,郭贞伶、陈雅汝译,商周出版社,2002,第272、274页。

② 〔英〕约翰·伊克拉:《家庭法和私生活》,石雷译,法律出版社,2015,第146页。

③ 〔美〕皮文睿:《论权利与利益及中国权利之旨趣》,载夏勇主编《公法》(第1卷),法律出版社,1999,第107页。

误,是对未成年人不负责任的表现。这确实代表了绝大多数成年人的心声,但问题在于,从长远的视角看,一个人不就是在不断犯错并改错的过程中走向成熟的吗?从自由的视角看,压制一个人的"个性"和"表达自由"是不是一种更严重的"不负责任"?卢梭主张真正"因为儿童自身的缘故而不是因为其他什么因素而重视儿童的价值"①,对于儿童可能因享有权利而犯错来说,"假如那意见是对的,那么他们是被剥夺了以错误换取真理的机会;假如那意见是错的,那么他们是失掉了一个差不多同样大的利益,那就是从真理与错误冲突中产生出来的对于真理的更加清楚的认识和更加生动的印象"②。耶林告诉我们,在人际交往中,被他人侵害是不可避免的,必须为权利而斗争,因为人类精神的生存条件之一即主张权利。③在现实生活中,未成年人的隐私利益正遭受日益严重的侵犯,仅仅依靠抽象的"儿童福利原则"已经无法提供足够的保护,未成年人隐私权的提出恰在其时。

二 道德权利还是法律权利?

1. 道德权利区别于法律权利之处

未成年人隐私权的第二个理论难题是该权利究竟是一种道德权利还是法律权利?虽然司法实践中保障儿童权利的案例较多,但大多集中在有关监护权、预防家庭暴力等方面,提起隐私权诉讼的案子很少,尤其是在家庭成员间提及隐私权的几乎没有。这就引发一个问题,在比较亲密的关系领域内,未成年人隐私权是一项道德权利还是法律权利?

对这个问题的回答要从道德权利的界定着手。我们通常说的权利一般是指法律权利,伦理学中也很少说道德权利,而是提道德义务居多。有学者直接否认道德权利的存在,如边沁就认为:"权利是法律的产物,而且只是法律的产物;没有法律就没有权利,没有与法律相反对的权利,没有先

---

① 〔法〕卢梭:《爱弥儿(论教育)》(上卷),李平沤译,人民教育出版社,2001,第71页。
② 〔英〕约翰·密尔:《论自由》,许宝骙译,商务印书馆,1959,第19~20页。
③ 〔德〕鲁道夫·冯·耶林:《为权利而斗争》,胡宝海译,载梁慧星主编《民商法论丛》第2卷,法律出版社,1994,第22页。

于法律存在的权利。"① "权利这个概念应该限定在法律的范围内,因为道德上对权利提出的需求和主张本身并不是权利,正如饥饿者的需求不是面包一样。"② 直到进入现代,一种新的道德理论——以权利为基础的道德理论诞生,道德权利才开始进入讨论视野。英国伦理学家 J. L. 麦凯认为:"大多数一般的道德理论都有关于什么作为目的是善的,什么是其有义务因为必须做或被禁止的,什么是人有资格做或不做的规定。这三者相应地以'目的'、'义务'和'权利'概念得以表达。而在一个既定的道德理论中,这三个概念是可以做由此及彼的推导的。因此可以以'权利'概念为基础来解释'目的'和'义务',建立一个以权利为基础的道德理论,和构建一个作为道德基础的权利。"③ 由此,在法律权利之外,道德权利成为哲学和伦理学的研究内容。而何为道德权利呢?鉴于研究的初步性,这些并没有确定的答案。庞德认为:"可能为共同体的一般道德感受所承认并为道德舆论所支持,这时我们称它为道德权利。"④ 程立显教授认为:"所谓道德权利,系指人们在道德生活——社会生活的最为广泛的方面——中应当享有的社会权力;具体地说,就是由一定的道德体系所赋予人们的,并通过道德手段(主要是道德评价和社会舆论的力量)加以保障的施行某些道德行为的权利。"⑤ 李树军、李业杰认为:"道德权利是与一定社会生活原则或道德原则相适应的关于道德主体在道德生活领域中地位和权益的规定。"⑥ 而至于道德权利的基本内容,张开城认为,"道德权利就是依据道德应该得到的东西,是作为道德主体的人应享有的道德自由、利益和对待",他还进一步将道德权利的内容分为道德选择的自由,人们在一定道德关系中的地位、尊严和受惠性,以及道德行为的公正评价三个方面。⑦ 李建华则明确地把道德权利的内容概括为行为自由权、人格平等权、公正评价权及请求报答权等

---

① 转引自余广俊《论道德权利与法律权利》,《山东社会科学》2009 年第 10 期。
② 张文显:《二十世纪西方法哲学思潮研究》,法律出版社,1996,第 85 页。
③ 方兴、田海平:《道德权利如何为正当的权利体系奠基》,《南京社会科学》2012 年第 2 期。
④ 〔美〕罗斯科·庞德:《通过法律的社会控制》,沈宗灵、唐世忠译,商务印书馆,1994,第 45 页。
⑤ 程立显:《试论道德权利》,《哲学研究》1984 年第 8 期。
⑥ 李树军、李业杰:《道德权利初探》,《郑州大学学报》1985 年第 4 期。
⑦ 张开城:《试论道德权利》,《山东师范大学学报》(社会科学版)1995 年第 5 期。

四个要素。①

对上述有关道德权利概念和内涵的不同定义进行分析,可以发现其具有四个明显的特征。首先,道德权利发源于社会关系,所谓社会关系就是"当事人以社会普通一员的面目彼此对待和交往,双方互视为同类,亦即身份彼此同一的关系"②,在社会交往过程中,形成一套固定的社会生活原则,可以称其为道德原则。其次,道德权利通过道德手段加以维护,这些道德手段如舆论和社会评价虽不具有外在强制力,但在内心深处对人产生的影响力不可小觑。再次,道德权利指向利益。"权利的本质意义是对人的某种自由或者利益的肯定,从这意义上说,道德权利实际上是从道德上给人提供了一个自由选择其行为方式以获取其正当利益的合理范围。""无论是法律还是道德,它们实质上都是作为一种调整利益关系或者按照某种原则分配权利和义务的规范而体现其社会功能的。"③ 而所谓调整利益关系,无非是按照一定的原则或规范,规定人们各应占多少利益、各应承担多大责任,这也就是分配人们的权利和义务。最后,道德权利与道德义务存在对等性。"一般而言,道德义务的履行不以获得某种个人的利益、报偿或权利为条件或动机。"④

在对道德权利进行如上阐释之后,将道德权利与法律权利进行比较,除"客体"与"强制力"的不同外,两者的区别主要集中在三个方面。第一,明确性、确定性不同。法律权利由立法机关以法律的形式确认,有关该权利的内容、边界、侵权及其救济都是明确而具体的,相反,道德权利的标准则是模糊的,它甚至不是文本的而是存在于意识和经验之中的。美国华盛顿大学哲学教授卡尔·威尔曼讲到道德权利和法律权利两者的界限时认为:法律权利由法庭的法官依据权威的法律来裁决,而道德权利则是由道德法官通过道德推理来进行。第二,法律权利是抽象的、类型化的权利,而道德权利是具体的、情景化的权利。法律权利存在于法律关系之中,

---

① 李建华:《法治社会中的伦理秩序》,中国社会科学出版社,2004,第147~167页。
② 张俊浩主编《民法学原理》(上册),中国政法大学出版社,2000,第10页。
③ 余涌:《道德权利研究》,中央编译出版社,2001,第38、181~182页。
④ 李建华、周蓉:《道德权利与公民道德建设》,《伦理学研究》2002年第1期。

而法律关系是指人类社会生活关系中，受法律支配的关系，这就产生一个问题，由于法律的抽象性，法律权利必然也是抽象的，唯有法律权利的具体行使是具象的。道德权利则截然不同，它以社会关系中"现实的人"为出发点。"现实的人是社会的人，是充当各种社会身份与关系的人，它既摆脱了外在必然性强制的力量，又能在文化共同体内达到自我实现的完满境界。现实的人是具有复杂个性的人，既是自然的存在又是精神的存在，既是理性的存在又是非理性的存在，所以它能实现富有创造性的、充满激情的、有着坚强意志的自由个体。"① 第三，道德权利与法律权利的逻辑演化结论不同。虽然劳里米尔认为伦理学和法理学的最终目标都是达到人的至善至美，但两者实现的路径不同，前者是通过人与人之间关系的完善来实现，后者是通过个人自身的完善来实现。道德哲学偏重整体，而法律权利从个人出发。"个人权利的优先保护有双重目的：从消极方面看，是要防止对个人自由的侵犯，为保障自由提供屏障；从积极方面看，是要创造一个空间，让个人能够从事他自己愿意做的事情，尤其是让个人能够去追求他自己选择的善生活。社会、群体、其他人不能强加善于个人，权利为善的追求设定了一个界限，一个底线，或诺齐克称之为的'边际约束'。"② 在此而言，"善优先于应当"还是"应当优先于善"构成了道德权利和法律权利的基本分野。

尽管道德权利与法律权利存在如此多的不同，但两者又不能截然分割。鲍桑葵认为："最充分意义上的权利既具有法律意味，又具有道德意味，权利是能够在法律中得以强制实现的要求权，任何道德命令不可能如此，但权利也被认为是一种应当在法律中被强制的要求权的同时，也不失却其道德面貌，一种'典型'的权利应当将法律因素与道德面貌紧密结合在一起。"③ 米尔恩也认为："没有法律可以有道德，但没有道德就没有法律。这是因为，法律可以创设特定的义务，但无法创设服从法律的一般义务。一项要求服从法律的法律将是无意义的，它必然以它竭力创设的那种东西的

---

① 曹刚：《从权利能力到道德能力》，《中国人民大学学报》2007 年第 2 期。
② 张伟涛：《从功利到道义：当代中国权利观念道德基础的构建》，《法制与社会发展》2012 年第 1 期。
③ 转引自余广俊《论道德权利与法律权利》，《山东社会科学》2009 年第 10 期。

存在物先天条件，这种东西就是服从法律的一般义务。这种义务必须，也有必要是道德性的。"① 除了法律权利的"道德性"外，道德权利的"法律化"正是权利从道德话语成为法律话语的渐变过程，正是因为道德权利背后的利益引起了广泛的"道德共鸣"，才有了法律权利生成的可能。

2. 未成年人隐私权是一项法律权利

在对道德权利和法律权利进行区分后，接下来就要探讨权威与服从语境中的未成年人隐私权究竟是一项道德权利还是法律权利了。

首先，从人们对未成年人隐私利益的重视程度以及保护其隐私利益的路径转换来看，未成年人隐私权是一项法律权利。"在不同的历史时代，人类对隐私权的态度也会不同。家庭成员规模的萎缩、新的社交场所的出现、家庭性质的变化、住宅结构的变化、对个人身体态度的变化、财富和生活空间的增加、工作和住宅的分离以及人类生活质量和性质都其他因素的改变都深远地影响人类对隐私的态度。"② 如果说之前的社会中，公共领域和私人领域截然两分的环境还让人感觉不到隐私权的重要性的话，那么现代社会，公共领域对私人领域的侵占以及消融，已经让人感觉不到能提供"独处"的空间。福利社会的推进、科学技术的进步、"弱而愚"的人的假设，还有基于秩序和安全的个人信息全面收集，现代社会中的公民已经不仅仅是生物人、社会人，还是数据人。试想一下，一个人从出生开始到死亡结束，有多少信息是被国家或其他组织掌握着的？姓名、户籍、身份证号、血型、指纹、DNA、父母、工作、家庭情况、疾病治疗、健康情况、消费情况、房产财产、有无前科，可以这样说，只要政府愿意，每个人都是"透明的"。成年人的隐私状况已经如此深陷危机了，那未成年人呢？在家里对父母来说是透明的，在学校对老师来说是透明的，一旦陷入诉讼对公检法来说也是透明的。如果说成年人的隐私危机来源于其他人、组织或政府，而未成年人的隐私危机还源于那些"对他最好"的那些人或组织。未成年人隐私利益的保护已经通过立法得到确认，最典型的就是《未成年人

---

① 〔英〕A. J. M. 米尔恩：《人的权利与人的多样性》，夏勇、张志铭译，中国大百科全书出版社，1995，第148页。

② 〔美〕丹尼尔·J. 索洛韦伊：《隐私权的定义》，黄淑芳译，载张民安主编《美国当代隐私权研究》，中山大学出版社，2013，第53页。

保护法》，第 4 条明确规定处理涉及未成年人事项时，应保护未成年人隐私和个人信息。2019 年国家互联网信息办公室室务会议审议通过了《儿童个人信息网络保护规定》，第 4 条规定任何组织和个人不得制作、发布、传播侵害儿童个人信息安全的信息。2021 年 8 月新通过的《个人信息保护法》第 28 条更是将"不满 14 周岁未成年人的个人信息"纳入"敏感个人信息"予以保护。国际层面上，1985 通过的《联合国少年司法最低限度标准规则》（以下简称《北京规则》）第 8 条规定，应在各个阶段尊重少年犯享有隐私的权利，以避免因不适当宣传或点名而对其造成伤害；原则上不应公布可能导致使人认出某一少年犯的资料。1989 年通过的联合国《儿童权利公约》第 16 条第 1 款规定，儿童的隐私、家庭、住宅或通信不受任意或非法干涉，其荣誉和名誉不受非法攻击。未成年人隐私利益的保护已经在越来越多的法律文件中出现，这既说明了保护未成年人隐私利益的重要性，也说明道德手段在该利益保护面前"捉襟见肘"了。

其次，从权利救济的角度看，未成年人隐私权是一项法律权利。正如前文所述，道德权利相较于法律权利来说是不确定的，不仅其权利边界不确定，权利的救济能否产生预期的效果也不确定。法律权利最大的特点即在于它的规范性，它不是可以交由公众随意"讨论"的，而是由受过职业教育和训练的法官来阐释的。就侵犯隐私利益而言，"公开披露私人事件或者私密照片可能会给受害人带来巨大的精神痛苦，对于许多人来说，是一种道德上的不当行为。但是，假如特定的司法管辖区没有确认尊重他人的这些隐私利益的法律义务，侵害它们不可能是法律上的不当行为"[1]。所以，一旦法律将隐私权纳入自己的体系，侵害隐私利益就再也不是单纯的道德上的不当行为了。法律一般不是多元的，可以讨论的程度也比道德低。当然，有一些"轻微的"甚至是"损害不明显"的隐私侵权行为，尤其是对未成年人来说，其隐私利益经常受到监护人、师长、侦查人员的侵犯，如果情节显著轻微，那视其为法律权利还有意义吗？答案是肯定的。"救济……意味着向受害人表明她的权利得到认真对待。这是通过确认某一诉

---

① 〔美〕戴维·G. 欧文主编《侵权法的哲学基础》，张金海等译，北京大学出版社，2016，第 38 页。

讼被要求作为公众对某些权利存在的尊重和公众对违法者不尊重他人权利的错误的识别的象征性来实现的。在赔偿这一概念中,对受害人的伤害和受害人不被侵害的权利都与赔偿金不可通约,他们在概念上不等同于替代品。"[1] 所以,本身可诉的不法行为(尤其是隐私侵权中的侵扰侵权、基于监护权、教育权产生的轻微侵权)并不要求证明特定的人身或精神损害,原告受保护的人格或利益受到侵权就足够了。更何况,从法律角度而言,不法行为的概念并不内在地要求有受害人,比如在高速公路上超速行驶,在没有造成交通事故的前提下,超速也是不法行为。相较而言,道德权利的救济就没这么明确而具体了,尽管我们常说道德舆论和社会评价也会产生一种"软强制"的效果,但效果如何,无限依赖于道德义务主体的良心。

再次,从隐私在现代社会的发展轨迹来看,它经历了一个由模糊到清晰、由观念到实践、由道德保护到法律保护的过程。[2] 在权威与服从的语境中探讨未成年人隐私权,更主要的是体现一种自由,一种反抗。在私人生活领域,"每一个生命个体有拥有不受强制地以自己的方式选择自己的生活目标的自由。在这里,'选择'意味着在生命个体面前存在多种'生活的可能性',有多扇'大门'向他敞开,所以他有可能在多种选择中去追求和创造自己的'可能生活',而不是只能在外在强制下进行非此即彼的'决定'。"[3] 这种基于"自治""自决"的个人主义视角正是隐私权发挥其无限魅力的最佳注脚,每个人都是自由的人,而自由在选择中体现,所以,当个人日益从传统的家族、团体中解放出来,隐私的价值和观念才逐渐为公众所接受。"当隐私的道德日益趋向'道德法律化'所要求的最低限度的道德标准时,它就必然地、内在地要求从原有的道德领域中解脱出来,在具有强制力的法律中得到反映。"[4]

最后,未成年人隐私权的法律权利性质源于权利主体人格尊严的不可

---

① 〔美〕戴维·G. 欧文主编《侵权法的哲学基础》,张金海等译,北京大学出版社,2016,第427~428页。

② 参见杨开湘《宪法隐私权导论》,中国法制出版社,2010,第129~130页。

③ 贺来:《有尊严的幸福生活何以可能》,《哲学研究》2011年第7期。

④ 张莉:《论隐私权》,载徐显明主编《人权研究》(第三卷),山东人民出版社,2003,第385~386页。

侵犯。人格最先在道德领域出现，但随着"人"的主体性的发现，人格逐渐拥有了法律含义。尊重公民的隐私权就是尊重公民的人格尊严，这也是为什么将隐私权视为基本人权的原因，隐私权也因此被视为一项主观性权利。所谓主观性权利，依卢曼的理解，是"仅仅因为有一个权利主体存在而不需要进一步根据就能成立的法律品性"。权利不再被看作是一种客观的事物，而被归于主体自身的一种属性：一种自由行动或处理个人事务的支配权或者能力。一切个人都有权获得主观性权利，只因为他们是一个"作为主体的人"，这意味着，个人不再由他们的社会地位所定义，他们的权利能力定义了他们自身。① 未成年人虽不具备完全的行为能力，可作为一个"主体"，享有隐私权是再合逻辑不过的事了。此外，我们在谈论人格、人的尊严的时候，其更多的是一种"消极意义"上的法律表达，也就是说，人格、人的尊严通过"神圣不可侵犯"这种"被动"的保护表现出来。换句话说，人格权应为"受尊重权"②，未成年人隐私权保护的主要体现就是"尊重"。承认未成年人享有权利，就同时意味着其他人负有法律义务，这种视角转换对于保护未成年人的隐私利益具有重要作用。对未成年人来说，隐私权是成就其个性完整和健康发展的必要条件，抵抗其隐私利益的侵害不能仅靠不确定的道德义务或抽象的法律主张，而必须具体地主张法律权利。

第三节 "权威与服从"语境中的未成年人隐私权研究之实践困境

未成年人隐私权的研究不仅存在理论上的难题，还需面对实践中的困境，尤其是司法保护实践中的困境。

一 构成要件之缺乏

前文已谈到一般侵权责任构成要件与未成年人隐私侵权责任构成要件

---

① Niklas Luhmann, *Grundrechte Als Institution*, 5. Auflage. Berlin：Duncker & Humblot, 2009, pp. 72-89.

② 参见曹相见《人格权支配权说质疑》，《当代法学》2021年第5期。

并不完全契合。基于未成年人隐私权的特点及隐私侵权行为的类型多样化，这里重点强调以下两点。

第一，并不是所有的未成年人隐私侵权责任的承担都要"四要件"齐全。以"损害后果"为例，只要对法律主体的人的人格或者尊严造成侵犯，就必须承担相应的法律责任。当然，这里也可以将人格或尊严的被侵犯视为一种"损害后果"，与"精神损害赔偿"案件中的"精神损害"相类似。但须说明的是，这种"损害后果"与传统侵权案件中的"损害后果"不同，起码在确定性、法定性等方面存有巨大差异。还有隐私权家族中的"侵扰隐私"，这种类型的侵权损害后果也是很难界定的，有很多的案例处于"模棱两可"之间，比如一男子总被其前女友跟踪，令其不胜烦恼，但前女友也没有侵入其私人领地（比如家里）进行跟踪，而是每当其进入公共场合就开始尾随；再比如一艘轮船上一男子"肆无忌惮"地打量一位美女，并且不时用手机给美女拍照，让美女也很烦恼，可当美女上前质问，男子却说在拍海鸥。这种在公共场所被侵扰的损害后果到底怎样认定？如果严格地以"损害后果"来认定侵权责任承担的必要条件，那相当多的"侵扰"都不是侵权行为了。

此外，"隐私侵权损害后果的难以计算"也提醒立法者和法官在具体的侵权案件中有意识地忽略"损害后果"这一要件。因为"通常而言，在如今泄密职业化的背景下，要求泄密行为的受害者证明他受到了损害意味着剥夺了其抵抗泄密行为的能力"①。在隐私侵权案件中，实际的损失往往难以计算，法院甚至认为损害是微不足道的。在 Shibley v. Time，Inc. 案中，俄亥俄州上诉法院的判决认为："出版商将用户的订阅信息出售给直邮广告公司的行为不属于隐私侵权行为，因为这种对一个人生活方式的信息披露并不会造成其精神痛苦，也不会羞辱到一个普通人的感情。"② 在 Dwyer v. American Express Co. 案中，伊利诺伊州的上诉法院所看到的不是损害而是价值。法院宣称，美国捷运公司一直在收集并出租持卡人的消费信息，

---

① Martin，*Le secret de la vie privée*，1959 REV. TRIM. DR. civ. 227，255.

② 41 N. E. 2d 337，339（1975）.

但这并没有对原告的隐私权造成侵害，反而是在创造价值。① 在信息隐私成为新的隐私权家族一员的今天，必须承认，非法收集并贩卖一条个人信息并不是太大的损害，这种类型的信息隐私侵权往往有"数量"的要求。现实中的个人信息非法倒卖也是以"数据库"计量的，但细细想来，以个人信息的数量为标准来确定侵权成立又是合理、合法的吗？对被侵犯的每一个主体来说，其任何一条个人信息都依附着人格和尊严，每一次侵权责任的承担都是"质"的而非"量"的。

第二，"合理隐私期待"规则的缺乏。"合理隐私期待"原本是基于《美国联邦宪法第四修正案》保护"空间隐私"或"场所隐私"所创，刚开始其适用范围限于"宪法"或"刑诉法"，而目前已开始应用于民法。哈兰大法官在 Katz 案中率先提出了"合理隐私期待"概念，并指出其双重构成要件："第一，他人必须表现出实际的（且主观的）隐私期待；第二，社会公众认可他人的隐私期待是'合理的'。"② 第一条为主观性要件，第二条为客观性要件。为了对此进行解释，哈兰法官从反面进行了论证，有两种不受《美国联邦宪法第四修正案》保护的情形：第一种情形是，人们通常都对其住宅具有隐私期待，但是当他人将其物品、活动或言论暴露在外人能够"一目了然"的境况下时，他人就没有表现出其主观的隐私期待，他人的物品、活动或言论就不能受到保护；第二种情形是，当他人在公共场合公开进行对话时，社会公众会认为他人对其公开的对话不具有任何隐私期待，因此，即便他人具有主观隐私期待，他人的对话也不受法律的保护。虽然"隐私合理期待"规则提出后招致了不少学者的批评③，但该规则在司法实践中坚持了下来。事实上，"合理隐私期待"规则的提出与隐私权的概念紧密相连。何为隐私？"对隐私的理解应当包括两个方面：一是'私'，即一个人的隐私应当与公共利益、群体利益无关，不涉及社会上的其他人，

---

① 652 N. E. 2d 1351, 1356 (1995).

② 389 U. S. 361 (1967).

③ 该规则面临的最大的批评源于其"主观性"，不管是公民的"隐私期待"还是"公众认可这种期待"，都是一种主观判断，而只要是主观性判断，都会存在难以获得实证的问题以及受"价值偏见"的影响。更何况在司法过程中，作出这个判断的往往是法官而不是民众，所以有学者戏称合理隐私期待是法官的期待而非社会的期待。

是纯属个人的私事,与公众无关才所谓'私';二是'隐',是权利人不愿意自己的隐私被他人获知或干涉的心理状态,有希望自己的隐私与外界相隔绝的主观追求,是隐私的外部表现形式,隐起来才能成为私。"① 作为隐私权的客体,隐私必然含有权利主体"隐"的意志,"无论是相对个人性的隐私,如身体的隐蔽部位,还是明显社会性的隐私,如汇款希望工程、婚外性关系,均是任凭个人的主观意志即可作为,无须公众或不特定多数人、少数人的协助或配合。因此,隐私的存在,隐私之于社会公众而言是不可剥夺的,这正是自然权利的特点。隐私的自然性告诉我们,只要主体愿意隐瞒,隐私客体即可成为隐私事实,即使违反法律或公序良俗,隐私照样可以产生并继续存在。而且,是否公开、何时公开隐私内容,也任由当事人自行处置。"② 在判断隐私侵权是否成立的过程中,判断主体是否拥有"合理隐私期待"是一项重要内容。对未成年人而言,有无采取行动或措施"隐匿"其私人信息、"阻隔"其私人领域、防止干涉其私人事务,都是判断其是否拥有合理隐私期待的事由。当然,这一期待的"合理"与否还要看该隐私利益是否与权威主体拥有的正当权利相冲突,如父母的监护权、学校的教育管理权。所以,"合理隐私期待"规则不仅是判断隐私侵权责任是否成立的重要标准,同时也涵盖了隐私权与其他权利与自由的"利益衡量"。

二 法律保护效果之有限

在"权威与服从"语境中,可以发现有这样一条规律,即权威与服从的关系越紧密,法律越难发挥作用,而一旦这种关系疏远,法律则相对容易参与其中。以亲子关系中的未成年子女隐私权为例,自古就有"清官难断家务事"的俗语,采用诉讼途径对其隐私利益加以保护,无论是对法院还是父母子女,都是"无比尴尬"的事。具体说来,通过司法保护未成年人隐私权存在四大"缺陷",致使诉讼途径的效果极差。

首先,缺失有效的"责任"条款。还是以亲子关系中的未成年子女隐私权为例,本来将亲子关系纳入法律的调整范围就存有争议,如果是父母

---

① 王风民:《隐私权民法保护的制度设计》,《学术交流》2006年第2期。

② 梁慧星、廖新仲:《隐私的本质与隐私权的概念》,《人民司法》2003年第4期。

对子女的侵犯构成犯罪，那适用法律无可争议。[1] 但就侵犯未成年子女隐私权而言，"一方面，如果在现行法律体系中规定未成年子女隐私权，却不规定侵犯未成年子女隐私权的救济手段，这种规定就毫无价值。另一方面，如果法律规定，当未成年子女的隐私权受到侵害时，未成年子女可以向法院申请禁制令（如禁止安装追踪设备）或向法院提起民事诉讼，要求侵权人承担民事侵权的损害赔偿责任，这样的规定同样不妥当。因为允许受害人起诉他们的家庭成员将破坏家庭成员间的和谐关系，使得原告成为一个家庭的公敌"[2]。也许正是因此，立法者选择回避侵权者的法律责任，比如《未成年人保护法》第 63 条规定："任何组织或个人不得隐匿、毁弃、非法删除未成年人的信件、日记、电子邮件或其他网络通讯内容。"但接下来既无进一步的细化，也没有法律责任的相应规定，导致这样的"法律"事实上成为一种"宣示性法律"或"倡导性法律"。这样规定的好处是明确未成年人享有隐私权，但不足之处在于权利没有保障。权利、义务、责任本是三位一体，义务与责任的存在是权利有效行使的前提，缺乏"责任"条款使得未成年人隐私权"看上去很美丽、实际上很苍白"。

其次，诉讼路径的救济方式可能会适得其反。民事侵权的救济手段在父母侵犯未成年子女隐私权的场合"效果不显"，反而有可能会引发其他矛盾或冲突。如"赔礼道歉"，父母对子女的"道歉"在日常生活中、在私下里是常见的，但如果道歉成为一项必须要承担的法律责任时，父母的权威如何保持？再比如"停止侵权"，父母对未成年子女隐私的窥视是微小而常态化的，一旦"窥视"成为习惯，想改正是非常难的，难道下一次的"窥视"也会成为另一次的诉讼理由吗？再比如赔偿损失，隐私侵权的损失肯定是精神损害，这种精神损害的程度如何确定？用金钱来赔偿是否合适？即使应当赔偿，那实质上也是"父母自己赔偿给自己"，因为基于监护权，未成年子女的财务由父母

---

[1] 2014 年最高法、最高检、公安部、民政部联合出台的《关于依法处理监护人侵害未成年人权益行为若干问题的意见》第 35 条规定了在 7 种情形下，人民法院可以判决撤销其监护人资格。

[2] 〔美〕本杰明·土穆里、阿耶莱特·布莱切尔·普里伽特：《未成年子女的隐私权研究》，黄淑芳译，载张民安主编《侵扰他人安宁的隐私侵权》，中山大学出版社，2012，第 220 页。

管理。当然，还有最严重的一种可能就是亲子关系因诉讼变得更加紧张，当从法庭回到家中，父母还是以前那对深深疼爱子女的父母吗？子女还是往昔对父母言听计从的子女吗？周围的邻居、朋友对这个家庭的态度会发生什么变化？这些都是无法准确预知的。唯一可确定的是，一旦父母子女对簿公堂，极有可能孩子会变成家庭关系僵化的"罪人"。

再次，承上所述，既然诉讼的路径在亲子关系中不适用，那调解又如何呢？国人基于"和为贵"思想，对调解可谓是情有独钟。另外，人们也越来越意识到具有对抗性质的诉讼不是一个理想的解决家庭纠纷的方式。保持纠纷解决过程的和平、舒缓，并降低对抗性，符合未成年人的利益。

最后，家庭法院（家事法庭）和特殊诉讼程序的缺乏使得未成年子女的隐私利益保护未受到认真对待。我国目前并没有专门的家庭法院（家事法庭），这使得本应温情处理的家庭纠纷在严肃冰冷、规则林立的法庭中格格不入。世界范围内的家事法庭设置并不统一，不仅是法院或法庭的设立不一，而且家事案件的审理层级或权限也各有不同。我国目前江苏、福建、厦门、武汉等省市的部分基层法院已经在尝试建立家事法庭，并取得了很好的经验。采取"感情预修复、情绪先疏导、亲情齐规劝、社会同介入、私密重保护、案后必回访"的温情审判模式，在家事法庭实践中多一些家的情怀，守护好爱的港湾，切实担当起化解家事矛盾、修复家庭创伤、引领良好家风、促进家庭和睦、维护社会和谐的重要职责。[①] 最高人民法院在2016年5月11日召开的视频工作会议中部署，在全国范围内的118个基层人民法院和中级人民法院开展为期两年的家事审判方式和工作机制改革试点工作，[②]取得良好效果，为未成年人隐私权的司法保护提供有利条件。不仅如此，在诉讼过程中，能否充分地倾听未成年人的"权利宣言"对未成年人的隐私权保护极为重要，尤其是比较年长的未成年人意见。在隐私侵权的诉讼中，往往伴随着对未成年人理解能力和认识能力的测试，这种测试必须设置人性化的操作模式，配备专业的心理按摩人员。只有做到这些，未成年人隐私权的保护才能真正落实到司法实践中。

---

① 盛人云：《让家事法庭充满法治温情》，《人民法院报》2016年4月8日。
② 王春霞：《条件成熟法院可设家事审判庭》，《中国妇女报》2016年5月12日。

第三章　研究起点："权威与服从"语境中的未成年人隐私权分类

第一节　"类型化"的隐私权

隐私权体系是一个庞大、复杂且不断发展的体系，而研究"权威与服从"语境中的未成年人隐私权保护，必然先明确划分隐私权的类型。

事实上，很多国家和学者也正因为隐私权没有一个确定的核心概念和边界范围而拒绝承认隐私权。比如英国普通法曾经长期未能对隐私权给予有力保护，其中的一个重要原因也许就在于定义隐私权的困惑。在英国法官看来，"没有确切的定义不仅将会导致法律应当保护什么这个问题上的含糊，而且，对于法律制度来说，更重要的是还会导致法律应当禁止什么样的侵犯隐私行为这个问题上的不确定性。除非给权利下一个精确的定义，否则，对它应当采取何种程度的限制，就是一件由人随意决定的事情，因此也必然是一件武断专横的事情"①。美国学者汤姆森指出："隐私权只是一个衍生的权利（derivative right），是一组权利的集合（acluster of rights），构成这一权利组合的各种权利总是与其他权利组合相互重叠，例如财产权、人身权。"② 此外，还有些学者拒绝承认某些类型的隐私权，比如自治性隐私权的存在就广受争议。著名人权学者路易斯·亨金认为，独立的宪法隐私权欠缺道德根基，换言之，宪法隐私权可以"融化"在其他权利中，特别是自

---

① 〔英〕彼得·斯坦、约翰·香德：《西方社会的法律价值》，王献平译，中国人民公安大学出版社，1990，第229页。

② Judith J. Thomson, *The Right to Privacy*, Philosophy and Public Affairs 4, 1975, pp.295-314.

由权、自治权之中。① 也就是说,自治性隐私权和自治权在本质上是一体的。

事实的确如此,在隐私还不为公众重视的时代,人们仅将隐私视为不欲被他人知晓的私人事务,而且,隐私在早期并不是一个"光明正大"的概念。现代英语的 privacy 来自最初出现在拉丁语里的 privatus,其本义是"没有正式地位的人",它与丧失(privation)、剥夺(deprivation)等词根相同,因此也有"被剥夺某种资格的人"的意思,往往带有贬义色彩。在西塞罗看来,行为私密化(to act privatim)是指发生在个人自己家中、与公众视线隔离后的行为实施。② 亦即,古罗马时代的"隐私"远离政治生活,从而不是一个美德公民所应关注的概念。阿伦特亦做过相关论述,"隐私这个词本身就已表明,它的剥夺性特征是至关重要的;从字面上看,隐私指的是被剥夺了某种东西,甚至是被剥夺了最高尚的和人人皆有的能力的那种状态。因此,那种只过着私人生活的人,就如同奴隶一样,是不准进入公共领域的,或者,就像野蛮人一样,还没有建立起这个领域,还不是完整意义上的人。然而,当我们今天使用'隐私'一词时,我们不再会想到原初的那种被剥夺的状态了,这在一定程度上正是因为经过近代的个人主义,私人领域已经极为丰富的缘故"③。可以说,正是伴随着私人领域地位的不断攀升,隐私权的重要性才愈凸显,隐私权的类型才更加丰富。

探究隐私的概念就像在一方未知的沼泽地探险,因为迄今为止,无论是隐私权体系最庞杂的美国还是对隐私权保护力度最大的欧洲,都没有给隐私权下一个共识性的定义。而这一现状给隐私权的研究带来极大困难,正如英尼斯(Inness)教授指出,"我们从结实的地面出发,注意到了隐私一词的日常用法及其在法律语言上的论争点;似乎发现,认识隐私这一常用字在观念与道德意义上的核心内涵是一件很简单的任务。但接下来的地基却渐渐开始软化,因为我们发现,隐藏在人们对隐私一词的直觉意义之下的真正内容,存在无尽的含混与模糊。"④ 各国学者和立法机关只能通过

① 〔英〕萨利·斯皮尔伯格:《媒体法》,周文译,武汉大学出版社,2004,第293页。
② 杨开湘:《宪法隐私权导论》,中国法制出版社,2010,第2页。
③ 转引自〔英〕史蒂文·卢克斯《个人主义》,阎克文译,江苏人民出版社,2001,第55页。
④ Julie C. Inness, *Privacy, Intimacy, and Isolation*, New York:Oxford University Press, 1992, p.3.

本国的法律传统和文化传统来理解隐私，并通过各种途径（尤其是法律途径）来保护他们所重视的隐私。

关于隐私权的定义可谓五花八门，先看一下国外一些代表性的定义。《布莱克法律辞典》对隐私权的解释至少有三项含义：（1）个人独处的权利；（2）未经授权，免于公开的权利；（3）在与公众无关的事务上不受公众无端干涉的权利。① 英国个人隐私委员会（荣格委员会，Younger Committee）也将隐私权界定为私生活安宁不受侵扰和对信息的控制权，包括：（1）自身和住宅、家人及人际关系不受侵扰的自由；（2）关于自己的信息资料如何及多少向他人传递的权利。② 杰里·康（Jerry Kang）将隐私权分为三类：（1）物理空间（physical space）；（2）选择（choice）；（3）私人信息的流动（the flow of personal information）。③ 朱莉·英尼斯认为，隐私权是个人对其私人领域的一种控制状态，包括是否允许他人对其进行亲密的接触（包括个人信息的接触）的决定和他对自己私人事务的决定。④ 高米莉在《美国隐私权的百年历程》一文中创造性地以"本质+范畴"形式概括了隐私权的类型。（1）个人独处的权利。这是由于获取和传播他人信息现象，尤其是报纸行业以及摄影师在未经他人允许的情况下对他人信息的收集和传播行为极其严重引起的。（2）个人独处的权利。这是由于政府的搜查和扣押行为侵犯了他人享有合理的隐私期待的隐私权引起的（《美国联邦宪法第四修正案》中的隐私权）。（3）个人独处的权利。当一个人的言论自由权与另一个人的思考自由和心绪宁静利益相冲突时（《美国联邦宪法第一修正案》中的隐私权）。（4）个人独处的权利。涉及公民个人的基本决定，在社会契约中明示或者默示由公民个人保留的权利（《美国联邦宪法第十四修正案》中的隐私权）。（5）个人独处的权利。和前面四种隐私权类型有重叠的地方，不过各个州的宪法为公民提供了更广的隐私权保护。⑤

① 马特：《隐私权研究——以体系构建为中心》，中国人民大学出版社，2014，第26页。
② *Report of the Committee on Privacy* （Younger Report），London：HM-SO，Cmnd5012，1972，para 38.
③ Jerry Kang, "Information Privacy In Cyberspace Transaction"，*50 Stan. L. Rev.* 1193，1199（1998）.
④ 转引自王利明、杨立新《人格权与新闻侵权》，中国方正出版社，1995，第410页。
⑤ 〔美〕肯·高米莉：《美国隐私权的百年历程》，黄淑芳译，载张民安主编《美国当代隐私权研究》，中山大学出版社，2013，第177页。

　　国内学者对隐私权的定义则相对简单一些，较有代表性的有以下几种。佟柔教授认为，隐私权是指公民对自己的个人生活秘密和个人生活自由的内容，禁止他人干涉的一种人格权。① 杨立新教授认为，隐私是指一种与公共利益、群体利益无关的，当事人不愿他人知道或他人不便知道的信息，当事人不愿他人干涉或他人不便干涉的个人私事和当事人不愿他人侵入或他人不便侵入的个人领域。构成隐私有两个要件，一为私，二为隐。② 作为一种具体人格权，隐私权的基本内容包括以下四项权利：隐私隐瞒权、隐私利用权、隐私支配权、隐私维护权。③ 对隐私权做过专门、系统研究的张新宝教授认为，隐私权是自然人享有的私人生活安宁与私人信息依法受到保护，不被他人非法侵扰、知悉、搜集、利用和公开的一种人格权。④

　　对上述国内外定义进行分析，可发现两处明显的不同。一是国内的隐私权研究多将其视为一项具体人格权。正如许文洁教授所认为的，隐私权在大多数情况下，"同生命权、健康权、名誉权这些人格权一样，基于与人身有强烈固有性、密不可分的表征，还是作为一种完全的精神性权利被看待"⑤。而国外的隐私权研究视其为一项横跨民法（侵权法）与宪法的基本权利。二是不同研究领域的学者对隐私权所下的定义也是不同的，李步云教授在《宪法比较研究》一书中认为，隐私权的内容包括对个人信息的控制权、个人活动的自由权、公民的私有领域不受侵犯三个方面。⑥ 可见，国内隐私权的研究在不同学科领域之间是有分歧的，之所以出现这种情况，是因为仅将隐私权视为具体人格权的前提不变，自然就不会产生宪法上的隐私权。我国的一般人格权仅是人格权中的"兜底类型"，由此造成隐私权在整个权利体系中的地位大不相同。

　　基于上述分析，隐私权的类型大体上可分为两类：侵权法（民法）层面的隐私权和宪法层面的隐私权。具体说来，侵权法层面的隐私权主要包括：安宁生活不受他人侵扰的隐私权；私人事务不受他人非法公开的隐私

①　佟柔主编《中国民法》，法律出版社，1990，第 487 页。
②　杨立新：《人格权法》，法律出版社，2015，第 258 页。
③　杨立新：《人格权法》，法律出版社，2015，第 262~263 页。
④　张新宝：《隐私权的法律保护》，群众出版社，2004，第 12 页。
⑤　许文洁等：《隐私权论兼析人格权》，上海人民出版社，2010，第 140 页。
⑥　李步云主编《宪法比较研究》，法律出版社，1998，第 488~489 页。

权；个人信息不受私主体非法收集、传播、存储、使用的隐私权。宪法层面的隐私权主要有：空间性隐私权、自治性隐私权和个人信息不受公权力主体非法收集、传播、存储、使用的隐私权。

一 侵权法层面的隐私权

1. 安宁生活不受他人侵扰的隐私权

我国《民法典》第1032条将私人生活安宁纳入隐私权的保护范围，并在第1033条第1款列举了侵扰他人的私人生活安宁的类型。而在此之前，私人生活安宁在隐私权发达的美国早已入法。《美国侵权法重述》（第二版）652B条规定了侵扰他人安宁的隐私侵权，并且罗列了下述几类重要的例子：（1）强行进入他人在酒店的房间或住所；（2）使用双筒望远镜观察他人卧室的私人事务；（3）私拆他人的私人信件，查阅信件内容；（4）搜查他人的保险箱、钱包或者私人银行账户；（5）有线监听他人的电话通话。[①] 对于侵扰他人安宁的隐私侵权来说，其侵权行为的成立不采"结果论"，而是"行为论"。也就是说，只要行为人实施了侵扰他人安宁的行为，那这种隐私侵权就成立了，不管行为人是否实施了将侵权对象的信息或其他客体公之于众或用于其他用途。我们可以用几个典型案例来说明此种类型的侵权行为。在 Kramer v. Downey 案中，原告与被告是一对刚刚分手的情侣，被告是原告的前女友，原告诉被告长时间侵犯其隐私权，理由是被告在原告与其分手后"总是在公共场所内紧紧盯着自己"。被告承认自己实施过这样的行为，但是辩称"每次观察原告时都是在公共建筑物或公共场所内，而且警察也从未因此而逮捕她"，因此其行为是不可诉的。该案一审法院判决原告败诉。得克萨斯州上诉法院在二审中推翻了一审判决，颁布禁止令禁止被告再次实施同样行为，并责令被告赔偿原告因此遭受的损害。法院在判决书中写道："我们认为隐私权是内涵很丰富的权利，其中包括了无论在家中还是在工作场所，原告都有不受被告故意侵扰其生活的权利。"[②] 在 Hamberger v. Eastman 案[③]中，

---

① Restatement（second）of Torts 652 B cmt. b（1977）.
② 转引自安德鲁·杰·麦克拉格《打开隐私侵权的封闭空间：公共场所隐私侵权理论》，骆俊菲译，载张民安主编《侵扰他人安宁的隐私侵权》，中山大学出版社，2012，第307页。
③ 206 A. 2d 239（N. H. 1964）.

新罕布什尔州最高法院认为，被告秘密将一个录音机放置在原告的卧室的行为构成了侵扰他人安宁的隐私侵权行为，即使没有其他人曾经听过被告获取的录音带，被告的行为仍然是可诉的。法院在判决中写道："无论偷窥狂、包打听和实施电子窃听行为的行为人是否能够在社会价值的金字塔上争得一席之地，他们都不能以牺牲他人的安宁为代价……而且，无论行为人是否公开他人的私人事务、是否造成他人人格的实际损害或者潜在损害，行为人的侵扰行为都损害了他人的感官的平静与舒适，甚至可能造成比单纯的肉体伤害更为严重的痛苦。"①

2. 私人事务不受他人非法公开的隐私权

我国《民法典》第 1032 条隐私权之定义中，旗帜鲜明地将私人事务不受他人非法公开视为典型，并且增加了"不得刺探、泄露、公开"等内容。这一点，美国侵权法中亦有亮眼表现。《美国侵权法重述（第二版）》第 652D 条规定的即非法公开他人私人事务的隐私侵权。我们在理解隐私的时候，常将两个字分开，即"隐"指主体不愿公开而想隐藏的东西；"私"指主体想隐藏的事务或信息与公共无关，故而非法公开他人私人事务的隐私侵权是最传统的隐私侵权行为。非法公开"是指行为人向绝大多数社会公众或者足够多的人传播了特定事务，以至于该事务在实际上成了一项公共知识，从而使该事务具有公共事务的性质"②。在对这段话的理解过程中，有两点需要特别注意。一是对"私人事务"的理解。如果行为人公开的信息是公共记录中的信息，则行为人不承担此类侵权责任。最流行的隐私侵权责任理论也认为，将公共领域的信息记载在公开记录中，实际上已认可了这些信息是为了公共利益。公共利益关乎政府的管理问题。当新闻媒体对公共记录中的内容进行报道时，社会公共利益就得到实现。③ 美国司法判例认为，如果行为人公开的事实是通过公开记录合法查阅到的事实，那么，行为人的公开行为不构成侵权。在 Meetze v. Associated Press 一案④中，一名

---

① 〔美〕理查德·C. 特金顿：《家庭成员谈话和通讯隐私的保护》，骆俊菲译，载张民安主编《侵扰他人安宁的隐私侵权》，中山大学出版社，2012，第 150 页。
② Restatement（second）of Torts § 652D（1977），at cmt. a.
③ 张民安主编《公开他人私人事务的隐私侵权》，中山大学出版社，2012，第 20 页。
④ 95 SE. 2d 606，610（S. C. 1956）.

仅仅 12 周岁的未成年女孩生下了一个健康的婴儿。被告在其报纸上公开刊登这一信息。原告向法院起诉，要求法院责令被告就其公开自己隐私的行为承担侵权责任。法官认为，由于原告生育一名婴儿的信息是公共记录中已经记录下来的信息，因此，该信息已经不再属于原告的隐私，被告有权公开公共记录，其行为不构成隐私侵权责任。二是对非法公开范围及程度的理解。以什么方式公开或者向一个还是成百上千个人公开才算公开？比如 A 是 B 的好友，C 又是 A 的好友，如果 A 擅自将 B 怀孕又不幸流产的信息告诉了 C，且 C 也没有再外传，那 A 算不算公开？这里蕴含着一个悖论，即非法公开意味着向普通社会公众公开，但实际上，对受害人而言，其更关心的显然是其私人事务被公开后在"熟悉的圈子"中所产生的影响。罗伯特·波斯特专门对此举例进行了说明："我们通常会更加在乎自己所在的'小团体'对自己的印象，而不会很介意自己在陌生人面前的名声如何，但普通社会公众却恰恰是由这些陌生人组成的。然而，根据《美国侵权法重述》对公开披露要件的规定，只有在行为人向普通社会公众披露一位丈夫对婚姻不忠的情况下，他才会受到法律制裁，如果行为人只是对这位丈夫的妻子披露其不忠，则不会受到法律制裁。"① 所以，在研究此类型的案件过程中，如果我们将注意力集中在大范围的公开行为上，那么，就难免会忽略其他那些更具损害性的行为。此外，非法公开他人私人事务的隐私侵权常常面临着与"言论自由""新闻自由"的利益衡量，且由于后者在宪法中的地位更高，以至于美国联邦法院的天平经常倾向于保护言论自由利益。埃德尔曼（Peter Edelman）这样写道："在被告发表真实言论、侵犯原告对其信息的不公开利益，并造成损害的情况下，隐私侵权案件的原告几乎没有任何机会能从美国联邦最高法院获得损害赔偿判决……当公开他人私人信息的权利与他人保护自己的信息不被公开的权利发生冲突时，美国联邦最高法院总是要求隐私利益让位于言论自由权。"②

① Robert C. Post, "The Social Foundation of Privacy: Community and Self in the Common Law Tort", *77 Cal. L. Rev. 957*, 992 (1989).

② Peter B. Edelman, "Free Press v. Privacy: Haunted by the Ghost of Justice Black", *68 Tex. L. Rev. 1195*, 1198 (1990).

3. 个人信息不受私主体非法收集、传播、存储、使用的隐私权

侵权法层面的信息性隐私权是步入信息社会后产生的新型隐私权。随着信息社会的到来，个人信息与隐私之间产生了难以分割的关联，无论是《民法典》第 1032 条、第 1033 条"私密信息"的规定，还是《个人信息保护法》中敏感个人信息的规定，无不将个人信息纳入隐私权的保护范畴。随着个人信息商业价值的挖掘，非法收集、传播、存储、使用个人信息的隐私侵权情形变得严重。个人信息的收集和使用已经成为新的经济增长点，早在 2002 年美国的一个社会调查就显示：每 13 个工作中就有 1 个工作是由直销工作所促成的。[①] 传统工业中的量产、大众传播媒体、大规模销售贸易都已经渐渐地被一对一的经济模式所取代，人们开始明白，信息就像时间一样可以与金钱相媲美。精准广告营销的出现使得个人信息成为商家重要的销售资源，"在市场经济条件下，个人信息采集者将成千上万的个人信息采集起来并不是为了了解个体，而是要把整个具有某种共同特征的主体的个人资料按一定的方式组成资料库，以该资料库所反映的某种群体的共性来满足其自身或其他资料库使用人的需要"，并且，"对于资料采集者来说，获得个人资料不是目的，而是一种手段，是建立和扩展财源的一种途径"[②]。

然而，应着重指出的是，个人信息和信息性隐私是不同的两个概念，只有小部分个人信息是信息性隐私权的客体。这种信息性隐私的确定过程要分两步。第一步，确定"可识别"的个人信息。"可识别"是指能够与具体个人相连接的信息，分为"已被识别"的个人信息和"可以被识别"的个人信息。"已被识别"的本质是"直接识别"，如公民的身份证号、驾驶证号、社会保险号、姓名、指纹、DNA 等，不需其他就能直接指向本人；"可以被识别"是一种"间接识别"，往往需要几个数据相结合才能判断出数据主体是谁，如同时出现邮编、出生年月、性别三组数据的情形，就属于"可以被识别"的信息。尽管直观上"已被识别"的个人信息更值得重视，但随着"数据挖掘""数据库比对"等处理技术的发展，"可以被识

---

① Seth Safier, "*Between Big Brother and the Bottom Line*, Privacy in Cyberspace", 5 *Va. J. L. &Tech*, 6, 7 (2002).

② 〔美〕朱莉·E. 科恩：《信息性隐私权：被客体化的主体》，孙言译，载张民安主编《信息性隐私权研究》，中山大学出版社，2014，第 13 页。

别"的个人信息保护才是未来发展的重点和难点。世界范围内的普遍立法也证明了这一点,如在欧盟,一个"可以被识别的个人"的信息和"已经被识别出的个人"的信息的地位是一样的。《经济合作发展组织隐私指引》(1980)中,个人数据被定义为"任何与一个已经被识别的个人或者可以识别的个人有关的信息";《亚太经合组织隐私框架》(2004)也将"可以识别个人身份的信息"定义为"与一个已经被识别的或者可以被识别的个人有关的任何信息"①。此外,"可以被识别"的判断依赖于个案,需要具体情况具体分析,不能一概而论。第二步,在具备"可识别"的基础上将个人信息分为"一般信息"和"敏感信息"。将个人信息分为"一般"和"敏感"是欧盟各国的立法特色,欧洲理事会通过的《有关个人数据自动化处理的个人保护协定》(1981)最早进行了此类划分,欧盟 95 指令及后续GDPR 延续了此分类。某信息属于"一般"还是"敏感"对数据库的开发和应用至关重要:一方面,"资料敏感性的高低不同,资料处理对个人资料隐私造成风险的大小也各异"②;另一方面,"一般"与"敏感"信息的划分也旨在适用不同的保护和利用规则,对敏感信息予以特殊保护,"同时给其他个人一般信息的利用松绑,更好地调和个人信息保护与利用的利益冲突。不同类型的个人信息对于实现主体的利益需求的影响不同,以此为导向对个人信息加以类型化,实现个人信息保护与利用中多方主体的利益平衡"③。值得注意的是,我国新通过的《个人信息保护法》将 14 周岁以下的未成年人信息视为敏感个人信息。

虽然理论上如此划分"泾渭分明",但实际上,上述分类并不是截然分开而是紧密相连的,许多隐私侵权案件的原告往往可以主张被告的行为构成两种甚至三种隐私侵权行为。举例而言,在美国 Rafferty v. Hartford Courant Co. 案中,原告在一处空旷的山坡举行离婚仪式,受雇于被告(摄影社)的一名记者在未受邀请的情况下到达仪式现场并拍了照片。被告将

---

① 〔美〕保罗·M. 施瓦茨、丹尼尔·J. 索洛韦伊:《隐私权和"可以识别个人身份的信息"》,黄淑芳译,载张民安主编《信息性隐私权研究》,中山大学出版社,2014,第 487 页。
② 孔令杰:《个人资料隐私的法律保护》,武汉大学出版社,2009,第 213 页。
③ 张新宝:《从隐私到个人信息:利益再衡量的理论与制度安排》,《中国法学》2015 年第 3 期。

其中的一张照片刊登在其发行的报纸头版，并配以文字。原告遂起诉被告侵犯其隐私权，理由是被告的行为构成了侵扰他人安宁、公开披露他人私人事务和公开丑化他人形象共三种隐私侵权行为。① 尽管在我国，"公开丑化他人形象"并不适合列入隐私侵权的种类，但将被告行为视为侵犯原告信息性隐私权也未尝不可（照片也是一种个人信息）。

二　宪法层面的隐私权

在权力制衡的制度设计中，以权利制衡权力是其中的重要一环，尤其是那些被视为基本人权的权利。隐私权本质上也是一项基本人权，也具有宪法权利的性质。②

宪法层面的隐私权同样包含三种：空间隐私权、自治性隐私权以及不受公权力主体非法收集、传播、存储、使用的信息性隐私权。

1. 空间隐私权

在美国法上，尽管空间隐私权也常常在普通法中体现（如侵扰他人安宁的隐私侵权），但更多的是指《美国联邦宪法第四修正案》《美国联邦宪法第五修正案》保护他人的通讯、住宅等免遭政府的非法搜查。空间隐私权又被称为"住宅隐私权"，因为最主要的隐私场所即住宅。

空间隐私权的发展历经三步。第一步，是对"住宅内私人生活的保护"从"财产权模式"转向"隐私权模式"。在19世纪的欧洲，"'住宅'一词——或按英国的说法'家就是我的城堡'——也表明了保护住宅和财产权利之间的相互关联。这是一种对19世纪的资产阶级社会至关重要的关系，在这一关系中，私人所有权的程度决定了个人隐私的程度"③。在美国，1961年之前，联邦最高法院也是以"私有财产神圣不可侵犯"的原则来保护住宅的，直到Silverman v. United States案④，联邦最高法院认为"安装在

① 〔美〕安德鲁·杰·麦克拉格：《打开隐私侵权的封闭空间：公共场所隐私侵权理论》，骆俊菲译，载张民安主编《侵扰他人安宁的隐私侵权》，中山大学出版社，2012，第306页。

② 参见李延舜《论宪法隐私权的类型及功能》，《烟台大学学报》（哲学社会科学版）2017年第6期。

③ 〔奥〕曼弗雷德·诺瓦克：《民权公约评注》（上册），毕小青、孙世彦等译，三联书店，2003，第300页。

④ 365 U. S. 505 (1961).

他人住宅墙上的窃听器的技术性质，不应根据地方法律来判断……毋庸置疑，《美国联邦宪法第四修正案》所保护的权利不能由侵权法与不动产法的古老细节来判定"①。在1967年的 Warden v. Hayden 案②中，联邦最高法院作出了结论性反思："传统理论认为，政府之所以不能肆意搜查、扣押他人的物品，是因为他人对这些物品享有财产权益。如今，这样的理论已经被摒弃。即使政府部门宣称其对这类物品所享有的财产权要优于他人所享有的权利，政府部门的搜查、扣押行为也是'不合理的'，因为它们违反了《美国联邦宪法第四修正案》。本院已经意识到，《美国联邦宪法第四修正案》主要保护对象在于他人的隐私权，而非财产权。"③ 第二步，是"实际进入原则"的退场。也就是说，一开始对侵犯空间隐私权的判断是以"实际侵入"为标准的，如在1928年的 Olmstead v. United States 案④中，美国联邦最高法院认定，"即便政府执法人员在公民住宅外面的电话线上搭线窃听公民在其家中的电话通话，他们的窃听行为也没有违反宪法第四修正案，因为政府执法人员并没有实际地、物理性地侵入公民的家中"⑤。然而审理该案的大法官布兰代斯却持不同看法，既然《美国联邦宪法第四修正案》所保护的权利不再是财产所有权而是隐私权，那以是否实际侵入为判断侵权标准就是荒谬的了，由此，他强烈批判 Olmstead 案中的判决意见——将"物理性的侵害行为"和对"有形财产的扣押"视为《美国联邦宪法第四修正案》规制的对象，并进而指出："如今，政府会使用更加微妙而广泛的行为来侵犯他人的隐私权。不断进步的发明创造会助政府部门一臂之力。这就意味着，政府部门的公职人员不用接近他人的住宅，就可以听到他人在门背后的私语……终有一天，政府的公职人员根本不用将他人的文件从其

① 〔美〕肯·米高莉：《美国隐私权的百年历程》，黄淑芳译，载张民安编《美国当代隐私权研究》，中山大学出版社，2013，第126页。
② 387 U. S. 294（1967）.
③ 转引自〔美〕大卫·M. 奥布莱恩《隐私合理期待理论——〈美国联邦宪法第四修正案〉所保护的隐私权原则和政策》，张雨译，载张民安编《隐私合理期待总论》，中山大学出版社，2015，第72~73页。
④ 277 U. S. 438（1928）.
⑤ 张民安：《隐私合理期待理论研究》，载张民安主编《隐私合理期待总论》，中山大学出版社，2015，第12页。

秘密抽屉中取出，就可以将其中的内容呈上法庭，因此，政府部门便可以将他人住宅内的任何私密事物呈现在陪审团面前。"① 虽然布兰代斯大法官的见解今天看来尤为精辟，但直到 20 世纪 60 年代的 Katz 案才真正得到承认。第三步，是从保护"住宅"向保护"公共领域"中的隐私场域扩展。在 Katz 案中，空间隐私权的地点由住宅移到了公用电话亭。联邦最高法院认为，当一个人进入电话亭时，他要排斥的不是别人的眼睛，而是排斥"隔墙的耳朵"。基于此，斯图尔特法官在本案中表达了一个著名意见，"宪法第四修正案保护的是人而不是场所""一个人明知会暴露于公众的事情，即使在自己家中或办公室内，也不是宪法保护的客体……但是，他希望作为隐私保护的事情，即使在公众出入的地区，也可以基于宪法获得保护"②。

所以，空间隐私权自诞生之初就直指刑事案件侦查中的非法搜查和扣押。正是在此意义上，我们将空间隐私权称为《美国联邦宪法第四修正案》和《美国联邦宪法第五修正案》上的权利。在 Boyd v. United States 案中，布莱德利大法官指出："警方之所以会进行'无理的搜查和扣押行为'，实则是为了强迫他人提供证据自证其罪，'无理的搜查和扣押行为'被《美国联邦宪法第四修正案》禁止，而'强迫他人自证其罪'则被《美国联邦宪法第五修正案》禁止。"③ 站在法律的立场，我们可以视"空间隐私权"为反对"非法搜查和扣押"，但站在美好生活的角度，我们应视"空间隐私权"为一种"安全感"的源泉。"'侵犯'实质上不是指政府部门破门而入的行为，搜查他人抽屉的行为，而是指对他人不可剥夺的安全权、自由权以及私有财产权造成了侵犯。即使他人是犯罪嫌疑人或是刑事被告人，他人也并不会自然而然地丧失上述权利。"④

除了在刑事案件中强调"空间隐私权"的重要性，我们还往往在"全民监控"的时代背景下对该种权利进行强调。一方面，科技的发展使得

---

① Olmstead v. United States, 277 U.S. (1928), at 473-474.

② Katz v. United States, 389 U.S. 41 (1967).

③ Boyd v. United States, 116 U.S. (1886), at 626-629.

④ 〔美〕大卫·M. 奥布莱恩：《隐私合理期待理论——〈美国联邦宪法第四修正案〉所保护的隐私权原则和政策》，张雨译，载张民安主编《隐私合理期待总论》，中山大学出版社，2015，第 66 页。

"窥探"和"监控"无处不在且"防不胜防"。回本溯源,沃伦和布兰代斯首倡隐私权也是基于科技带来的负面影响——波士顿晚报记者用"快拍"相机对 Warren 夫人宴会的报道。现代的热成像、红外探测、无人机、视频监控、人脸识别等已经让隐私无"容身之所"。另一方面,国家监控的权力日益扩张,对隐私权"最为普遍的干预是为了刑事司法行政、防止犯罪、打击恐怖主义等目的而进行秘密的国家监视措施(开启信件、监听电话交谈等)"①。以美国《爱国者法案》为例,它授权司法部使用窃听器和其他监视技术追踪、监视可疑恐怖分子和间谍的住宅及通讯,以至于美国公民自由联盟纽约州的负责人塞尔吉说道,美国人在充分享受现代社会的同时,付出的却是失去隐私的代价。

2. 自治性隐私权

"自治"的本意可以从它的词根"auto"和"norm"推导出来,即自己给自己制定规则,摆脱外在的束缚(国家或社会)的意思。虽然自治性隐私权概念是否成立在国内有争议,但在美国,联邦最高法院通过一系列判例所确立的隐私权正是自治性隐私权。正如路易斯·亨金(Louis Henkin)教授所说:"(美国联邦)法院长期以来谈论的隐私权并不是大多数人们所认为的那种隐私,对此观点一直没有受到应有的重视。无论是新近的案件,还是法院过去援引的案例(除去涉及第四修正案中搜查和扣留的案件),被大法官们通通装进贴着'隐私权'标签这个大筐里的那些权利,所要解决的问题并不是人们通常以下理解的隐私问题。在 Griswold 案、Barid 案、Wade 案、Stanley 案中,法院并不是在谈论免于政府侵入住宅、身体、信件和电话的自由;而是在讨论个人不受政府监控或滋扰的权利,即拒绝回答人口调查者、官员和议会团体质询的权利,拒绝填写各类涉及不同程度私事的表格、报告的权利,不被点名和公开的权利,不被搜集个人资料的权利……简言之,最高法院一直捍卫的不是免于政府侵权(intrusion)的自由,而是免于政府管理(regulation)的权利。"② 路易斯·亨金教授明确地

---

① 〔奥〕曼弗雷德·诺瓦克:《民权公约评注》(上册),毕小青、孙世彦等译,三联书店,2003,第 303 页。

② Louis Henkin, "Privacy and Autonomy", *74 Columbia Law Review*, 1424-1425 (1974).

将"免于政府侵权"和"免于政府管理"进行区分，点出了侵权法上的隐私权和宪法上隐私权的关键。自治性隐私权往往同私生活中的婚姻、性生活、生育、避孕、信仰及教育等联系在一起，这些问题事关一个人一生中最隐秘、最私人的生活决策，由此关系到个人尊严，政府不得随意插手其中。

自治性隐私权在美国的确立也经历了一个转向，即由"空间自治"转向"私生活自治"。在 Griswold 案的审理中美国联邦法院借助的是"夫妻卧室的私密空间"和"婚姻的神圣性"。Roe 案的判决标志着美国自治性隐私权的正式确立，虽然该案引起的争议一直没消停过，反对者们也从来没有放弃过颠覆此判决的努力，但自治性隐私权仍然在继续发展。在 2003 年的 Lawrence v. Texas 案①中，美国联邦最高法院终于明确摆脱了空间性隐私权的理论，法院在判决中写道："自由权能够保护人们的住宅以及其他私人场所免遭来自政府的侵扰。在我们的传统观念中，国家的权力绝不能存在于人们的家庭住宅之中，也不能明显地存在于家庭住宅之外的一些生活领域中。自由权能够超越任何物理空间的界限。它为我们带来了个人本身的自治，包括思想、信仰、表达的自由，以及亲密关系的自由。个人的自由权不仅是指一种空间，还有一种更高层次的意义。"② 这种更高层次的自由就是私生活的自治。

自治性隐私权的重要意义除了"自治是人格发展和完善的重要条件"以及"自治是迷人生活的摇篮"外，更重要在于自治是预防国家权力干预的牌匾。"私生活自主"是"个人领域"和"公共领域"两分基础上的合理推演。当然，没有人在生活中是完全自主的，这一点在《欧洲人权公约》中也有所体现。《欧洲人权公约》中所规定的权利可分为两大类：一为无条件的权利，其中有一些是不可克减的；二为有条件的权利。有条件的权利即"国家可以为确保某些特定利益而进行干涉"的权利，其中就包括"尊重个人和家庭生活的权利"③。但是，对"特定利益"的维护必须严格解释并进行充分论证，比如在"赫茨伯格等诉芬兰"案中对"公共道德"的界

---

① 539 U. S. 558 (2003).

② 转引自〔美〕伊冯·F. 林格伦《个人自治：隐私权法的一种新类型》，张雨译，载张民安主编《自治性隐私权研究》，中山大学出版社，2014，第216页。

③ 〔英〕克莱尔·奥维、罗宾·怀特：《欧洲人权法——原则与判例》（第三版），何志鹏、孙璐译，北京大学出版社，2006，第6~7页。

定,"人权事务委员会强调'公共道德相差极大。不存在普遍适用的共同标准。因此在该方面,负责的国家权威机关必须被赋予一定的自由判断余地。'……公共道德概念是相对的,适用对表达自由的此种限制的方式不应该'使偏见永久化或促进不宽容。就少数者的观点,包括那些冒犯、震惊或扰动多数人的观点来说,保护表达自由是特别重要的'"①。所以,要特别防范国家以"保护公共道德"的名义对私人生活进行干预,这一点早在著名的"沃尔芬登报告"及之后的哈特与德富林论战中得以体现。自由主义大师密尔谈道:"任何人的行为,只有涉及他人的那部分才须对社会负责。在仅只涉及本人的那部分,他的独立性在权利上则是绝对的。对于本人自己,对于他自己的身和心,个人乃是最高主权者。"② 私法中的重要原则"法不禁止皆自由"核心就在于此,或许一些私人行为的"道德性"存有争议,但不能因为防止一个"较小的恶"就创造一个"更大的恶"。

3. 个人信息不受公权力主体非法收集、传播、存储、使用的隐私权

美国于1974年颁布的《隐私权法》就明确提出该法的立法目的是规定行政机关对个人信息的搜集、利用和传播时必须遵守的规则,以保证行政机关用"合法与正当"的方法和程序制定、保持、使用和公开个人记录。强调信息隐私权的宪法权利性质,不仅仅是因为"我们可以从一个国家对待个人信息的方式看出它对公民尊严的尊重程度"③,更在于"个人信息越来越多地被政府收集"的时代背景。斯蒂文斯大法官在 Whalen v. Roe 案中谈道:"本院并非不知道(搜集个人信息)这种对隐私的威胁存在于电脑数据库或者其他政府文件日益积累的个人信息之中,例如税收的征管、社会一般福利和社会安全福利的发放、公共安全的监督、军队的指挥、刑事法律的执行等等,无不要求有序地保存大量信息,其中大多数是个人信息,而这些信息一旦泄露,就必然造成个人的难堪或伤害。"④ 所以,在不可逆

① 〔奥〕曼弗雷德·诺瓦克:《民权公约评注》(上册),毕小青、孙世彦等译,三联书店,2003,第354页。
② 〔英〕约翰·密尔:《论自由》,许宝骙译,商务印书馆,1959,第11页。
③ 〔美〕斯坦·卡拉斯:《论隐私、个体特征性与数据库的关系》,南方译,载张民安主编《信息性隐私权研究》,中山大学出版社,2014,第519页。
④ 转引自杨开湘《宪法隐私权导论》,中国法制出版社,2010,第37页。

的 "信息收集成为时代趋势" 的今天，必须强调政府的义务。主要有两种：一是特殊种类的个人信息不得收集，如欧盟《一般数据保护条例》第 9 条："对揭示种族或民族出身，政治观点、宗教或哲学信仰，工会成员的个人数据，以及以唯一识别自然人为目的的基因数据、生物特征数据、健康数据、自然人的性生活或性取向的数据的处理应当被禁止"；二是政府为了公益的需要收集和利用数据的同时，伴随着法定的 "保障数据安全" 及 "不得随意泄露" 的义务。

在美国，宪法层面上的信息隐私权分别体现在州宪法和联邦最高法院的判决中。就州宪法的规定而言，加利福尼亚州和夏威夷州的宪法都有明确规定信息隐私权的条款，如《加利福尼亚州宪法》第 1 章第 1 条规定公民的信息不被非法收集，并明确制止如下行为："①秘密收集他人信息的行为；②广泛收集和保留他人不必要的私人信息的行为；③不合适的信息使用行为；④不对记录的准确性进行检查的行为。"① 加利福尼亚州最高法院在 1975 年的 White v. Davis 案中承认了上述原则。1978 年二次修订后的《夏威夷州宪法》第 6 章第 1 条修改为："毫无疑问，宪法要保护公民的信息性隐私权和人格。"② 该修正案被视为美国各州宪法中对宪法隐私权规定的最具体、最有效的条款。就美国联邦宪法的判例而言，Whalen v. Roe 案③确立了信息性隐私权的宪法地位。应当承认，基于管理、安全等 "公共利益" 的需要，特定政府机构对个人信息的收集与使用是正当的，但这并不证明，打着公益的旗号，政府对个人信息大规模的搜集、整理与交叉使用就不受约束。

德国 "资讯自决权" 的诞生既是必然又是偶然。说其 "必然" 是因为早在 1983 年 "人口普查案" 之前，德国就已经用 "一般人格权" 和 1977 年生效的联邦《防止个人数据处理滥用法》④ 来保护个人数据，且在此之

---

① 转引自〔美〕阿尔贝特·林《宪法对信息性隐私权的法律保护》，黄淑芳译，载张民安主编《信息性隐私权研究》，中山大学出版社，2014，第 431~432 页。

② AW. CONST. art. Ⅰ, §6（adopted by amendment 1978）.

③ 429 U. S. 589（1977）.

④ 目前该法早已失效，因为 1995 年《欧盟个人数据保护指令》要求各成员国根据该《指令》制定或修改本国的个人数据保护法，故而德国于 2002 年重新颁布了《德国联邦数据保护法》。

前，已经有 16 个州通过了《个人信息保护法》。所以，防止政府对个人数据的非法收集和利用已经成为当时的潮流；而说其"偶然"是因为联邦宪法法院在 1983 年"人口普查案"中只是"附带地提到了，每个人有权自行决定，何时以及在何种范围内公开自己的私人事务……它没有主张，任何一次信息收集或者其他类型的信息利用行为都侵犯了作为基本权的个人信息自决权，从而都需要提供一个法律上的自由。"① 事实上，没有绝对不受限制的"资讯自决权"，因为自该案后，已经不存在"不重要"的个人数据了，基于不同数据库间的关联，一个看似"不重要"的数据与其他数据匹配，就可能将"个人图像"完整呈现。这一点已经在美国计算机学家拉坦雅斯威尼（Latanya Sweeney）所做的一项研究中得到证实，"将邮编、出生日期以及性别集合起来基本上可以确定这个人的身份，这种可能性达到了87%"② 。所以，在对欲保护的"重要"个人信息已经无法判断的情形下，与其说"资讯自决权"是一种"规范性"的权利类型，不如说其是一种"描述性"的宪法权利。"资讯自决权"的作用类似于"一般人格权"，它是一种"兜底性"权利，是对政府收集、保存、使用个人数据"合法性"作出判断的重要依据。这个"合法性"判断主要是看其是否符合政府行为的"目的确定"③ 及"目的拘束"④ 原则，它源于德国根深蒂固的关于"尊严"的客体公式："当具体的个人被贬低为客体来处理、被贬抑成纯粹的手段、被量化为可计算的数量时"⑤ ，人性尊严即受到侵害。"合目的"也成为德国宪法法院认定《人口普查法》违宪的重要理由："《人口普查法》的不足之处在于，没有将收集个人信息的目的与使用个人信息的目的区分开来，而这种混淆目的的行为是违反宪法的。另外，法院还认为《人口普查法》

---

① 杨芳：《个人信息自决权理论及其检讨》，《比较法研究》2015 年第 6 期。

② 〔美〕保罗·M. 施瓦兹、丹尼尔·J. 索洛韦伊：《隐私权和"可以识别个人身份的信息"》，黄淑芳译，载张民安编《信息性隐私权研究》，中山大学出版社，2014，第 460~461 页。

③ 所谓"目的确定"，是为了防止不当使用，要求立法者必须于特定范围内，精确地制定资料的利用目的。

④ 所谓"目的拘束"，是指透过该原则，避免个人成为"赤裸裸的资讯客体"。

⑤ 陈戈、柳建龙等：《德国联邦宪法法院典型判例研究——基本权利篇》，法律出版社，2015，第 35 页。

中涉及信息行为的程序规范存在一定的缺陷，立法者应进一步完善信息的收集、储存、处理和利用的相关程序规范。"①

综上，信息自决权的实现虽困难重重，但它的存在宣示着一种姿态：政府对个人信息的收集及使用必须受到法律的限制。因为对一个人的信息掌握得越多，对其施以控制的能力就越强。公民是国家的主人，而不应成为国家管理数据库中"登记化"、"目录化"的"客体"。

对隐私权的分类进行深入研究是痛苦的，因为它缺少一个根基，即没有一个核心范畴，只能从"形而下"到"形而上"，普罗瑟的隐私权四分法也是在汇总、分析了300多个隐私侵权案例的基础上创造出来的。侵权法层面的隐私权如此，宪法层面的隐私权亦如此。我们应注意到，每一种宪法隐私权的确立，都伴随着一个或几个经典案例。庆幸又无奈的是，学者们貌似已经习惯了从隐私权的范畴而非本质来进行相关研究。由此造成的后果是所有的分类都是"暂时的""不周延的"，伴随社会的发展，会不会有更多类型的隐私权诞生犹未可知，但可确定的是，隐私权之于人的尊严及其他价值无可替代。在接下来的未成年人隐私权的具体类型研究中，有些与上述的分类可能并不是太吻合，比如未成年人的身体隐私，将其视为一种独立的类型是否有必要，还是纳入"侵扰侵权"即可？再如未成年人的"自治性隐私权"，将其归入宪法性权利不太适合，但归入侵权法层面的三种典型类型也不太相契合。归根结底，隐私权应当被视为一个权利束，因为存在一种共同的价值，而将一些权利都纳入隐私权的保护范畴之中。所以，前述分类只是几种隐私权类型中的典型，不代表隐私权类型的全部。

第二节　"类型化"的未成年人隐私权

不同的规范性法律文件对未成年人隐私权客体和保护方式的认识并不统一，有的置未成年人隐私权于家庭保护中，有的置于学校保护部分，有的置于社会保护部分，也有的置于司法保护部分。对未成年人隐私权的具

---

① 蒋舸：《个人信息保护立法模式的选择——以德国经验为视角》，《法律科学》（《西北政法大学学报》）2011年第2期。

体类型进行阐述,不仅是从未成年人这一特殊主体的视角重新认识隐私权的特殊客体,也是从体系化和类型化的角度来深化对隐私权的认识。

首先要探讨的是未成年人有没有宪法隐私权?这是个很有意思的问题。从规范的意义上讲,宪法隐私权主要是保护公民的私人领域从而免受国家权力的干预,那么,只要承认未成年人私人领域的存在,那未成年人拥有宪法隐私权就顺理成章了。如果继续追问的话,未成年人的私人领域有哪些呢?回答这个问题要遵循以下思路:第一,未成年人的住宅基本上是跟父母一体的,其当然也拥有不受非法搜查和扣押的空间隐私权;第二,未成年人拥有有限的私生活自治权,这种自治不仅指向家长、师长,也指向国家;第三,未成年人的个人信息同样不受国家的非法收集、传播、存储和使用。由此看来,宪法隐私权的本质是一项基本人权,即只要是人就都享有的权利,它不区分高低贵贱,更不区分成年与未成年。所以,本节所探讨的未成年人隐私权的具体类型就不重复前文宪法隐私权的部分了,而主要指向侵权法层面的隐私权。

侵权法层面的隐私权也是最为常见的隐私类型,就国内关于隐私权的研究现状而言,2009 年通过的《侵权责任法》虽第一次明确认可了隐私权和隐私侵权的独立性,但对隐私侵权的概念、构成要件、侵权类型等都没有作出规定。直至《民法典》通过,隐私权及隐私权侵害行为才算正式有了根基。依据《民法典》第 1032 条,隐私指向自然人的私人生活安宁和私密空间、私密活动、私密信息;依据第 1033 条,隐私侵害行为包括侵扰他人的私人生活安宁、侵入他人的私密空间、窥视或公开他人的私密活动、窥视他人的私密部位、处理他人的私密信息及其他。具体到未成年人隐私权,可以分为四类:私人事务不受非法公开未成年人隐私权;安宁生活不受侵扰的未成年人隐私权;个人信息不受其他主体非法收集、传播、存储、使用的未成年人隐私权以及有限度的自治性隐私权。

一 私人事务不受非法公开的未成年人隐私权

私人事务不受非法公开已经成为国际社会隐私权保护的重要内容。日本学者前田雄二认为:"人,无论谁都有不愿被他人知道的一部分私生活,这些如被窥见或者被公开发表，而让很多人知道，便会觉得羞耻或不愉快，也就是说，那些希望'沉默过去的事'如被暴露，便构成对隐私权的侵害。"①《美国侵权法重述（第二版）》第652D条规定："一旦行为人公开有关他人私人生活方面的事项，他们应当就其公开行为对他人隐私承担侵权责任。"英国的制定法和普通法虽长期以来不承认该类型的隐私权概念，但存在"保密性"理论，并且将其视为保护他人私人信息免受行为人披露的法律救济途径。英国私人信息不受非法公开的保护同样源于 Prince Albert v. Strange 一案，与美国不同的是，英国法院是从违反信任责任的角度适用该先例，创造出了一套"信任责任法"的独特制度。它的经典描述是："无论何时，只要处于有限目的的明示或默示的公开了某一秘密信息……那么，无论是已经获知秘密信息的知情者，还是因知情者违反自身信任责任而获得秘密信息的第三人，都必须承担相应的信任责任。"② 也就是说，法院通过这一案例所确立的是"知情者以及第三人违反信任责任的行为皆具有可诉性"这一法律原则。信任责任法的创设基于人与人之间的关系，这意味着他人对别人的信任，从而避免自己的私人信息被未经授权的其他人揭露。③ 而在美国，大部分政客和法律工作者都认为：当将自己的秘密与其他人分享时，就要承担被他人背叛的风险。德国法院将个人隐私的保护置于"人格权"之下，而法院又是通过对宪法和民法典的解释来发展一般人格权理论的。用单一的人格权来保护个人隐私在德国实践得非常成功，它最大的特点就是高度抽象性，且具有深远的哲学韵味。面对纷繁复杂的各类隐私侵权案件，法院都可以从单一的人格权理论入手，灵活地保障个人隐私权益。法国则通过《法国民法典》第9条（任何人均享有私人生活受尊重的权利）的扩大解释来保障私人事务不受非法公开的隐私权。

那么，未成年人的私人事务到底是指什么呢？虽然在成年人看来，郑重其事地探讨未成年人私人事务有些"可笑"，但对一些年龄稍大、心智发育较早的未成年人来说，已然拥有足够多值得成年人重视的"私人事务"。

---

① 转引自吕光《大众传媒与法律》，商务印书馆，1981，第4页。

② GVRRY，*Breach of Confidence* 278，1984，p. 4.

③ Neil M. Richards，"The Information Privacy Law Project"，*94 Geo. L. J. 1087*，1137 - 1138 (2006).

早些年闹得沸沸扬扬的 "李某某强奸案"，新闻媒体几乎将李某某的 "前世今生" 翻了个底朝天，这就是典型的非法公开未成年人私人事务的隐私侵权。

虽然对于未成年人的 "私人事务" 无法给予一个确定的概念，但大致可以从以下几个方面来理解：首先，它可以是发生在未成年子女身上的 "事件"，如该未成年子女曾被拐卖、被虐待、被收养、被遗弃、被逮捕、被老师或行政机关处罚、经历过车祸、创伤等；其次，它可以是未成年子女主动实施的某种 "行为"，如该未成年子女网上交友、同时与两个女孩交往、给某女孩写过情书、曾偷盗同学手机、聚众打架、做过手术、整过容、购买过避孕工具、流过产、考试不及格或作弊、留过级等；再次，它可以是未成年子女现在所处的 "状态"，如已退学、正在打工、单亲家庭、父母双亡、资产为零、正在热恋等；最后，还可以是他的私人敏感信息，如身高较矮、体重肥胖、发育缓慢、智力低下等等。但无论是上述 "事件" "行为" "敏感信息" 还是 "状态"，该事项的公开会让未成年子女高度反感，且不符合他的 "合理隐私期待"，而这也是对隐私权 "主观性" 的回应。

未成年人的时间跨度真的太大了，从 1 岁到 17 岁，完全不能同等对待的两个孩子却同属一个群体，这既是法律的无奈，也是法律的必需操作。我们所能做的，就是在最大限度保护未成年人利益的原则指引下，根据 "社会常识" 和 "一般理性" 来判断某一事物究竟应否纳入未成年人隐私的范畴。

二　安宁生活不受侵扰的未成年人隐私权

安宁生活不受侵扰的隐私权在国际社会中已经得到学界和司法界的确认。《美国侵权法重述（第二版）》第 652B 条规定："如果行为人故意通过物理方式或者其他方式侵入他人具有隐居性质的住所、居所，或者侵扰他人的私人事务或者他人关切的事物，而且行为人的侵入或者侵扰行为达到了让一个有理性的人高度反感的程度的话，那么，他们应当就其实施的隐私侵权行为对他人承担侵权责任。"① 英国侵权法面对侵扰行为自成一套。

① 张民安主编《侵扰他人安宁的隐私侵权》，中山大学出版社，2012，第 2 页。

"不动产权人对其不动产享有排他性的权利，因此，从很早以来，侵入侵权和骚扰侵权就成为行为人就其实施的侵扰他人安宁的行为对他人承担侵权责任的根据，无论侵权法这样做是基于什么样的考虑。"① 法国仍然是通过对《法国民法典》第9条第1款的扩大解释将"不受侵扰的安宁生活权"纳入"私人生活受尊重"的范围。让·卡波尼埃教授在《民法总论和人》一书中谈道："对他人私人生活的尊重最基本的表现形式就是行为人要对他人承担不作为义务——行为人应当让他人过着安宁的生活。让他人过着安宁的生活，实际上就是要保护他人对其精神或者心理享有的价值，其表现形式多种多样：让住所不为他人所知悉，不窥视或者监视他人，不跟踪他人，不会让别人注意他人，不打听他人，不描写他人，不会让他人的姓名公开出现，不会泄露他人的传记或者家谱，不会公开披露他人的家产或者债务，等等。"② 德国同样还是通过一般人格权来保护公民安宁生活不受侵扰的隐私权。

那么，未成年人有无安宁生活的权利？这种不受他人侵扰的安宁生活主要表现在哪些方面呢？《未成年人保护法》给了我们启示。《未成年人保护法》除了总则、附则、司法保护外，从三个场域对未成年人的权利予以保障，分别对应的是家庭权利、学校中的权利和社会上的权利，尤其是家庭和学校作为未成年子女主要的活动场所，是最容易对其安宁生活隐私造成侵犯的地方。

首先，未成年子女在家庭中的私人生活要不受侵扰。这主要表现为未成年子女拥有独立的空间，如房间、书柜、抽屉、书包、日记、信笺、手机、电脑等，父母不能随意翻阅和查看。尤其是随着孩子隐私意识的增强，有时候他会主动告诉父母不要随意进他的房间，不要偷看他的书包，如果是这种已经"被表达过"的隐私，那一般情况下这就是孩子的"私人领地"了。对未成年人而言，按教育专家的话说，"桌子、抽屉和柜子不仅让我们能够收集、整理和安排自己的一些家当，也给了我们一种体验，'我的桌子''我们家的柜子'——这都给了我们一种体验亲密空间的机会，这是一

① S. F. Deakin, *Angus Johnston and B. S. Markesinis and Deakin's Tort Law*, fifth edition, Clarendon Press Oxford, 2003, p. 701.

② Jean Carbonnier, *Droit Civil*, 1/Introduction, Les Personnes, Presses Universitaires De France, 2004, p. 310.

个家庭及其成员内部的一种空间，是一个'不会向任何外人开放的空间'"①。很多情况下父母为了各种各样的担心，在家里安装摄像头，在电脑上安装跟踪记录，这些都会引起子女的反感。当然，现代社会侵扰未成年子女家庭中的隐私已经不需要"破门而入"了，父母有各种手段能够随时掌握子女的通讯情况、交谈对象，甚至能设置电话"黑名单"，这些都是对未成年子女私生活的侵扰行为。在数字化时代，父母监控子女的行为带来两种完全相反的子女抚养模式。其一，远程监控模式。现在已有足够的电子设备及技术支撑让父母远距离监视子女的一举一动，他们认为这样做才能尽到一个好父母的角色；其二，家长过度包揽模式，子女的一举一动都尽收父母的眼底。而无论哪一种模式都是不适当的，都走向了子女抚养的极端。阿兰·威斯汀（Alan Westin）认为，"给予公民过大或过小的隐私权对个人都有害"，这个道理不仅适用于成年人，也适用于未成年人。②

其次，未成年人在学校中的私人生活也不受侵扰。学校担负教育和管理的双重职责，对未成年子女的严加看护是可以理解的，但职责的行使超过必要限度，就会对未成年学生的隐私造成侵犯。学校生活中对未成年学生侵扰最严重的莫过于视频监控以及教师的突击检查了。学校出于各种利益考量配置摄像头是没有问题的，但无处、无时不在的视频监控别说是学生了，就是对教师而言，都会造成一种人格上的负担，没有隐私的校园环境是可怕的。再就是学校进行一些"整风式"的运动，即公布摄像头中拍到的学生打架斗殴、上课睡觉、谈恋爱接吻③等的视频，被抓现行的学生由此被贴上"坏学生"的标签，这给学生的校园生活带来巨大困扰。近几年来，人脸识别系统进驻教室的新闻频发，引起社会的广泛关注，这一系统给隐私带来的威胁不仅指向学生，也指向教育工作者。学校管理中经常性

---

① 〔加〕马克斯·范梅南、〔荷〕巴斯·莱维林：《儿童的秘密——秘密、隐私和自我的重新认识》，陈慧黠、曹赛先译，教育科学出版社，2014，第32页。

② 〔美〕本杰明·土穆里、阿耶莱特·布莱切尔·普里伽特：《未成年子女的隐私权研究》，黄淑芳译，载张民安主编《侵扰他人安宁的隐私侵权》，中山大学出版社，2012，第218页。

③ 2002年3月，上海某中学两位男女学生在教室中接吻，被教室摄像头拍下，后来该接吻的镜头片段在校园公开播放，给两位学生造成巨大精神压力。2003年8月，两位学生向上海市虹口区法院起诉，认为学校的行为侵犯了他们的隐私权和名誉权，除赔偿精神损失外，还要求学校在上海《青年报》上公开道歉，这是我国史上第一个学生告母校侵犯隐私权的案件。

地突击检查未成年学生的宿舍、翻看学生的书包、私拆学生的信笺、偷看学生手机上的微信，这都属于侵扰学生校园安宁生活的隐私侵权行为。

最后，对于未成年人在公共场所是否拥有不受侵扰的隐私权，这是个"见仁见智"的问题，国际上也没有通行的判例。这里首先涉及的就是是不是除家庭和校园外的区域都属于公共场所？这显然是不成立的，比如 KTV 包间、试衣间、宾馆房间等，虽身处闹市却仍然属于隐私权的延伸港湾。至于纯粹的公共场所，在美国，尽管有持续的不同意见和零星个案出现，但大体遵循"公共场所无隐私"原则，一个人主动在公共场所活动，就意味着他主动放弃了个人隐私。而在欧洲，"公共场所"有无隐私就要视情况而定了。[1] 如对于公共场所的录像监视，"采用照相监视设备，对在公共场所的人的行为与举动进行监视，但并不录制成形象资料，并不构成《欧洲人权公约》第 8 条意义上的对私生活的侵犯，但是，如果录制了形象资料，特别是系统地经常录制这种资料，则有理由作出相反的结论"[2]。也就是说，在公共场所，"即使被拍摄形象的人当时是在公共场所，但由于拍摄者采用的取景技术，使被拍摄对象的形象被独立出来，这种行为也构成对私生活的侵犯"[3]。之所以出现这种差别，原因在于美国和欧洲的理念有所不同。欧洲更重视人格的发展和完善，而美国更重视自由。

三 个人信息不受其他主体非法收集、传播、存储、使用的未成年人隐私权

我们常常将"个人信息""个人数据""个人资料""隐私"等混用，但实际上，他们之间是有区别的。使用"个人数据"这一法律概念的地区主要

---

① 摩纳哥公主卡罗琳和孩子、朋友外出度假，在骑马、就餐时被两家杂志记者拍照并刊登。卡罗琳公主认为其隐私权受到侵犯，向德国法院起诉。然而德国最高法院认为公众人物应当容忍其照片被刊登，卡罗琳公主不服该判决，向欧洲人权法院再次起诉。欧洲人权法院在 2004 年 6 月的判决中认为："即便媒体有新闻报道自由，但公众无权知晓卡罗琳公主与公共利益无关的行为。""公众并无权知道申请人在何处，她在私人生活中是什么样子，即便她出现在非私人场所，即便她是公众人物。尽管公众对申请人私生活有兴趣，为此杂志发表类似照片和文章有商业利益。在本案中，对这些利益的保护应当让位于对申请人私生活的隐私的保护。"

② 《法国民法典》（上册），罗结珍译，法律出版社，2005，第 50 页。

③ 《法国民法典》（上册），罗结珍译，法律出版社，2005，第 50 页。

集中在欧陆诸国,以及其他大陆法系国家;而使用"隐私"这一法律概念的地区主要集中在美国等普通法系国家;也有一些国家在立法和司法实际中多使用"个人信息"这一法律概念,比如日本、韩国、俄罗斯等。① 在我国台湾地区,则习惯称之为"个人资料"。单就个人信息和隐私来说,两者在内涵上存在质的差别,但在外延上,两者又存在交叉之处。比如能引发他人高度反感和尴尬的信息,就既属于个人信息,又属于隐私,所以在美国出现了"信息性隐私权"的概念。如阿兰·威斯汀在 1967 年指出:"所谓隐私权,是指个人、团体或者机构自主决定何时、以何方式、在何种程度上将他们的有关信息传播给其他人的一项权利。"② 杰里·康(Jerry Kang)认为:"所谓信息性隐私权,是指他人对其个人信息的流动所享有的权利。更确切地说,信息性隐私权主要关注他人对于与自己有关的个人信息的处理的控制能力问题,例如,他人信息的获取、公开以及使用问题等。"③

信息性隐私权之所以迅速引起世界范围内的广泛关注,主要是因为"人们对这种信息的收集或操纵往往无能为力。大部分信息收集或操纵活动都发生在管理监控者难以到达的地方;而更严重的是,绝大多数人根本就无从得知他们的哪些信息被收集,更不知道他们的信息被作何用处"④。尤其是随着"大数据""云计算"等概念的出现,人们在体验到科技发展带来的巨大便利和商机的同时,越来越多的不安全感萦绕在心头。

未成年人信息性隐私权最容易受到侵犯的地方就是网络。每打开一个网页,每登录一次 QQ 或微博,每注册一个游戏账号和邮箱,每在网络论坛上发一个帖子,每在购物网站上点击查看一个商品情况,每一次视频聊天等,都会留下个人信息。而这些个人信息被非法收集和使用会给未成年人带来极大的危险。⑤

---

① 孔令杰:《个人资料隐私的法律保护》,武汉大学出版社,2009,第 1 页。

② Alan F. Westin, *Privacy And Freedom*, 1967, p.7.

③ Jerry Kang, "Information Privacy in Cyberspace Transactions", *50 Stan. L. Rev. 1193*, 1203 (1998).

④ See Daniel J. Solove, "Digital Dossiers and the Dissipation of Fourth Amendment Privacy", *75 S. Cal. L. Rev. 1083*, 1095 (2002).

⑤ 儿童在网络中遇到的危险主要有以下三类:一为联系性危险,指通过网络聊天和电子邮件等交互方式,某些人可以联系到儿童,从而引诱或者伤害儿童;二为内容性危险,指儿童接触到不适宜的内容;三为商业性危险,指儿童隐私受到市场商业行为的侵犯。

据共青团中央、中国互联网络信息中心共同发布的《2018 年全国未成年人互联网使用情况研究报告》显示：我国未成年网民规模为 1.69 亿，未成年人的互联网普及率达到 93.7%。[1] 因此，对网络环境下的未成年人隐私权的保护研究刻不容缓。美国《儿童网络隐私权保护法》规定："与未成年人有关的商业网站经营者，或有意向未成年收集个人数据的网站经营者：禁止以不公平或欺诈方式收集、使用及披露 13 岁以下未成年人网络个人信息。"[2] 并且，网络经营者在搜集 13 岁以下儿童的个人信息前，必须征得其父母的同意，并应当允许家长保留将来阻止其使用的权利："网站必须对欲收集信息的内容以及将会如何处理这些信息作出说明。"[3]

除网络上的信息性隐私外，未成年人的信息性隐私还包括：（1）自身的信息，如身体信息（包括身高、体重、年龄、DNA、指纹、病史、残疾等）、家庭信息（如姓名、籍贯、家庭成员、地址、邮编、家庭电话、亲生或收养等）；（2）生成的信息，如学校学习、生活生成的信息（如考评、迟到记录、考试分数、参加竞赛或比赛情况、违纪记录、获奖信息、学校档案信息等）、社会生活生成的信息（如手机号、邮箱、博客、社交账号信息、宗教信仰、医疗信息、违法犯罪记录、个人账户、通讯记录、游戏账号、购物记录、游戏币之类虚拟财产信息、感情交友信息、保险信息等）。

四　有限度的自治性隐私权（私生活自主）

作为宪法性权利的自治性隐私权其实是包含两个层次的：首先，要有事实上的私生活自主；其次，这种私生活自主不受公权力的非法干预。那么，未成年人有资格、有能力实现私生活自主吗？我们可以从国外一些典型案例入手来探讨该问题的答案。在 Planned Parenthood v. Danforth 这起堕胎案中，美国联邦最高法院首次承认未成年子女也享有隐私权。[4] 这个案件判决后不久，在 Carey v. Population Services International 案中，美国联邦最高

---

[1]　《2018 年全国未成年人互联网使用情况研究报告》，中国新闻网，2019 年 3 月 26 日。

[2]　张秀兰：《网络隐私权保护研究》，北京图书馆出版社，2006，第 237 页。

[3]　王全弟、赵丽梅：《论网络空间个人隐私权的法律保护》，《法学论坛》2002 年第 3 期。

[4]　428 U.S. 52，74-75（1976）（plurality opinion）。

法院确认未成年子女在采取避孕措施这种情况下享有隐私权。① 接着在
Bellotti v. Baird 一案中，美国联邦最高法院认为，马萨诸塞州州法规定，未
成年人堕胎前必须获得他们父母同意这一规定限制了未成年人的堕胎权，
这一规定是违宪的。② 从这三项连续的判决看，未成年人不仅有权自己做
决定，他们还有权不告知父母他们已经怀孕并准备堕胎这些情况。不仅在
美国，英国也有影响更大的典型案例，在吉利克案③中，吉利克女士作为
一位 16 岁少女的母亲对英国卫生和社会安全署发出的 "医生可以未经家长
同意即为未成年少女开避孕处方" 的通知不满而提起诉讼。上议院认为：
"法律没有规定在孩子到达一定年龄前，父母在儿童身上具有绝对的权利；
但是当儿童成长并越来越自立时，父母的权利在减少。法律迄今为止仅在
儿童需要保护时确认父母权利。因此，谈论'责任和义务'而非'权利'
是比较恰当的。如果儿童有足够理解力和智力，父母的权利，应屈服于他
或她自我决定的权利。所以，一个 16 岁以下的女孩不能仅仅因为他的年龄
而缺乏对避孕表示同意的法定资格。"④ Gillick 案的判决对英国《1989 年儿
童法》产生了重大影响，它给予有足够理解能力的未成年人更多的尊重和
承认。

在未成年人享有自治性隐私权的问题上，始终有两个无比坚实的支撑。
首先，儿童最大利益原则是一切关于儿童权利问题上的伦理总则和法律原
则。对于未成年子女来说，"子女的最大利益优先于父母对于抚养子女的决
定权和父母对个人信息享有的隐私权。此外，法律制度逐渐将某些传统上
只能由父母来决定的问题交由未成年子女自己决定"⑤。这种转变源于国际

---

① 431 U. S. 678, 693 (1977).

② 443 U. S. 622, 681 (1979).

③ 该案的基本案情是：卫生和社会安全署（Department of Health and Social Security, DHSS）
传达一个通知，告诉医生们，在特殊情况下，他们可以未经孩子父母首肯为 16 岁以下的
少女开避孕处方，只要他们是真诚的，则认为他们的行为不触犯法律。吉利克女士是一个
虔诚的罗马基督徒，有一个十几岁的女儿，她以 DHSS 和当地医院机构为被告提起诉讼。
她宣称通知是违法的：第一，它是医生通过引发或鼓励《1956 年性犯罪法》规定的非法
性行为而触犯刑法；第二，通知的内容和她作为父母的权利不符。

④ 〔美〕凯特·斯丹德利：《家庭法》，屈广清译，中国政法大学出版社，2004，第 230 页。

⑤ Kellie Smidt, "Who Are You to Say What My Best Interest Is? Minors' Due Process Rights When
Admitted by Parents For Inpatient Mental Health Treatment", *71 Wash. L. Rev*, 1187 (1996).

社会对私人生活不断深化的认识和尊重。1976年，欧洲人权委员会对私人生活作出如下界定："尊重'私人生活'的权利便是隐私的权利，是照一个人所希望的那样生活、受到保护免于公开的权利，等等……然而，据本委员会看来，尊重私人生活的权利并不到此终结。它还在一定程度上包括了为某个人自身人格的发展和实现而与他人建立和发展关系的权利。"[①] 这段话既是对自治性隐私权的另一种解读，又是对"私生活自主"与"人格完善与发展"间关系的肯定。其次，未成年人不断变化发展的能力正在受到越来越多的关注，不管是心理学上的、社会学上的还是法学上的。一些以实践为基础的研究显示，未成年人在达到传统观念中认定的成年年龄之前已经有能力作出一些很重要的决定，许多学者的评论以及相关法律对未成年人是否能够自己做决定这一问题的探讨都集中以这些研究为基础来展开。在美国，"有几个州的制定法已经规定了'成熟的未成年人'（mature minors）的概念，规定这类未成年人有权自行决定是否同意医生对自己实施医疗救治以及精神疗法"[②]。精神治疗医师认为对于精神疗法的实行，未成年人的知情同意权有助于精神健康的治疗。这些州法律的规定具有重要意义，因为过去学者们坚持认为在子女未满18周岁（某些州法律规定为21周岁）之前，父母对于未曾独立生活的子女的生活拥有决定权，但是现在这种狭隘的观点已经被代之以更为灵活的观点。上述这些州的法律认为，只要未成年人的认知能力达到一定水平，就有权自主决定某些事项而不必事事遵循父母的意见。[③]

当然，也必须清醒地认识到，未成年人的自治能力既然是一个变化发展的过程，那么，其自治的程度就是有限的。在前述几个案例中，我们可以发现，未成年人自治的场域大多是关于避孕、堕胎、医疗决定等方面，但并非每一次遇到这些情形都要遵从未成年人的意见，也就是说，未成年

---

① 〔英〕克莱尔·奥维、〔英〕罗宾·怀特：《欧洲人权法——原则与判例》（第三版），何志鹏、孙璐译，北京大学出版社，2006，第302页。

② Tania E. Wright, "A Minor's Right to Consent to Medical Care", *25 Howard L. J. 525*, 528-538 (1982).

③ 〔美〕理查德·C. 特金顿：《家庭成员谈话和通讯隐私的保护》，骆俊菲译，载张民安主编《侵扰他人安宁的隐私侵权》，中山大学出版社，2012，第123~124页。

人并不必然拥有最后的发言权。在以维护儿童的权利需要为理由的基础上，法院（有时是一些父母）有权压制儿童的意愿。儿童的权益而非儿童的意愿是至高无上的。并且，虽然在儿童法及相关法规中已经有了一些关于儿童权益的注释，但没有一处明确解释儿童的"权利"。

第四章　研究核心："法律关系"中的未成年人隐私权

第一节　从生活关系到法律关系

"权威与服从"语境中的未成年人隐私权研究的一个重要部分是区分生活关系中的未成年人隐私权以及法律关系中的未成年人隐私权，虽然隐私权的客体是隐私，但并不是所有的隐私都能成为隐私权保护的客体。尤其对于未成年人来讲，无论是家长还是师长，基于抚养、教育、管理的需要，必然要大量知悉未成年人的隐私，甚至可以说，一定程度的对未成年人隐私的掌握是亲权、监护权、教育管理权能够正常行使的必要条件，生活中大量存在的被未成年人称为"隐私"的事项并不是隐私权的当然保护对象。这既是基于对未成年人这一特殊群体的特殊保护使然，也是在不同类型的权利之间制造一个边界。当然，除用"权利话语"来阐述未成年人隐私权的客体外，还有更"生活化"的生动语言。罗素曾绝妙地描述了未成年人权利话语在家庭领域泛滥的情形："父母与子女关系的变化，是民主思想普及的一个特殊的例子。父母不敢再相信自己真的有权利反对儿女，儿女不再觉得应当服从父母。服从的德行从前是天经地义，现在就不时髦了，而这实际上是应当的。精神分析理论使受过教育的父母惴惴不安，唯恐不由自主地伤害了孩子。假如他们亲吻孩子，可能使孩子得传染病；假如不亲吻，可能引起孩子的妒火。假如他们命令孩子做事，可能使孩子产生罪孽；不命令吧，孩子又会习染父母认为不良的习惯。当他们看见幼儿吮吸大拇指时，他们会推测出各种可怕的结果，但对如何制止幼儿的行为又感到束手无策。一身威势十足的父母，变得胆小、忧虑，充满了良心上的困惑。"① 罗素的描述太过精彩，用于防止未成年人隐私权的"研究泛化"再恰当不过，如果每个家庭的父母都要尊重未成年人的身体隐私以至于不敢亲吻，都要尊重未成年人的自决隐私以至于不敢下命令，都要尊重未成年人的信息隐私以至于不敢询问，那这样的未成年人隐私权不是笔者所倡导的隐私权。在从生活关系向法律关系中的隐私权客体转化过程中，一种区分是必要的，即"权利主体"与"法律关系主体"。未成年人无疑是权利主体，但并不必然是法律关系主体。"'权利主体'是一个广义的概念，在某种程度上不同于'法律关系主体'这一概念。权利主体是拥有权利能力的人，即潜在地能够成为法律关系参加者的人。而法律关系主体则是某些法律关系的实际参加者。"② 那如何实现这种转变呢？一个重要前提是法律将该隐私纳入自己的保护范围，即通过立法将生活关系中的隐私上升为法律关系中的隐私权客体，并由此实现权利主体向法律关系主体的过渡。在此过程中，关于未成年人隐私权的执法保护和司法保护也一并成为法律关系中的重要内容。

事实上，在目前社会的一般观念中，未成年人隐私权也是受到重视的，不过这种重视是发生在"社会"领域中，即家庭领域、学校领域及侦查审判领域之外的场合。人们鲜有关于亲子关系中未成年子女隐私权的论述，即使现在不少学者开始研究家庭成员间的隐私权，但这种研究也把注意力集中到夫妻之间，子女隐私权是附带的。师生关系中的学生隐私权亦如此，教师的所作所为都是为了学生，而对学生而言，学习才是天大的事。侦查审判领域中的未成年人亦如此，长期以来，社会都奉行一种"犯罪者无人格"的观念，一旦警察上门或接受审判，那任何种类的犯罪信息侦查和公开都是正常的，甚至是跟犯罪丝毫不相干的私人过往。

在"权威与服从"的三种语境中研究未成年人隐私权，需要区分生活关系中的隐私和法律关系中的隐私权。就两者而言，生活关系中的隐私范

---

① 〔英〕罗素：《快乐哲学》，王正平、杨承滨译，载《罗素文集》，改革出版社，1996，第373~374页。

② 〔苏联〕阿列克谢耶夫：《法的一般理论》（下册），黄良平、丁文琪译，法律出版社，1991，第510页。

围更广，法律择取一些对未成年人来讲意义重大、价值更高的隐私事项予以保护，是本研究的旨趣所在。这种择取和转化从以下几个方面进行阐述。

首先，不同种类的隐私之于未成年人的重要性不同，只有部分生活中的隐私上升为隐私权的客体。从人类最早意识到隐私的存在，它就表现为一种基本的生活事实，与人的社会性密切相关。外在条件的更具体表现，如个人的身体形态、外表特征、衣着、发型、性别、姓名、感觉和思想、特殊经历、个人信仰等均属于"私人"的范畴，因此才可能成为个人隐私的基本组成部分。[①] 这些被称作个人隐私的内容是作为社会关系之中个体自然生活状态的前提，所以，也可以将其称作隐私的自然基础。在人类的生活内容逐渐丰富后，隐私更成为一种有意识的建构事项。一方面，隐私与住宅的建设、住宅内部的区域隔离等都密切相关，也与是否允许个人、夫妻以及家庭享有专有的独立生活空间有关。并且，不仅仅是住宅，很多所谓的公共场合中也有许多独立的空间，我们视其为隐私空间，如各种各样的茶话包间、酒店房间、商场试衣间等。另一方面，在有些文化习惯中，人们还会通过注意力的转移和从公众活动中退出等方式来回避他人的隐私。一旦我们必须集中精力或注意力去做某些事情，我们就"自然而然"地卷入了一种保护隐私的行动之中……比如在拥挤的机舱里，拿出一本书、戴上耳机。[②] 隐私的产生包括一系列的行为模式（Behavioral Modes），而这些行为模式又与具体的环境相关联。人们的行为习惯或面部表情都有可能成为人们表达隐私的方式。在社交场合中，背对着他人、远远地站在一边、拉着一张毫无表情的脸等，都是人们用来保护自己隐私的方法和文化习惯，这些做法所传达的意思是：人们不希望他人靠近自己，暂且不想和他人建立社交关系。[③] 可见，隐私是我们生活中的一种心态，一种造就"美好生活"的手段、方法，一种通过自身行为或"社会认可"传达的人与人之间的距离。它是一种生活中不可

① 〔奥〕曼弗雷德·诺瓦克：《民权公约评注》（上），毕小青、孙世彦等译，三联书店，2003，第293页。
② 〔加〕马克斯·范梅南、〔荷〕巴斯·莱维林：《儿童的秘密——秘密、隐私和自我的重新认识》，陈慧黠、曹赛先译，教育科学出版社，2014，第74页。
③ 〔加〕马克斯·范梅南、〔荷〕巴斯·莱维林：《儿童的秘密——秘密、隐私和自我的重新认识》，陈慧黠、曹赛先译，教育科学出版社，2014，第75页。

缺少的要素，而非某个具体的空间，"在我们将隐私转化为隐私权利、隐私利益、隐私侵犯之前，隐私就是被限定的个人生活的条件，凭借这些条件，我们可以认出一个人或者这个人生活中的只属于他个人的许多事务"①。

然而，尽管生活中处处有隐私，但不是所有的隐私都值得法律去保护。隐私权是社会结构、文化传统与法律政策的综合产物。此外，隐私权并不必然意味着他人能够选择在何时、何地以何种形式拥有隐私。传统的理论分析掩盖了这样的事实——并不是任何隐私利益都必须要得到法律的认可，因为对于某些隐私利益而言，那些非法律的保护形式已然非常充分，还有一些隐私利益只需要与传统的权利类别相联系，就能获得充分的保护。所以说，并不是所有的隐私利益都尤为重要，以至于我们应该以法律的形式对它们逐个进行认可。② 还应注意的是，正如"每一个时代的理论思维……都是一种历史的产物，它在不同的时代具有完全不同的形式，同时具有完全不同的内容"③，隐私权保护的客体也是随着时代的变迁而发生变化的。比如对未成年学生而言，分数隐私被纳入隐私权，这在以前的任何时代都是没有的。

其次，法律所保护的未成年人隐私必须符合"合理隐私期待"原则。法院必须意识到，在具体的案件审理中评估某行为是否构成侵犯了未成年人的隐私权，必须探究未成年人对该隐私是否持有合理的隐私期待？法律只会保护真实且合理的隐私期待。一方面，所谓真实，并不是所有进入和靠近他人私人空间的行为、侵扰他人财产的行为以及对与他人生活有关的信息加以控制的行为都会涉及隐私的领域。只有某些影响人们私人和亲密空间的侵扰、信息或者控制才会转变成侵犯隐私。换句话说，隐私保护的是私人的、隐秘的东西。④ 比如有人站在未成年人房间的窗外长时间盯着看，那侵犯了他人隐私，但如果窗外之人仅是在路过的时候往里瞟了一眼或作短暂驻留，那大张旗鼓地主张隐私权受到了侵犯就有点大惊小怪了。

① Hyman Gross, "The Concept of Privacy", *New York University Law Review*, Vol. 42, 1967, pp. 34–54.
② 〔美〕大卫·M. 奥布赖恩：《隐私合理期待理论》，张雨译，载张民安主编《隐私合理期待总论》，中山大学出版社，2015，第 58 页。
③ 《马克思恩格斯全集》第 26 卷，人民出版社，2014，第 499 页。
④ 〔加〕马克斯·范梅南、〔荷〕巴斯·莱维林：《儿童的秘密——秘密、隐私和自我的重新认识》，陈慧黠、曹赛先译，教育科学出版社，2014，第 80 页。

再比如教师从学生的桌子上拿起一封私人信件，我们可以义正词严地拒绝："别这样，这是我的隐私！"但若只是拿起学生刚做了一半的作业，那就另当别论了。在探究未成年人隐私权的客体时，必须持审慎的态度，任何扩大化的倾向都是危险的。尤其是伴随着现代自媒体的发展以及在青少年群体中的流行，自曝隐私已经成为一种潮流，各种各样的社交平台充斥着个人自拍、行为足迹、八卦娱乐，甚至"网红"的出现足以令诸多学者为其"日常行为演出"的性质争论不已。美国艾伦教授指出，在 20 世纪的最后几十年，美国社会对个人的隐私期待呈现普遍的消退①，也正是基于这种对未来的担忧，隐私权专家们呼吁要重视隐私，尤其在数字化时代，公民享受便捷的同时，付出的是隐私的代价。另一方面，法律保护的未成年人隐私不仅是真实的，还须是合理的。这种合理指向社会评价，它虽属于主观价值领域，但却可以通过公民的常识来作出判断。不同时期，人们对事物的重要性认识会有大不同。比如学生分数及排名，曾几何时，学校和家长对此无比热衷，而现在学生成绩及排名不得公开已经成为很多未成年人保护法及教育法的规定。未成年人隐私权研究意义就在这里，它呼吁成年人，尤其是与未成年人存在"权威与服从"关系的成年人，正视并尊重未成年人的隐私权。随着社会条件和社会认同发生改变，法律也会作出相应的调整，哈特将这种情况提炼为承认规则。"如果一个规则具有这个或这些特征，众人就会决定性地把这些特征当作正面指示，确认此规则是该群体的规则。"②

再次，并非所有的隐私侵权行为都能获得相应的法律救济。在"权威与服从"语境中的未成年人隐私权类型中，有两种是侵权法层面的，即亲子关系中的未成年子女隐私权和师生关系中的未成年学生隐私权，有一种是公法层面上的，即刑事诉讼过程中的未成年人隐私权。对于公法层面的隐私侵权行为而言，提起国家赔偿之诉是没问题的，但对前两者提起诉讼是较为困难的，甚至法院都不予受理。在目前的司法实践中，学生对学校提起隐私侵权诉讼已有案例出现，但子女对家长提起诉讼的，国内却罕见。

---

① 转引自〔美〕肖恩·B. 斯宾塞《隐私期待与隐私权的消退》，孙言译，载张民安主编《美国当代隐私权研究》，中山大学出版社，2013，第 482~483 页。

② 〔英〕哈特：《法律的概念》（第二版），许家馨、李冠宜译，法律出版社，2011，第 68 页。

究其原因，一是法律进入亲子关系要无比谨慎，亲子关系中的隐私权纠纷不同于"家暴""虐待"，它是与亲权、监护权紧密交织在一起的，是"侵权"还是"爱"存乎一线；二来即使能够确认未成年子女的隐私利益受到侵害，但这种侵害比较轻微，且没有造成什么严重后果，自然也不会导致司法程序的启动。在未成年人的成长生涯中，生活关系是一个连续统一体，法律只对这一连续统一体中的一部分进行观察，并且在"必要性"和"可行性"的前提下，才会予以干预。未成年人隐私权保护是一个从理论到实践都很复杂的课题，因为对于法律而言，侵犯隐私存在程度问题，只有严重的被侵权才能得到法律的救济。

最后，未成年人隐私权研究要为亲情、师生情留下空间和余地，而不能以法律预设的"陌生人模式"来界定生活中的亲子关系和师生关系。以亲子关系为例，亲子关系经历了一个法律关系——生活关系——法律与生活关系兼备的过程。无论西方还是东方，最初的亲子关系本质上都是一种法律关系。古希腊、古罗马置子女于家父权之下。东方虽没有类似家父权的概念，但家长制、"父为子纲"的家庭伦理形成了事实层面的宗族法。随着家族的解体和对国家权力的警惕，亲子关系进入一种生活关系的境地，完全意义上的家庭自治成为一种关系模式，这种转变即家父权向亲权的转变，源于卢梭："纵是每个人可以转让其自身，他也不能转让自己的孩子。孩子们生来就是人，并且是自由的；他们的自由属于他们自己，除了他们自己外，任何别人都无权加以处置。孩子在达到有理智的年龄以前，父亲可以为了他们的生存、为了他们的幸福，用孩子的名义订立某些条件；但是不能无可更改地而且毫无条件地把他们奉送给人，因为这样一种奉送违反了自然的目的，并且超出了父亲的权利。"① 由此，亲子关系进入了以自然情感和家庭理性为基础的生活关系，国家权力（法律）不得干预。但随着个体主义和权利话语的进一步扩展，家庭成员间的关系又开始发生变化，婚姻被视为两个自立主体的自愿、合法结合，亲权也更多地具备了"义务"属性甚至被认为本质是"责任"，未成年子女的权利受到重视。从而，亲子关系成为一种法律与生活关系兼备的类型。在这种交织的关系类型中研究

---

① 〔法〕卢梭：《社会契约论》，何兆武译，商务印书馆，1980，第15~16页。

未成年子女的隐私权，必须申明：任何一种关系处于绝对地位都是不明智的。未成年子女之所以身处两种关系之中，是因为从未成年人的最大利益出发，实现未成年子女的全面健康发展。一句话，在国家监督下实施父母照顾，是现行亲子关系法的本质所在。

回到本文主题，法律在审查亲子关系中的未成年子女隐私权问题时，必须受到一些限制。第一个限制源于所谓的"乐观主义规则"，它的实质内容就是前文的"父母子女利益一致"的预设，即司法专业人员推定父母都会好好爱护自己的子女。这意味着，一旦子女遭受伤害，司法专业人员起初可能作出的解释往往是一种善意解释。采用这种规则是为了限制对私人领域的过度干涉。第二个限制可以在自由原则中找到。根据自由原则，如果没有以证据为基础的正式授权，那么公权力（法律）就不得侵入私生活领域。这应该被视为是旨在保护个人、防止公权力对私人领域（比如个人住宅）的过度干预，而不是保护他们在父母子女关系上免于监管，尽管其在一定程度上可能起到了这样的作用。第三个限制因素是，对于什么行为会给儿童造成伤害这一问题并无一个确定的标准，因此，预防性干预有可能比父母的行为给儿童造成更大伤害。所以，在公权力强行干预的法律门槛外，父母也可享有一定程度的行为自由。① 总之，一切为了孩子，为了孩子的一切。未成年人的成长之路不仅需要隐私，也需要父母的关爱呵护及师长的教育指导。对未成年人隐私权的研究要谨防"权利泛化"，法律在保护未成年人的隐私利益时，只是处于一种"辅助性"的地位，法律的主要作用是宣扬保护未成年人隐私权的社会价值，从而倡导社会来共同遵守。如果法律在亲子关系或师生关系中喧宾夺主，那对未成年人来说，不仅不是什么好事，反而会带来灾难。

第二节　未成年人隐私权立法

法律关系中的未成年人隐私权包含了立法、执法、司法三大部分，而立法是参与到法律关系中的重要一步，它意味着国家对部分重要的生活关

---

① 〔英〕约翰·伊克拉：《家庭法和私生活》，石雷译，法律出版社，2015，第98~99页。

系中的隐私予以承认并进行规制。

未成年人隐私权的保护发端于未成年人权利保护，并在未成年人权利不断丰富的过程中发展而来。未成年人的权利保护最早可追溯至奴隶社会，《摩奴法典》和《汉谟拉比法典》都有相关规定。① 但 20 世纪之前的未成年人权利保护一来内容简单，主要是保障其生存；二来是虽保障未成年人利益，但却并非站在未成年人权利的立场，未成年人仅仅处于"被保护"的境地。未成年人权利真正受到重视发源于 20 世纪，国际社会通过了一系列宣言和法律文件对未成年人权利进行了阐释和提供保护。这些文件分为两类。一类是专门的儿童权利文件，其中含有儿童隐私权的条款。如1924 年救助儿童国际联盟制定并通过了《日内瓦儿童权利宣言》，明确提出儿童应享有生存权、教育权等系列权利。其中，儿童隐私权的内涵被认为包含在儿童发展权之中，这也是国际社会比较早的对儿童权利内容进行具体阐述的国际文件。1959 年，联合国大会通过了《儿童权利宣言》，对儿童权利作了原则性的规定。1989 年，在《儿童权利宣言》通过 30 周年之际，联合国大会通过了《儿童权利公约》。其中，儿童隐私权作为一种法律上的权利被正式确立。另一类是普遍性的人权文件中的相关条款，因为未成年人作为权利主体，自然也是人权文件中各种基本权利的享有者，人权文件中的隐私权主体自然也包括未成年人。这些相关条款主要有：1948 年《世界人权宣言》第 12 条、1953 年《欧洲人权公约》第 8 条第 1款、1966 年《公民权利和政治权利国际公约》第 17 条、1978 年《美洲人权公约》第 11 条等。

未成年人隐私权的国际法律文件并不止于《儿童权利公约》和相关人权公约，在一些具体的国际法律性文件中，也含有大量的未成年人隐私权条款。如在刑事诉讼领域，《北京规则》第 8 条规定："应在各个阶段尊重少年犯享有隐私的权利，以避免因不适当宣传或点名而对其造成伤害；原则上不应公布可能导致使人认出某一少年犯的资料。"这一规定的目的就是

---

① 《摩奴法典》第 8 卷第 27 条规定："如果儿童没有保护人，其继承的财产应置于国王保护之下，直至他完成学业，或到达成人期为止。"而《汉谟拉比法典》则对儿童权利规定得更为详细，其第 29 条规定："倘其子年幼，不能代父服役，则应以田园之 1/3 交与其母，由其母养育之。"

防止未成年犯被"贴标签"。另外，在大数据时代，个人数据（包括未成年人的个人数据）成为新兴的隐私权类型，欧洲率先在这方面作出反应，于1995年颁布了《欧盟数据保护指令》。基于互联网技术的新发展和数据主体对个人数据的新诉求，欧盟几经修正，终于在2015年12月通过了《一般数据保护条例》，并在第8条对儿童数据做了专门规定："处理16岁以下的儿童的个人数据，必须获得该儿童父母或监护人的同意或授权。各成员可对上述年龄进行调整，但是不得低于13岁。"

在上述所有文件中，最重要的就是《儿童权利公约》，随着《儿童权利公约》加入国的日益增多，各个国家都在遵循该公约的前提下制定本国有关儿童隐私权的专门法律，如美国的《家庭教育及隐私权法》《儿童网络隐私权保护法》。《家庭教育及隐私权法》虽没有承认独立于父母的未成年人隐私权，但却包含尊重未成年人隐私权的条款，尤其是对父母以外的主体来说，比如学校。国内关于未成年人隐私权的规定也是零散的，当然主要还是《未成年人保护法》及各省市的保护条例，分别在家庭保护、学校保护、社会保护、网络保护、政府保护、司法保护中设有相关尊重并保护未成年人隐私权的条款。除此之外，刑法、诉讼法等部门法中也有相关规定，如《公安机关办理未成年人违法犯罪案件的规定》第5条和《人民检察院办理未成年人刑事案件的规定》第5条皆规定了在办理未成年人刑事案件时要注意保护未成年人的隐私，不得擅自披露涉案未成年人信息。2013年10月24日，最高人民法院、最高人民检察院、公安部和司法部联合发布《关于依法惩治性侵害未成年人犯罪的意见》，除了重点加强未成年被害人程序性权利以保护其隐私权外，第5条还专门规定了参与该案的公职人员的保密义务以及诉讼文书的特殊处理要求。《刑法》第245条、第252条、第253条也分别对侵犯隐私权的恶劣行为进行规制，并给予严厉的惩罚。另外，无论是刑事诉讼法还是民事诉讼法，也都有涉及个人隐私时不得公开审理的规定。

通过研究国内外未成年人隐私权的条款，可以发现我国的未成年人隐私权立法也属于分散立法，作为未成年人隐私权主要保护文件的《未成年人保护法》并没有起到相应作用。完善未成年人隐私权体系必须从以下几个方面入手。

首先，扩充《未成年人保护法》的相关隐私条款并以此为基础分别立法。因为未成年人隐私权实际上涉及两个主题（未成年人权利保护和隐私权），所以，在任何一个权利体系中都有可能涉及未成年人隐私权。比如《未成年人保护法》中有未成年人隐私权内容，《个人信息保护法》中也有未成年人隐私权内容，为抑制重复立法现象的出现，必须确立以专门的《未成年人保护法》为主的立法体系。我国的《未成年人保护法》分为总则、家庭保护、学校保护、社会保护、网络保护、政府保护、司法保护、法律责任、附则等部分，但实际上，这几种保护已经涵盖了未成年人隐私权的绝大多数场域。如此，未成年人隐私权将在家庭领域、学校领域、社会领域、司法领域中分别得到保护，并在法律责任部分对隐私侵权行为规定相应的责任条款，这就形成了未成年人隐私权的权利大纲。以此为基础，家庭法（包括亲子关系法）、教育法（包括教师法）、诉讼法（包括刑事诉讼法、民事诉讼法）、新闻法等部门法可以就涉及未成年人隐私权的部分进行分别立法。

其次，将"尊重未成年人不断变化发展的能力"原则植入未成年人隐私权条款。未成年人的范围很广，而且未成年人的能力在不断地变化发展中，对隐私权的需求和渴望程度也在不断增加。世界范围内对成年年龄的界定不同[1]，未尝不是基于对不同年龄段的人所具有的认知和行为能力的差异。弗利特纳和瓦尔廷经过研究发现：只有6~10岁的孩子才会经常去思考该不该把秘密泄露出去的问题；10岁的孩子就会用友谊的标准来确定自己的行为；12岁的孩子越来越能够感觉到自己为他人保守秘密的责任，他们认为泄露他人的秘密就意味着自己失去一份友谊。[2] 现行《民法典》将限制民事行为能力人的节点定在8周岁，这也是个重要标准。

---

[1] 欧美大多数国家及澳大利亚对成年年龄规定为18周岁；意大利、卢森堡、芬兰及美国部分州的立法，将成年年龄甚至规定为21周岁；亚洲国家规定16周岁以下者甚多，例如巴基斯坦、菲律宾、印度等国。而在国际上，作为儿童权利保护方面参与国家最多、最权威的联合国《儿童权利公约》，也将成年年龄规定为18周岁。
[2] 〔加〕马克斯·范梅南、〔荷〕巴斯·莱维林：《儿童的秘密——秘密、隐私和自我的重新认识》，陈慧黠、曹赛先译，教育科学出版社，2014，第132页。

再次，重视亲密关系中的未成年人隐私权。"权威与服从"关系类型中的两种可以称为亲密领域，即亲子关系和师生关系，在这两种关系中探讨未成年人隐私权是需要审慎的，正常情况下仅有"原则性的规定"即可，尤其是在亲子关系中。法律虽推定父母与师长的"善意"，但现实中毕竟也存在"恶意"的情形。所以，父母或师长可以掌握未成年人的部分个人隐私，但与此同时，掌握的隐私数量与类型要有限度。以近几年频频引起讨论的父母"晒娃"为例，尽管晒娃可能基于爱，但有些娃却并不想被"晒"，泄露的照片也极可能引起犯罪或隐私危机。所以，那些高度私密性、敏感性的或一旦公开将会对未成年人造成重大影响的个人隐私，即使亲密的父母或师长，也应保持刻意的"远离"。

最后，注意未成年人隐私权保护中的程序设置。权利保护需要正当程序的支持，正当程序的作用不仅体现在特殊主体参与到相关立法的制定中，还表现在纠纷通过正当程序获得公正、有效地解决。以师生关系中的未成年学生隐私权为例，学校收集、存储、使用学生的个人信息时，应当遵从以下程序。第一，在获取学生的个人信息前应告知学生及其家长，取得允许后再进行收集、存储及使用。第二，在公开或利用学生个人信息前，应先告知学生及其家长并取得同意，尤其是将个人信息用于教学、管理之外的其他用途时，更要预先告知家长，如果家长不同意，则不能用作他途。第三，在公开或利用学生的个人信息时，应将学生信息作"匿名化"处理，即隐去一切足以辨认未成年学生真实身份的个人信息。第四，若学校与学生及其家长之间因个人信息非法收集、泄露或使用情形产生纠纷，应先采取措施尽力弥补，防止个人信息的进一步扩散并造成对未成年学生的二次伤害。

第三节 未成年人隐私权执法

未成年人隐私权保护的执法主要涉及三个问题：执法主体、执法权限以及行政处罚。

首先，我国有没有正当合法的、统一的未成年人隐私权保护的执法主体？甚至把难度降低一点，有没有统一的未成年人权利保护机构？《未成年人保护法》第 10 条规定："共产主义青年团、妇女联合会、工会、残疾人联合会、关心下一代工作委员会、青年联合会、学生联合会、少年先锋队以及其他人民团体、有关社会组织，应当协助各级人民政府及其有关部门、人民检察院、人民法院做好未成年人保护工作，维护未成年人合法权益。"该条显然将各级人民政府视为未成年人权利保护的主体，但问题在于，各级人民政府有没有特定的部门或机构对未成年人权利保护问题进行专门处理呢？答案是模糊的，因为这有关各省市组织机构设置的问题，各地区的差异很大。比如《北京市未成年人保护条例》第 9 条规定市和区、县设立未成年人保护委员会，由人民政府及社会各界组成，显然，未成年人保护委员会就是北京市未成年人权利保护的专门机构。2020 年发布的《深圳经济特区实施〈中华人民共和国未成年人保护法〉办法》第 4 条规定，共青团深圳市委员会及其各级组织应当维护未成年人的合法权益，配合有关部门做好未成年人的保护工作。可见，深圳并没有未成年人保护委员会这个特殊机构的设置。在我国，共青团的地位很高，也因其团体性质在未成年人保护领域发挥重要的作用，但共青团的尴尬之处在于它并不是国家机关，而是群众组织，虽然法律授权社会组织进行执法并不新鲜，但显然这种授权并不统一的现状令共青团的工作进退两难。一方面，《未成年人保护法》作为未成年人权利保护的基本法并没有将共青团的职责予以列明；另一方面，不同地区的共青团的地位及权限也差异甚大，共青团与未成年人保护委员会间的关系也很微妙。另外，妇女联合会的职能之一也是保护儿童的合法权益，全国妇联内部也设有儿童工作部这一机构，但它的问题在于妇联也属于群众性组织，性质与共青团相同。并且，在儿童权利日益受到重视的今天，对女性事务和儿童事务进行专门处理是大势所趋。总的来说，我国目前的未成年人权利保护主体现状就是相关组织太多，但权限不明，容易造成"都有权管但又都不管"的窘境。所以，解决思路有两个：要么规定在各省、市、区、县设立统一的未成年人保护委员会，要么授权共青团专揽未成年人保护事务。

其次，各未成年人权利保护机构的执法权限有限。《北京市未成年人保护条例》第 11 条规定未成年人保护委员会接受对侵犯未成年人合法权益行为的投诉、举报，并交由有关部门查处；对侵害未成年人合法权益的国家机关及工作人员，有权提出行政处分和追究刑事责任的建议。湖北和西藏的未成年人保护办法亦有类似规定。这种规定对未成年人的权利保护并无太大意义，具体到未成年人隐私权的保护上，更是可操作性堪忧。不能以独立的名义对侵害未成年人隐私权的行为进行处罚，是未成年人权利保护机构的最大难题，甚至，它只是作为一个周转机构，是介于未成年人与公检法机关的"中转站"。在最难提供保护的父母侵害未成年子女隐私权的场所，法律也并没有好的执法办法，如《海南省未成年人保护条例》第 56 条规定，父母所在单位或村（居）委员会的制止、劝诫和公安机关的行政处罚及刑事责任相结合，并没有多少新意，也并没有什么效用。

最后，执法机构作出的行政处罚须有针对性且有效。以美国《家庭教育及隐私权法》为例，教育管理机构对侵害学生合法权益的学校施以"取消资助"的处罚，只有这种"痛到骨头里"的处罚，才能真正唤醒学校及教师对未成年学生隐私权的重视。最近几年频频出现的学生"被办卡"事件，背后就隐藏着学生的个人信息被非法收集、存储、买卖和使用的情形，学校有没有参与到这个利益链条中去"尚未可知"，但确定无疑的是，学校在个人信息的管理上肯定是存在瑕疵的。除罚款外，行政处罚和行政处分无疑是最有效的，它常见于父母侵犯未成年子女隐私权的情形和国家机关及其工作人员侵害未成年人隐私权的情形。就前者而言，公安机关是作出行政处罚的主体，但这种处罚应以训诫为主，否则反而会造成家庭关系的破裂；就后者而言，公检法人员在办理涉未成年人案件的过程中，因过错而导致未成年人的个人信息泄露或存在其他侵权情形的，应当给予相应的行政处分。

第四节　未成年人隐私权司法

在国内，审理未成年人隐私侵权案件的法院并不统一，大部分是在民一庭，只有少数一些试点省份设立专门机构，如《山东省未成年人保护条例》第 60 条规定设立专门的未成年人刑事案件审判庭，具备条件的，可以设立综合性的未成年人案件审判庭,统一审理涉及未成年人的民事、刑事案件。未成年人隐私侵权的司法救济,主要强调三个部分的内容。

一 精神损害赔偿的扩大适用

侵犯隐私权后的精神损害赔偿是没有问题的,但问题在于精神损害赔偿的适用条件往往是侵害行为"造成严重精神损害",未造成严重后果的,一般不予支持。这种"结果导向"的精神损害赔偿受到了很多学者的批评,精神损害本就是难以量化的问题,如何断定主观形式存在的精神损害后果是否严重呢?更何况,未成年人隐私侵权本身就有一些特殊的因素在里面。隐私类型的多元化使得传统隐私权的救济步履维艰,在现代,个人隐私成为能被利用并因此获益的手段。典型如个人信息,商家通过个人信息的收集和使用带来"集群营销",甚至"一对一"的定制服务。这种个人信息侵权的一大特色就是它更多地体现在"量"上,如果仅仅看这种形式的侵权危害,那无论如何也不能算"后果严重",可成千上万条个人信息被非法收集和使用呢?上海曾有学校收集学生信息并贩卖给商家的例子,这种基于"微小而众多"的个人信息侵权如果不能获得救济,那非法收集并贩卖个人信息的行为就只会更加猖獗。

在德国,对于侵害"一般人格权"产生的精神损害,学者比较重视"侵权人获利"因素的考量,迪特尔·施瓦布指出:"对于对一般人格权的严重侵害给予金钱赔偿,按照德国联邦最高法院的观点来说并不是抚慰金的'原本意思',而是一种'法律救济',用以防止对人的尊严和名誉的侵害得不到制裁以及防止对人格的法律保护日渐萎缩。这个解释本是为了在处理人格权侵害案时能够把弥补功能推到中心位置,并且除此之外也能根据抚慰金的预防功能来衡量抚慰金的金额。尤其是损害人想要通过侵犯人格权来营利的企图应当作为给予较高数额(抚慰金)的裁量理由。"[①] 美国也存在同样的发展趋势,《美国侵权法重述(第二版)》对隐私侵权的补偿论述中谈道:"当原告在一件隐私侵权案中胜诉,则他能对以下几项损害获得赔偿:侵权行为对隐私利益造成损害;原告遭受的精神损害如果能够被

---

① 〔德〕迪特尔·施瓦布:《民法导论》,郑冲译,法律出版社,2006,第262页。

证明通常会由该侵权行为引起；侵权行为所造成的特殊赔偿。"① 前一项还好，那"特殊赔偿"何解？事实上，我们注意到美国陪审团经常以"精神与情感损害"为借口去"支持那些数额巨大的裁决，尽管少有客观证据能够对此加以证明"。《美国侵权法重述（第二版）》将这种赔偿视作对原告诉求的肯定："在人格侵权行为的几种类型中，法律的目的均在于为受害者辩白。在名誉侵权案件或隐私侵扰案件中……诉讼的主要目的可能是向公众声明，原告的诉求正确合理，他的确遭到了无理的对待。这不是一个仅用名义赔偿金就能保护的法律权利，通常还需要惩罚性赔偿。"②

无论是德国的"重视侵权人的获利因素"还是美国的"特殊赔偿"，都旨在用经济赔偿的方法表达一种法律对此类侵权行为的"非法"性质的认定，它的本质是一种"惩罚性赔偿"。实际上，对于特殊类型的人身性权利损害设置惩罚性的精神损害赔偿在世界范围内并不鲜见，如《瑞士债法典》第49条就对严重侵害人身或名誉的行为设立了惩罚性赔偿制度。有时这种惩罚性赔偿以集体损害赔偿金或违约赔偿金的形式出现，尤其是在大规模侵犯私人信息的场合，如美国《录像带隐私保护法》允许法庭判决："原告获得……相当于其实际损失，但不少于违约赔偿金，总共2500美元的损害赔偿金。"③《有线通讯隐私法》旨在保护有线电用户的信息，该法允许法院判决被告"就其侵权行为承担每天100美元或1000美元，甚至更高的赔偿金"④。

如果以"后果不严重"为由拒绝精神损害赔偿的适用，那就宛如让受害者无法诉诸司法救济。更何况，隐私权本身为一种"主体性权利"，"从根本上来说，对隐私权的承认意味着即使不涉及财产权和合同关系，即使没有造成身体或物质上的损害，仅只是造成了精神上的痛苦也应当承认是一种伤害。"⑤ 此外，现代隐私权的研究还将其视为一种"社会道德礼仪"，

---

① Restatement（second）of Torts § 652H（1977）.

② Restatement（second）of Torts § 901 comment c（1977）.

③ 18 U. S. C. § 2710（C）（2）（2000）.

④ 47 U. S. C. § 551（2000）.

⑤ Robert C. Post, *Rereading Warren and Brandeis：Privacy, Property, and Appropriation*, in *Privacy*, edited by Eric Barendt, Darmouth Publishing Company, 2001, p. 126.

一种人与人之间的"行为界限",正是这种礼仪和界限的存在构建了社会成员间的互相尊重。

二 引入隐私合理期待规则

隐私合理期待规则起源于美国的 Katz v. United States 案,最初是一个宪法隐私权上的概念,它是判断公民面对政府非法搜查和扣押时是否具有值得法律保护的隐私利益的重要标准。随着隐私合理期待的进一步被阐释,该理论也逐渐突破了宪法隐私权的范畴,在侵权法领域也得到了适用,并影响到英国等国的侵权法体系。

我国当引入隐私合理期待规则,主要基于以下两个原因。第一个也是最重要的原因是,该理论最能对"隐私"以及"隐私权"作出恰当的解释。无论何种隐私,公民皆对其抱有私人事务、私人安宁、私人信息的主观期待,如果没有这种主观上的期待,根本构不成隐私,比如某公民将自己的种族、宗教信仰公之于众,那就失去了隐私期待。现在通论中的"公共场合无隐私"也是基于该原理,认为处于公共场合、众目睽睽之下,任何事项都是无所遁形的,故而无所谓隐私。"隐"指公民不欲外人知晓、干预的私人事项,"私"指社会公众承认公民"隐"的事项为私人事项,由此,隐私合理期待规则完美地阐释了隐私权的意蕴。第二个原因是,该理论最能对隐私侵权责任领域中所贯彻的利益平衡理论作出解释[1],其根源在于隐私权并不是一项绝对的权利。德国将隐私利益的保护归之于"一般人格权","一般人格权"又被视为"框架权",而"框架权"是必须经过利益衡量才能确定侵权责任成立与否的权利。[2]《欧洲人权公约》将权利分为两种:有条件的权利和无条件的权利。其中有条件的权利就是须经过与其他权利的利益衡量才能确立的权利,隐私权就是其中一种。在我国,无论《宪法》第39条、第40条所规定的隐私权还是《民法典》第1032条规定的隐私权都不是绝对的权利。

然而,隐私合理期待规则在司法实践中如何适用呢?换句话说,如何

---

① 张民安主编《隐私合理期待总论》,中山大学出版社,2015,第51~52页。
② 于飞:《论德国侵权法中的"框架权"》,《比较法研究》2012年第2期。

判断公民对其隐私有"期待"且期待是"合理"的呢？这要分两步。第一步，公民对其隐私保有不欲外人侵犯的"期待"必须通过"行为"表现出来，因为"期待"是主观的，这种主观愿望想要被外界所知、被法官承认，必须通过一定行为表现出来。所以，在判断公民对其隐私是否保有主观期待时，往往只需看有没有采取特定行为试图"遮掩"其私人事项，以期不为外界所知或干预。如果有这种行为，则认定公民在主观上是有隐私期待的，反之则无。第二步，如何认定公民的隐私期待是"合理"的？显然，法官也只会以一个正常的理性人视角，依据普遍的社会规范和社会习惯来作出判断。但这种回答显然不能让所有人满意，毕竟，理性人视角是抽象的，社会规范和社会习惯也并不是一成不变的，退一步讲，法官的个人经历与意识也会左右这种"合理与否"的判断，所以，隐私期待"合理性"的判断必须基于更多标准与更多细节的考量。具体来讲，依常识来判断隐私期待合理与否的模式是描述性的，而法官作出裁判的依据必须是规范性的，因此，可以在"描述性"的合理认定中加入"规范性"的内容。此处需要先解释一下何谓描述性方法和规范性方法，按科尔的话说就是，"描述性方法将法律标准建立在实在法或社会习惯的基础之上，而规范性方法则取决于司法衡量过程中法院对某些价值或习惯的优先选择"①。在这种论证方法的转变过程中，法官可以通过下述四种路径来认定公民的隐私期待是否合理：第一，"可能性"路径，即通过社会习惯和惯例来确定某种隐私期待是否合理；第二，"事实"路径，即关注被侵犯的"隐私"本身属性，越是敏感、越是私密性高的隐私，公民对其保有隐私期待的合理性就越高；第三，"实在法"路径，即寻求某种实在法依据，越是处于"效力位阶底层"的实在法，规定得就越详细，比如各省市关于执行《未成年人保护法》的具体细则，列举形式的实在法有可能成为证成未成年人隐私期待合理性的最佳路径；第四，"法律目的"路径，即通过法律解释，获得一个"合理"认定的结果。通过上述四种方式获得的"合理"与否的认定，显然会

---

① 〔美〕奥林·S. 科尔：《〈美国联邦宪法第四修正案〉对隐私合理期待所提供的四种保护模式》，罗小艺译，载张民安主编《隐私合理期待总论》，中山大学出版社，2015，第375页。

极大消除"合理隐私期待"规则"主观性太强"的瑕疵，削弱批评者们批评的力度。

此外，隐私合理期待规则的适用必须置身于个案，在不同的情势与场合，公民对其隐私所持的"期待"程度以及隐私期待的"合理性"是不同的。正如斯图尔特大法官在 Katz 案中表达的著名法律意见："一个人明知会保留与公众的事情，即使在自己家中或办公室内，也不是宪法保护的客体……但是，他希望作为隐私保护的事情，即使是在公众出入的地方，也可以基于宪法获得保护。"[①] 个案中的合理隐私期待必须通过各种事实来展现，而法官的任务正是在具体的事实因素中寻找佐证合理性的渊源。

三 多元化及预防性的责任承担方式

多元化的责任承担方式实际上是与对受害人的全面救济联系在一起的，当前侵权行为法责任方式的发展趋势也正是由单一的损害赔偿责任向多元化发展。在法国，有学者将责任分为两大类，一类是所谓行为责任，另一类是所谓货币责任。前者旨在消除侵权行为所带来的一切影响，包括停止侵害等责任方式，后者是损害赔偿。[②] 在我国，有一些责任方式虽有规定但较少受到重视，如停止侵权、排除妨害、消除影响、赔礼道歉，究其原因，至少有三点。一是传统上的侵权法被视为"补偿性"法，只有先存在"损害"，才称得上有"补偿"。所以在侵权责任构成要件中，"损害后果"成为不可缺的一项，并且在实务过程中，将"损害后果"量化，即能用金钱来衡量。无法衡量的"损害"虽在极少情形下也能获得补偿，如精神损害赔偿，但受限良多，不仅要求"后果严重"，补偿数额亦仅具有象征意义。二是改革开放极大地丰富了人们的物质生活，人们对财富的追求也远超过往，体现在侵权诉讼中就是"我损失多少，你赔多少"就好了，诸如赔礼道歉之类的还不如多赔偿一点更有意义，尤其是侵害人身权致死、致残的情形，受害人及其家属在悲伤之余，真正关心的不是赔礼道歉，而是残疾补偿金或死亡赔偿金。三是法律虽规定了停止侵权、排除妨害、消除影响、赔礼道歉，但如何

[①] Katz v. United States, 389 U. S. 41 (1967).

[②] 转引自王利明《侵权责任法研究》（上），中国人民大学出版社，2011，第574页。

具体的执行并没有明确规定。还以赔礼道歉为例，口头上的对不起与登报道歉都是赔礼道歉，私下里小范围的赔礼道歉与正式公开场合的赔礼道歉也都是赔礼道歉，赔礼道歉本是基于侵害人的真诚悔过而做，它不仅是一种侵权责任承担方式，更是抚慰受害者心灵创伤的手段，试想既不真诚又没有相关人见证的赔礼道歉有何意义？所以，若想金钱赔偿外的责任承担方式多一些，不仅需要侵权责任观念上的转变，也需要具体施行中的操作创新。

对侵犯未成年人隐私权的诸多责任承担方式中，最值得研究的就是预防性责任方式。现代侵权法的预防功能在不断增强，与其等到损害后果出现后再救济，不如在损害发生前采取措施防患于未然。况且，"从经济效率的角度考虑，如果侵权行为造成了实际的损害后果，再通过侵权责任的承担等方式予以救济，就需要另外花费更多的社会资源。而通过预防性的责任形式的运用，就可以起到'防患于未然'的效果，从而在整体上避免社会资源的浪费"[1]。德国学者冯·巴尔教授也指出："对包括预防性法律保护的简单解释是，预防损害比赔偿好得多……因此，认为预防性法律保护是侵权行为法的必要部分的观点是正确的。"[2]

我国目前关于预防性的责任承担方式主要表现为两类：一类是程序法上的，如"诉前禁令"；另一类是实体法上的，如"停止侵害"。虽然诉前禁令实际上也是以停止侵害为内容的，但两者并不相同，并且预防性责任承担方式主要应是实体性规范。《俄罗斯民法典》第1065条、《葡萄牙民法典》第70条、《法国民法典》第9条都有关于停止侵害的规定。在冯·巴尔教授主持的欧洲私法模范法中，"《合同外责任》这一部分的第1：102条规定了损害的预防。根据该条规定，凡是合法权益有遭受损害之虞时，本编授权给可能遭受损害的个人预防损害发生的权利。此种预防的权利针对那些可能对损害发生负有责任的人而行使"[3]。法国司法部起草的《债法和时效制度改革草案》中侵权法第1369-1条规定："如果损害可能扩大、继续或永久化，法官基于受害人请求，可以采取一切避免上述结果出现的措

① 石佳友：《论侵权责任法的预防功能》，《中州学刊》2009年第3期。
② 〔德〕冯·巴尔：《欧洲比较侵权行为法》（上），张新宝译，法律出版社，2004，第1页。
③ 转引自王利明《侵权责任法研究》（上），中国人民大学出版社，2011，第576页。

施，包括停止侵害行为。法官同样得命令受害人采取上述措施，其费用由侵害人负担。法官也可以命令侵害人先行支付此必要费用。"①

我国《民法典》第 1167 条规定"侵权行为危及他人人身、财产安全的"，此处"危及"的潜在之意就是说这些责任承担方式的适用并非以现实的损害为前提。对未成年人隐私权的保护来说，预防性的责任承担方式更加重要。一来无论亲子关系还是师生关系中的未成年人隐私权，如果等到损害发生后再"对簿公堂"谈赔偿，那对以后的家庭生活和校园生活来说并非一件好事，不符合儿童权利保护的"最大利益原则"；二来未成年人的心理承受能力较弱，而未成年人的隐私利益一旦受到侵犯，极有可能引发严重后果。所以除对已造成损害事实的未成年人隐私侵权案件进行赔偿外，还应积极探讨预防性的责任承担方式，这种责任承担方式和法庭外的劝导、和解、调解相结合，才能真正有效地从根源上消解纠纷。

---

① 石佳友：《论侵权责任法的预防职能》，《中州学刊》2009 年第 3 期。

第五章　研究结论：作为法律上"受尊重"的未成年人隐私权

在对"权威与服从"语境中的未成年人隐私权进行分类，并将其置于法律关系中进行探讨之后，接下来就要得出本书研究的结论：作为法律上"受尊重"的未成年人隐私权。为什么是"受尊重"一词而不是其他？且还要加上"法律上"的"受尊重"？如果不是在"权威与服从"的语境中研究未成年人隐私权，笔者不会得出这个结论。恰恰是因为在"权威与服从"语境的分类中，我们发现，这是一个有关"身份"领域的研究课题。无论是亲子关系、师生关系、警民关系，都代表一种"权威与服从"的身份关系，一种有关"强者与弱者"意义上的身份关系，并且，也许是更重要的，法律内在地承认这种"强弱"之分，承认这种"服从与被服从"。在这种关系中研究未成年人的隐私权，过于"强势"或者"颠覆性"地论证都是不可取的。一切关于未成年人权益保护的研究目的都是儿童利益最大化，过分地强调儿童权利的独立性和纯粹性不仅无助于儿童的最大利益，反而有损于各种利益的实现。所以，在研究的结论部分，笔者提出法律上受尊重的未成年人隐私权的判断。

首先，何谓受尊重？尊重这个概念可用于多学科、多领域，在法律文件中也常看到，但尊重这个概念在身份法上具有核心价值。可以说，尊重既有伦理价值，又有法律意义。我们发现，在亲密领域，在子女、学生成长的早期阶段，他们往往受长辈们的"价值偏好"的影响。人们在教育孩子的时候，总是以自己的"前见"为指引，认为自己的经验教训足以让孩子的成长之路更顺利一些。但殊不知，长辈们所认为的美好的生活并不一定是晚辈们所向往的生活，如果长辈们在晚辈们已经有一定选择自主性的前提下还用优势地位推行其价值偏好，那就侵犯了晚辈们道德独立的权利。

其次，何谓法律上的受尊重？将一个原本不是"法律术语"的概念置于法律之中，传达的是一种秩序观念，一种法律秩序，这种秩序暗含的意思与通过禁止某种行为所表达的法律秩序不同。"法律上受尊重"的指向是尽量向社会公众传递一种价值观以及在这个社群生活的个体的价值观。从而希望每个个体不但能认同这种价值观，而且通过一种积极的方式为社群及其成员做贡献。我们可以研读《欧洲人权公约》第8条，"人人有权享有使自己的私人和家庭生活、家庭和通信得到尊重的权利"，如果没有"尊重"一词，也就无法表达这层含义。如果该条仅简单规定"人人有权享有私人和家庭生活"，公共机构不得"妨碍行使"这项权利，除非存在特殊情况，这样的规定实际上为缔约国增加了一个可废除的义务。因此，增加"尊重"二字就使该规定具有了某种宣言的性质。它向大众宣告：家庭生活具有永恒的品质，其被视为具有一定的内在价值。即使公权力有正当权利干预家庭生活，这一价值也不会消失。[①]

再次，为什么法律要宣示尊重特殊关系中未成年人的隐私权？这是因为，"今天的儿童就是明日世界的公民，因而他们的生存、保护与发展是人类未来发展的先决条件。赋予年轻一代以知识和资源来满足他们的基本需要并使他们逐渐发挥其充分潜力，这应是国家发展的首要目标。他们的个人发展和社会贡献将塑造世界的未来"[②]。隐私权不仅为成年人享有，对未成年人来说同样重要，未成年人的成长之路不能是被预先铺设好的，而是他们自己走出来的。"正如我们认为我们的长辈取得的东西很有价值并为了我们的利益将之代代相传，以此来表示我们对长辈的尊重，同样，我们也应认可未来一代对他们所生活的社会的性质、信仰及理想所做贡献的价值，以此表示我们对未来一代的尊重。不论是从父母一代通过亲密关系传递下来抑或是通过公共途径传递下来，所有的社会都反映他们的过去。但是我们必须重视特权领域及人与人之间的亲密关系，因为正是在这种领

---

① 〔英〕约翰·伊克拉：《家庭法和私生活》，石雷译，法律出版社，2015，第87~88页。

② 引自《执行九十年代〈儿童生存、保护和发展世界宣言〉行动计划》。

域及关系中，下一代才能得以汲取新思想，从而借此面对他们将要面对的新未来。"① "权威与服从"语境中未成年人隐私权研究的价值就在这里，给他们一定"独处"的空间、给他们一点"自决"的事务、给他们一些"私人"的信息，法律宣扬要对上述空间、事务和信息予以尊重。当然，法律上的尊重含义并不仅限于宣示，虽然在一些特殊关系如亲子关系中，法律对未成年子女隐私权的保护有些难以操作，但在另两种特殊关系中，法律已经开始展示它在保护未成年人隐私权的强制力量，并已有大量案例出现。

最后，也是"承上启下"的一个问题，即，法律上"受尊重"的未成年人隐私权的具体表现有哪些？换句话说，"权威与服从"语境中的未成年人隐私权受到法律上的尊重，体现在哪些方面？以下将从四个方面进行阐述。

第一节 作为"框架性权利"的未成年人隐私权

框架性权利这一概念最早由菲肯切尔（Fickencher）教授提出，"有一些法律地位，它们被归属于确定主体的权利范围，但却并不像前述绝对权具有确定易辨的清晰性，而是显示出某种模糊性。虽然客观法赋予了它们明确的地位，但它们并不能原则上排除他人的一切侵害。人们可以将这些法律地位称为框架权，从而与那些绝对受保护的法益相区分。因此侵害框架权的侵权行为有如下共同特征，即对框架权侵害之本身，并不能'征引'出行为的违法性，违法性须通过利益衡量才能获得。存在违法妨害时，亦得提起不作为之诉。若该侵害是可允许的，则依事实要件不构成侵权行为。"② 框架性权利有三个重要特点：一是框架权的边界不清、内涵不确定，而且具有某种模糊性；二是框架权受到侵害时必须经过利益衡量才能确定侵权行为是否成立，原因在于框架权总是时时刻刻与其他正当利益相冲突；三是框架权是一种具有对传统权利的补充功能，是一种兜底保护的手段。③

---

① 〔英〕约翰·伊克拉：《家庭法和私生活》，石雷译，法律出版社，2015，第110～111页。
② 转引自于飞《论德国侵权法中的"框架权"》，《比较法研究》2012年第2期。
③ 于飞：《论德国侵权法中的"框架权"》，《比较法研究》2012年第2期。

　　之所以说未成年人隐私权是一种框架性权利，是因为它与框架权的特征相吻合。首先，未成年人隐私权的边界并不明朗。这种不明朗有两个原因：一是隐私权本身的边界就不清晰，那些批评隐私权制度的学者如劳伦斯·柴博（Laurence Tribe）就曾感慨道："看似囊括了一切的概念，实际上空空如也，一无所有。"① 朱迪斯·贾维斯·汤姆逊（Judith Jarvis Thomson）也认为，隐私权是多种权利的集合，这些权利缺乏共同之处且彼此之间的范围边界存在争议，"被冠以'隐私权'之名的各个权利完全可以单独获得合理解释，因为即使不存在一个叫作'隐私权'的概念，我们也能够拥有这些权利"②。虽然两位学者的批评有些极端，但对于隐私权的研究，迄今没有达成对本质的共识也是事实。内涵不确定，外延自然也不清晰。二是虽然未成年人享有隐私权的判断没有问题，但未成年人究竟对哪些隐私享有隐私权并不确定。未成年人的隐私权是一个需要原则上享有和个案中的具体分析相结合的问题，本书之前的分类也只是一种基于"社会典型公开性"③ 的分析，是一种"理想类型"的进路。其次，对侵犯未成年人隐私权行为成立与否的判断必须经过利益衡量。哈兰大法官指出："一般而言，判断隐私侵权是否成立需要考虑两个方面的问题：一是他人是否享有'合理的隐私期待'，二是行为人或者政府机构侵犯隐私的行为是否具有正当依据。"④ 哈兰法官所强调的第二点就是此意，不管是父母的亲权（监护权）、教师的管理教育权还是司法工作人员的侦查权、审判权，都使得侵犯未成年人隐私的行为合法化，除非这些权利的行使超出了限度。再次，未成年人隐私权是一种"兜底性"权利，这源于隐私权的特性。在美国的早期历史上，隐私就是侵权行为的一个兜底类型（Residual Category）。涵盖的案型

---

①　Laurence H. Tribe, *American Constitutional Law*, 1352 (2d ed. 1988), p. 1304.

②　Scanlon, "Thomson on Privacy", *4 Phil. &Pub*, Aff. 315 (1975), pp. 315–315.

③　德国民法学对侵权法上的权益区分有三个教义学标准，除"归属效能""排除效能"外，还有"社会典型公开性"。社会典型公开性的核心在于使社会一般主体有识别利益客体的可能性，从而兼顾潜在加害人的行为自由。"社会典型公开性使得从相关客体的可感知性推导有关权利——或曰有关法益——的保护成为可能，并由此发展出对潜在侵权人的警告功能，皆以关照对潜在侵权人行为自由之尊重。"参见于飞《侵权法中权利与利益的区分方法》，《法学研究》2011 年第 4 期。

④　California v. Ciraolo, 476 U. S. 207, 211 (1986). (Harlan, j., concurring)

为：损害属于精神损害，披露的信息属实而非虚假，以及私人信息的披露对请求权人虽有冒犯性，但对其他人尚无足够的冒犯性以致可引发故意致人精神痛苦的请求权。如此，隐私是一种"杂项"侵权行为，从其兜底能力中确立身份。[①] 隐私权之所以能成为一项"兜底性"权利，根源在于它是一种抽象权利。抽象权利与普通权利之间的区别在于，抽象权利的包容性更强，能将多种具体的权利纳入自己的势力范围。"一项抽象的权利能够使他人在任何案件中提起这样的诉求——诉称自己拥有某项具体的权利，比如，诉称自己的确享有一些特殊的隐私利益。抽象权利与具体权利之间的区别并不在于权利的种类，而在于受到法律保护的程度，理解它们的区别对于我们理解权利的行使现状与宪法性隐私权的意义具有非常重要的影响。抽象的权利，如同发表政治言论的权利一般，它们之间不存在相互的竞争与对抗。但具体的权利则与此相反。"[②] 所以，我们看到，在美国，隐私权似乎是一个无所不包的权利体系，名誉、荣誉、肖像等等都在里面。即使把名誉、肖像等内容拿掉，隐私权的体系依然庞大。

事实上，除特征相吻合外，将隐私权称为框架性权利的最大原因在于隐私权的核心界定，当然隐私权包含的权利类型太多，很难用一个"本质"去描述它、定义它，但我们在研读国际人权公约文件时，常会将下面这个词视为隐私权的本质，即"私人生活"。无论是《世界人权宣言》还是《公民权利和政治权利国际公约》都有这种表述，私人生活就是一种典型的"框架性"概念，是无法用具体列举形式来言明的。德国在用一般人格权保护公民隐私利益的时候，隐私权的内涵还比较窄，可经过一百多年的发展，隐私权的体系已蔚然大观，尤其是关于"自治性隐私权"的研究，无论美国还是欧洲，已经成为新型的框架性权利。

那么，未成年人隐私权作为一种"框架性权利"的定性，对法律的发展以及未成年人隐私权益的保护来说，是有利还是有害呢？这要从两方面来回答。一方面，有利的方面是作为"框架性权利"的未成年人隐私权能

---

① 〔美〕爱德华·怀特：《美国侵权行为法：一部知识史》，王晓明、李宇译，北京大学出版社，2014，第190页。

② Dworkin, "Hard Cases", *88 harv. L. Rev.*, 1057, 1075 (1975).

够容纳诸多类型的隐私侵权行为，对未成年人的隐私利益提供更加全面的法律保护。另一方面，框架权毕竟是一种权利界限不清的权利，并且它可能时刻和其他受到宪法保护的价值在同一层面上发生冲突，"因此无法像具体人格权那样因'权利'被侵害即推定违法，而是对于是否违法还要先与相冲突的其他法益作一番权衡后才能认定。"① 所以，框架权的适用存在太多的主观性和不确定性。目前德国的相关研究也大多倾向于将框架权放弃或进行改造。

隐私权正面临和框架权同样的两难境地，一方面，它无所不包，在大数据时代，公民隐私面临严峻的挑战，将个人信息的非法收集和使用以及数据监控纳入隐私权的保护范围实际上已经突破了传统隐私权的界限，如果没有这种开放性，未来还可能出现更多的隐私类型无法适用隐私权来保护。但另一方面，隐私权的泛化也必将带来一系列难题，国家安全问题、福利实施问题、社会管理问题、数字经济发展问题、科技创新问题等，都在事实上与隐私权产生碰撞、擦出火花。在《隐私权的限制》一书中，埃齐奥尼（Etzioni）试图对"隐私权等式的另一边"进行描述。他研究了一系列判例，考察了未成年人的艾滋病检验、存有性犯罪者名单的数据库、加密型产品受到的限制、身份证的使用以及个人医疗信息的处理等。埃齐奥尼的结论几乎无一例外地指出："由于过分强调个人隐私权，社会共同利益受到了严重的不利影响。""在一定时期内，非正式社会控制赋予个人的隐私权越多，国家在接下来的时期内为了维持同等的社会秩序所需要施加的控制也就越多。"② 这实际上就是陷入了一个怪圈：越是强调保护公民隐私权，国家对公民隐私权的限制就越多。

作为因隐私权主体扩展而发展出来的未成年人隐私权，其框架性权利特征体现地分外明显。在"权威与服从"语境中谈未成年人隐私权实际上就是一个"利益衡量"的过程，既有法定权利之间的利益衡量，如亲权（监护权）、教育权、侦查权与隐私权之间的衡量，也有道德权利与法律权

① 苏永钦：《民事立法者的角色——从公私法的接轨工程谈起》，载苏永钦《民事立法与公私法的接轨》，北京大学出版社，2005，第40页。
② 〔美〕保罗·M.施瓦茨：《网络隐私权和国家》，廖嘉娴译，载张民安主编《公开他人私人事务的隐私侵权》，中山大学出版社，2012，第492页。

利之间的衡量，如抚养照顾、教育管理、社会公共利益与隐私利益的衡量。并且，在"权威与服从"的三种分类中，亲密关系越明显的，道德权利与法律权利之间的张力越小，甚至有时候很难作出区分，如亲子关系；亲密关系稍疏远的，道德权利与法律权利以及法定权利之间的张力开始显现，如师生关系；存在紧张关系（警民关系）的，权利之间的对抗与衡量最明显，如刑事诉讼关系。但不管如何，未成年人隐私权观念的提出以及权利内容的探讨本身就是一个进步，对未成年人的权利体系来说是一个拓展，同时也是对隐私权体系作一个阶段性的总结。

此外，本书对隐私权以及未成年人隐私权进行了细致的分类，虽然这种分类存在不周延或不恰当的地方，但这种努力正是试图将未成年人隐私权由框架转为类型，由抽象转为具体。有学者将这种类型化基础上的统一研究称为"权利束"。权利束的定义方式，是权利丰富化的体现。在丰富化的另一面，是权利的具体化，使民事权利体现具体性特征，这"对于建立严密的权利体系十分重要"[①]。"因为法律不可以设定一个无所不包的权利，法律权利只能是分领域的、分部门的。而对权利人的保护则多是通过对其受到侵害的具体权利提供救济手段来实现的。权利的具体化保护是使法拥有自身逻辑的根本，它使法成为一个分工明确的、精细的制度化体系，以排除概括性保护带来的恣意擅断和过于宽泛的自由裁量权。"[②] 在此，我们可以重温普罗瑟教授关于隐私权由一个抽象概念具体化为四种类型的重要意义，它对隐私权研究的贡献并不亚于沃伦和布兰代斯对隐私权的提出。笔者也相信，随着隐私权研究的进一步深入，隐私权的内核和界限总会逐步清晰，实现由"框架性权利"到具体权利的转变。

第二节　作为"法律原则"的未成年人隐私权

如果说框架性权利是对未成年人隐私权特征的描述，那么，受尊重的未成年人隐私权作为一项"法律原则"，则是对实体性权利和程序性权利提

---

① 赵廉慧：《财产权的概念——从契约的视角分析》，知识产权出版社，2005，第 223 页。
② 赵廉慧：《财产权的概念——从契约的视角分析》，知识产权出版社，2005，第 223 页。

出的双重要求。实体上，未成年人隐私权保护的法律原则是"儿童最大利益"原则，也可称为"最大利益原则"，它横贯未成年人隐私权保护的立法、执法和司法；程序上，未成年人隐私权保护的法律原则有三种：无令推定原则、时效原则以及二次伤害避免原则。

一 实体上的"儿童最大利益"原则

"儿童最大利益"原则最早出现在1959年联合国《儿童权利宣言》中，后在1989年的《儿童权利公约》[①]中得到确认。该原则从"宣言"到"公约"、从"指引性条款"到"规范性条款"，不管是对儿童权利的国内保护还是国际保护，都具有重要意义。首先，它提升了儿童最大利益原则的效力和地位，使之成为国际法上的重要法律依据；其次，它确立了儿童权利与其他权利冲突的情形下，法官据以个案衡量的重要标准；最后，该原则也逐渐被大部分国家所接受并成为未成年人权利保护的重要内容，如《德国民法典》第1697a规定："除另有规定外，在关于本节中规定的事物的程序中，法院作出在考虑到真实情况和可能性以及利害关系人的正当利益的情况下，最符合子女最佳利益的裁判。"[②] 澳大利亚《1975年家庭法》第60B条规定："本章之规定是为了确保子女与父母双方和谐相处，最大限度的符合子女的最大利益。"[③] 1996年《英国家庭法》中第11条规定："法院应将子女的利益放在首位加以考虑；法院应根据所悉证据特别注意子女因其年龄和理解能力而可能具有的意愿和感受以及其表达意愿的情形；若无相反证据，子女获得最佳利益的方式为经常接触对其负有责任的人或家庭成员以及其父母尽可能保持一种持续的良好关系。"[④] 我国《未成年人保护法》规定了"未成年人特殊、优先保护"原则，该原则的提出在一定程度上体现了保护"未成年人最大利益"的理念。

儿童最大利益原则不仅是一种法律层面价值的宣扬，也是国家作为儿

---

① 《儿童权利公约》第3条第1款：关于儿童的一切行动，不论是由公私社会福利机构、法院、行政当局或立法机构执行，均应以儿童的最大利益为一种首要考虑。
② 《德国民法典》，陈卫佐译，法律出版社，2004，第454页。
③ 《澳大利亚家庭法》，陈苇等译，群众出版社，2009，第114页。
④ 王丽萍：《亲子法研究》，法律出版社，2004，第174页。

童权利保障的最后一道防线，必须对侵犯儿童权益的行为进行审查，哪怕这种行为是基于亲权或教育权而行使的。施瓦布在其家庭法著作中提出："子女最佳利益的积极意义在于，父母在照顾子女时有义务最大限度地保障子女的道德完整和发展。这并不是说，只要国家机关觉得父母没有最大限度地追求或达到子女最佳利益，就应该或可以立即进行干涉；而是说父母在行使抚养和教育子女的自然权利时，应当在一定限度内实现子女的最佳利益，并根据自己的判断选择适当的手段。不能通过所谓的'国家教育'，将父母变成用以实现政治目标的手段。只有当父母在目的或手段上严重背离子女的最佳利益，且这种行为已经脱离了社会基本共识的，国家才能行使监督职能。"[1] 就此而言，国家就是未成年人的最终监护人，即国家亲权理论。

那么，儿童的最佳利益是指哪些呢？怎样取舍才算将儿童利益最大化？一般说来，儿童最佳利益指向完整性利益和发展利益。"完整性利益包括维护身体健康，提供食品、衣物、住房以及最低限度的人身投入。发展利益指的是：通过教育和适当社会接触获得的发展、社会和职业培训、对精神和文化兴趣的培养以及随着年龄增长而逐步提高的自决能力。"[2] 如果说上述完整性利益和发展利益的表述还比较模糊，那《美国儿童法》第1条第3款则详细地规定了法院在作出、更改或者撤销某些法令时必须考虑的法定因素，包括："（a）有关儿童的可确定的意愿和感受（要根据儿童的年龄和理解力考虑）；（b）儿童的物质、情感和受教育的需要；（c）生活环境的变化可能给儿童造成的影响；（d）儿童的年龄、性别、家庭背景以及其他一些法庭认为相关的特性；（e）儿童已遭受的或者正在遭受的伤害；（f）法庭考虑有关问题时，儿童的父母或其他法庭认为相关人能够满足儿童需要的能力；（g）有争议案件中儿童法赋予法庭的权力范围。这份清单不具有排他性。"[3] 儿童最大利益原则的本质也是一种利益衡量，这种衡量需要在具体的个案中实现。这既是该原则的"弹性"和魅力之处，也对立法者、执

---

[1] 〔德〕迪特尔·施瓦布：《德国家庭法》，王葆莳译，法律出版社，2010，第321页。

[2] 〔德〕迪特尔·施瓦布：《德国家庭法》，王葆莳译，法律出版社，2010，第361页。

[3] 〔美〕凯特·斯丹德利：《家庭法》，屈广清译，中国政法大学出版社，2004，第269~270页。

法者和司法者提出了更高的要求，毕竟，只要是衡量，就存在价值判断，必须站在儿童的立场、以儿童的视角和需求对各种利益进行裁判，而不能以自己的价值观念来代替。

在未成年人成长过程中，隐私利益居于何种地位呢？以上述两种利益的种类为参考，显然，隐私利益属于发展利益以及有关儿童的可确定的意愿和感受，尤其是前者所提到的逐步提高的自决能力，更与隐私权相关。未成年人是否具有自治性隐私权（或称为隐私自决权）已经不是一个太大的问题了，问题在于，在多大的限度内承认并尊重未成年人的自治性隐私权。围绕 Gillick 案，英国上议院的绝大多数议员都赞成卫生行政部门提交的不需要获得家长同意就可以给 16 周岁以下的少女开避孕处方药的规定，并且该原则继续发展为"如果儿童具备足够的理解力和智力，能够对需要作出决定的问题作出自己的决定，那么其父母权利应让步于儿童权利，以使儿童作出自己的决定"①。《德国民法典》第 1626 条第 2 款第 1 句即为，父母应考虑子女不断增长的能力和子女对于独立地、有责任感地实施行为的不断增长之需要。《挪威儿童法》中，对儿童自决权有明确的法律规定："儿童的自决权——父母应随着儿童成长逐步扩大儿童决定自己事务的权利，直到她或他成年。"显然立法者已经认识到：教育的目的在于"获得内在的和外部的独立、发展社会交往能力（例如融入社会生活、尊重他人的合法权益等）、发展精神和心灵上的潜质"②，而这种独立性的获得并不是在某一时刻（如子女年龄达到 18 周岁时）一蹴而就的，而是一个分层次、不断发展的过程的结果。就此而言，未成年人的隐私自决权必须得到尊重。体现在亲子关系中，子女的最大利益优先于父母对于抚养子女的决定权和父母对个人信息享有的隐私权。此外，法律制度逐渐将某些传统上只能由父母来决定的问题交由未成年子女自己决定。③ 一些以实践为基础的研究显示，未成年人在达到传统观念中认定的成年年龄之前已经有能力作出一些很重要的决定，许多学者的评论以及相关法律对未成年人是否能够自己做

---

① 孙云晓、张美英：《当代未成年人法律译丛》（英国卷），中国检察出版社，2005，第 6 页。
② 〔德〕迪特尔·施瓦布：《德国家庭法》，王葆莳译，法律出版社，2010，第 362 页。
③ Kellie Smidt, "Who Are You To Say What My Best Interest Is? Minors' Due Process Rights When Admitted By Parents For Inpatient Mental Health Treatment", *71 Wash. L. Rev.*, 1187 (1996).

决定这一问题的探讨都集中以这些研究为基础来展开。

二 程序上的无令推定、时效以及二次伤害避免原则

无令推定原则（the No-order Presumption）是个"舶来"概念，是美国儿童法的基本原则之一，大意是指儿童的主要责任交由其父母承担，法庭制作法令应是最后的救济手段。《美国儿童法》第 1 条第 5 款规定："法院根据本法考虑是否制作关于儿童的一个或多个指令的，除非其认为制作指令比不制作会更有利于儿童外，不应制作任何指令。"无令推定有两个目的：一是防止法庭作出不必要的指令；二是确保指令是在能积极地增进儿童幸福而非仅在勉强弄清原因时制作。无令推定是基于法院指令经常使问题恶化而非得以解决的认识。① 无令推定的本质是一种"良善推定"，尤其是在亲子关系领域，法律预设父母对子女的安排是基于善意，并且子女和父母一起生活对子女来说是有益的。除非其他手段用尽且没有效果，法院不得予以干预。澳大利亚家庭法院的争端解决程序立足于两个基本原则："第一，配偶和家庭成员在自力解决自己的问题时应得到每一种可能的帮助；第二，正式的法庭诉讼程序应作为最后使用的救济手段来解决家庭争端。"② 这两个原则表达的正是相同意思，因为对于未成年子女来说，渴求隐私利益只是其全部利益中的一种，未成年子女的诉求表面上看是一种对隐私领域的主张，实质上是追求一种人格和自主利益的尊重，追求子女理想中的家庭和谐。而一旦法律失去对家庭亲密关系的克制，"当未成年子女的隐私权受到侵害时，未成年子女可以向法院申请禁制令（如禁止安装追踪设备）或向法院提起民事诉讼，要求侵权人承担民事侵权的损害赔偿责任，这样的规定同样不妥当。因为允许受害人起诉他们的家庭成员将破坏家庭成员间的和谐关系，使得原告成为一个家庭的公敌"③。这样的结果对

① 〔美〕凯特·斯丹德利：《家庭法》，屈广清译，中国政法大学出版社，2004，第 270～271 页。
② 白红平、杨志勇：《澳大利亚家庭法院的特点及对我国的启示》，《山西大学学报》（哲学社会科学版）2008 年第 2 期。
③ 〔美〕本杰明·土穆里、阿耶莱特·布莱切尔·普里伽特：《未成年子女的隐私权研究》，黄淑芳译，载张民安主编《侵扰他人安宁的隐私侵权》，中山大学出版社，2012，第 220 页。

未成年人来说同样难以接受，所以，无令推定是对法律进入家庭亲密领域要保持慎重的原则性要求，即使法院最终决定采取干预措施，必须对排除子女之利益损害而言是适当的和必要的。具体说来就是："在手段上必须遵循比例原则，即干预的严重程度和所追求的结果之间必须为适当的关系。对于特殊重大的措施，法律特别强调了必要性原则：只有当通过其他方式，包括官方援助都不能排除危险时，才能采取措施令子女脱离父母家庭；只有当采用其他措施无效或采用这些措施不足以避开危险时，才能剥夺全部的人的照顾。"①

时效原则又称不拖延原则，主要是指未成年人隐私权纠纷的解决要迅速而不能久拖不决。《美国儿童法》就认为拖延对儿童是有害的，其第1条第2款写道："在所有出现的关于儿童抚养问题的诉讼中，法庭应当考虑到解决这些问题中的任何拖延可能损害儿童幸福的基本原则。"②

"二次伤害避免原则"来源于隐私侵权案件的社会效应。波斯纳法官特别提出说，"隐私案件很少见，因为像这样的诉讼，将导致更进一步的宣扬隐私的违犯。"③虽然法院以及其他隐私纠纷解决机构（如我国妇联、共青团等）已经尽量遵守不公开审理、保密等原则，但"八卦之心，人皆有之"，要对相关知情人的"保密"义务加以严格规定。如1985年《北京规则》第8条规定：原则上不应公布可能会导致使人认出某一少年犯的资料；第21条规定：对少年罪犯的档案应严格保密，不得让第三方利用，仅限于与处理手头上的案件直接有关的人员或其他经正式授权的人员才可以接触这些档案。如我国《未成年人保护法》第110条规定，公安机关、人民检察院、人民法院讯问未成年犯罪嫌疑人、被告人，询问未成年被害人、证人，应采取适当方式，保障未成年人的名誉权、隐私权和其他合法权益。在地方性法规中，如2009年通过的《湖北省实施〈中华人民共和国未成年人保护法〉办法》第41条最早确立了"办理未成年人遭受性侵的案件时应采取措施保护未成年人的隐私权和名誉权"的规定，第42条确立了"对涉

---

① 〔德〕迪特尔·施瓦布：《德国家庭法》，王葆莳译，法律出版社，2010，第364~365页。

② 转引自〔美〕凯特·斯丹德利《家庭法》，屈广清译，中国政法大学出版社，2004，第271页。

③ Richard A. Posner, *Overcoming Law*, 1995, p.545.

嫌犯罪的未成年人进行调查的社会调查员不得披露被调查未成年人的有关信息和资料"的规定。由此可见，二次伤害避免原则的规定主要集中在诉讼程序中。

第三节　作为"程度"的未成年人隐私权

隐私"不是一种成套销售的商品，要么全有，要么全无"[1]，在对隐私侵权成立与否的判断上，必须考虑行为的性质与损害后果的严重性。对未成年人隐私权来说，情形更是如此，因为在"权威与服从"的语境中，稍微严厉一些的抚养、教育、管理、侦查行为与侵犯隐私的行为之间或许只有一线之隔。只有"程度"超出了法律允许的界限并造成无可挽回的后果，法律才能对未成年人隐私利益进行保护。

作为"程度"的未成年人隐私权可以从以下几个方面来进行阐述。首先，打破"非黑即白"式的一般隐私权保护理论，转向个案中的具体问题具体分析，而在此过程中，隐私利益的重要性、侵犯未成年人隐私利益的行为性质（即属于非法行为还是任意行为，这两种是有区分的）、侵犯行为给未成年人造成的损害后果（包括精神创伤以及社会不良影响）等都是关于"程度"的判断。在隐私权的研究中长期存在的关于"公共场合是否有隐私权存在"的回答就是一个典型的"非黑即白"问题，认为当公民踏入公共场合时，意味着自动放弃隐私权，这显然与法理和事实不符。想要真正自由地与他人交往结社，人们就必须前往朋友的家中、前往会议室或为了业务开展、娱乐消遣而在各种不同的地点聚集，这些地点既包括极其"密闭"的私人住宅，也包括更加"具有开放性的"、可进入的其他场地。虽然这些公共行为可能削弱他人主张其处于完全保密状态的可信度，但是为了保障上述必不可少的公共权利的行使，法院不应以此为由抹杀他人提出的保密主张的可行性。[2]　其次，几乎所有的隐私侵权类型都存在一个侵权

---

[1]　Smith v. Maryland, 442 U. S. 735, 749 (1979). (Marshall, j., dissenting)

[2]　〔美〕詹姆斯·J. 汤姆克维兹：《为了更好地保密而超越纯粹的保密利益》，孙言译，载张民安主编《隐私合理期待总论》，中山大学出版社，2015，第211页。

程度的问题，如在非法收集、存储、使用或非法公开未成年人个人隐私信息的类型中，我们就常发现，"尽管在某些时候，不正当地披露一个私人事实就足以造成极大的损害。但在目前，信息隐私权受到的损害更可能是由'量'造成的——从最私密的信息到平淡无奇的事实，大量的个人信息在数字时代的日常生活中被收集和传播，如此日积月累给他人造成的损害不容小觑"①。有学者总结，对个人信息保护级别的划分主要考虑四个要素："是否能依据信息直接识别出特定个人；信息与个人生活的紧密程度；是否能通过某些信息获得其他关联信息；泄露了某些信息对个人产生多大的风险。"② 再如对未成年人自治性隐私权的判断，这种程度上的要求就更明显了。未成年人的自治事项必须与其"不断变化发展的能力"相适应，超过其能力范围的事项并不在未成年人的自治领域之内，正如之前的举例中，无论是事关医疗还是避孕的决定，都只能由年龄较大的未成年人作出。事实上，对于8~16周岁的未成年人来说，其自治事项往往都是生活中的普通事务，但却被赋予了反抗成年人霸权的意义。如学校对统一着装、发型等的规定，而对自主性隐私来说，它"保护人的存在的特殊的、个体性的特质，一个人的外在表现形式，他或她的自我认同性。除了姓名以外，自我认同性还包括一个人的外表、衣着、头发和胡须的样式、性别、感觉和思想、一个人的特定经历，以及对某种信仰或其他信念的信仰寄托，即被动的宗教或信仰自由。因此，强制的衣着或发型的规则构成对个人隐私的干预的程度，丝毫不亚于强迫改变姓名或宗教信仰，或对思想和感觉的强制性影响"③。最后，未成年人对隐私利益的期待也是个"程度"问题。举例而言，对自己住宅内部事务的隐私期待明显要高于住宅外部的，在住宅内部，可以高谈阔论，可以肆意嬉戏，也可以沉默寡言，一切都依自己的心情，这种自由正是隐私权所保障的核心价值之一。而到了公共场合，这种

---

① 〔美〕威尔·托马斯·德弗里斯：《论数字时代的隐私权保护》，廖嘉娴译，载张民安主编《公开他人私人事务的隐私侵权》，中山大学出版社，2012，第51页。
② 刘雅辉、张铁赢、靳小龙、程学旗：《大数据时代的个人隐私保护》，《计算机研究与发展》2015年第1期。
③ 〔奥〕曼弗雷德·诺瓦克：《民权公约评注》（上册），毕小青、孙世彦等译，夏勇校，三联书店，2003，第293~294页。

隐私期待的程度减弱，因为谁都清楚，置身于公共场所，就如同将自己置于公众的目光审视之下。当然，公共场所是否享有隐私权还是个有争议的话题，但就公民对其隐私所抱持的期待而言，显然位置不同，程度也不同。这还只是空间隐私的例子，德国联邦法院在判断一般人格权受侵害的程度时所提出的"领域理论"将个人私生活划分为隐秘领域、私密领域和个人领域，而这三种领域的划分依据正是其接近"私生活核心部分"远近的程度。越是靠近"私生活核心部分"，对其所抱的隐私期待越大，反之则小。在美国的 Vernonia School District 47J v. Acton 案①中，法院允许学校对那些参加学校运动比赛的中学生进行药品分析。法院宣称，学校对学生有保护和监管的权利，且相较于其他地方，公立学校中学生所享有的隐私权会有所不同，因为孩子们经常在学校接受各种体检和注射疫苗。因此，法院总结道，自愿参加学校体育竞赛的学生理应预期到他们享有的正常权利和优惠，包括隐私会受到侵犯。显然，法院已经注意到隐私期待的程度问题了，但就该案而言，法院认定的参加体育竞赛的学生的隐私期待应合理降低的结论受到严厉批评。例如"要求学生运动员和那些从事某些特定职业的雇员必须提供血液和尿液样本，这种侵犯人身的行为违背了长期以来个人保护其身体和排尿行为不受政府侵扰的传统。如果仅以参加体育竞赛或从事特定职业为由，法院就能轻易地缩减公民对其人身的隐私期待，那么似乎公民所有的隐私利益都可以轻易地被缩减到最低程度"②。但无论如何，隐私期待的程度会有不同是正确的，只是在作出判断的时候，不可任性。

第四节　作为需要"利益衡量"的未成年人隐私权

未成年人隐私权的保护离不开利益衡量，原因主要有两个。第一，隐私权的权利属性。传统上将隐私权视为人格权，而人格权是一种绝对权，因此隐私权也属于绝对权。但这种权属性质的推定和划分并不太适合隐私

---

① 515 U. S. 646 (1995).

② 〔美〕托马斯·K. 克兰西:《〈美国联邦宪法第四修正案〉所保护的对象：财产、隐私和安全》，李倩译，载张民安主编《隐私合理期待总论》，中山大学出版社，2015，第 428~429 页。

权，也并不意味着公民的隐私权就绝对性地受法律保护，绝对权与相对权的划分在人身权身上并不太适用。相较而言，《欧洲人权公约》中关于权利的类别划分更具意义，它将权利划分为无条件的权利（其中有一些是不可克减的）和有条件的权利。无条件的权利包括：第2条中的生命权；第3条中的对酷刑、不人道的或有损人格的待遇的禁止；第4条中对奴役和强迫劳动的禁止；第5条中的自由和安全的权利；第6条中受到公正审判的权利；第7条中的对非法惩罚的禁止；第12条中的结婚的权利；第13条中的获得有效救济的权利；第14条中的对歧视的禁止；第一议定书中的教育权和自由选举权；以及第六议定书中的对死刑的禁止。有条件的权利则形成于这样的场合：公约列明了一项权利，但是又进一步表明国家可以为确保某些特定利益而干涉这一权利。此类权利包括：第8条中的尊重个人和家庭生活的权利；第9条中的思想、信仰和宗教的自由；第10条中的表达自由；第11条中的集会和结社的自由；以及第一议定书中对财产的保护。① 这种"有条件和无条件"的权利划分虽然与"绝对和相对"存在一定程度的类似，但却更加符合多元社会、价值多元的基本特性。基于此种划分，可以将隐私权视为有条件的权利，而有条件则意味着在很多场合需要进行利益衡量，换句话说，即"强调个人不受其同类或其集团公开或私下进行的侵扰的权利，是法律保护个人隐私这一观念发展的中心……把个人隐私作为一种法律权利来进行评估的同时，也须对那些对个人隐私进行干涉的主张一同进行评估。"② 第二，未成年人的隐私权保护面临的限制更多，更需要在多种利益之间进行权衡。的确，未成年人需要隐私权，但一旦他们行使自己的隐私权，他们就有可能遇到危险。因为，社会经验的缺乏、心智的不成熟、危险应对能力的不足会让他们一不小心就"身处险境"。所以，未成年人隐私权的行使必须要受到限制。也正是在这个意义上，"受限制"的另一种表达就是"限制即保护"。那么，未成年人隐私利益需要同哪些利益进行衡量呢？

---

① 〔英〕克莱尔·奥维、罗宾·怀特：《欧洲人权法——原则与判例》（第三版），何志鹏、孙璐译，北京大学出版社，2006，第6~7页。

② 〔英〕彼得·斯坦、约翰·香德：《西方社会的法律价值》，王献平译，中国人民公安大学出版社，1990，第225页。

　　首先，未成年人隐私权需要和父母亲权（监护权）、师长的教育管理权以及公检法的侦查权、审判权进行利益衡量。当然这其中最典型、最复杂、最常见的就是家长的监护权。以此为例，"《联合国未成年子女权利公约》虽然宣称重在保护未成年子女的权利，但同时，该公约也意识到，家庭是社会最基本的组成单位。"① 除了强调保护未成年子女的权利外，该公约还强调保护家庭独立自主、和谐以及家庭隐私的重要性。家庭是未成年子女成长最重要的地方，而家庭又是有"公共空间"存在的，比如公共卫生间、客厅、阳台，除此之外，家庭还有一些成员共同分享的经历、财富、安宁生活、秘密等，家庭的和谐美满需要每个家庭成员都要作出一些牺牲，这其中就包括个人隐私的分享。父母监护权更是经常与子女隐私权"针锋相对"。每个孩子都是家庭的重中之重，而风险社会及社会安全隐患造成大量"失独家庭"的出现，使得父母就更加重视子女的安全和管教。并且，基于天生的血缘关系和"传宗接代"的伦理义务，人们自然而然地假定父母所做的一切都是为了子女的利益。为了明确这种责任以及防止逃避责任，法律将其纳入保护范围。古罗马《十二铜表法》第五表就是《继承与监护》，对监护人的产生、监护人的资格以及监护职责、监护的终止情形以及监护人的侵权责任都做了规定。但早期的监护制度过于强调家长的权利而忽略对子女的义务，一直到了现代这种情况才有改变。如法国1970年修正了亲权制度，增加亲权中父母的义务比重，以公权力监督父母行使权利、履行义务，立法由原来维护家长绝对权威转变为限制父母的权利以保护未成年人的合法权益。② 我国关于监护的规定主要存在于《民法典》及《未成年人保护法》。想在父母的监护权与子女的隐私权之间划分明确的界限是个几乎不可能完成的任务，可行的道路是"明确亲权的内容，尤其是明确容易与隐私权相冲突的教育权的内容和行使方式，是解决权利冲突的重要途径。父母在行使教育权的范围内，可以要求未成年子女承担义务，或者限制未成年子女的权利"③。此外，在对父母亲权和未成年子女隐私权进行利益衡

---

① *European Social Charter Art.* 16, Oct. 18, 1961, E. T. S. No. 035.

② 《法国民法典》，马育民译，北京大学出版社，1982，第68~74页。

③ 〔德〕卡尔·拉伦茨：《德国民法通论》（上），王晓晔等译，法律出版社，2003，第5页。

量的时候，一个重要的标准就是"儿童最大利益原则"，这个原则的认定不是基于父母的主观判断，而是基于一般的理性人标准。在 1998 年的 Pollock v. Pollock 案①中，法院认为，父母不仅可以代表年龄非常小的未成年人作出决定，还可以代表年龄稍大的未成年人作出决定……父母只有出于真正关心自己子女的目的才能偷录他们子女的谈话。父母只有秉着诚实信用的原则，并且有合理的理由相信自己这样做能最大限度保护子女的利益时才能这样做。②

其次，未成年人隐私利益需同"国家和公共利益"进行衡量。美国联邦最高法院曾经这样写道："保护个人隐私权的利益必须让位于公开重要公共事务的国家利益。"③ 尤其是在紧急状态下，国家权力在一定程度上扩大，甚至对公民个人的某些权利进行克减，这是合乎法理的，我国《未成年人保护法》第 63 条规定就是这样一种利益衡量的表现。尽管在司法实践中，有些学者会质疑"国家和公共利益"是怎么界定的，即以何为标准来认定"国家和公共利益"，但基于常识和一般理性，法官经过严谨论证作出的"国家和公共利益"认定应该是没有问题的。在这点上，罗伯特·波斯特（Robert Post）持相同观点："公开披露他人私人事务的隐私侵权服务于这样一个社会目标——通过维护文明的规则来保护人类的尊严；同时，尽管司法实践中对'社会公众合法利益'标准的适用并不完全一致，我们还是能够根据这一标准分辨出哪些言论是公众问责制度迫切需要的，哪些言论构成对他人生活的过度曝光。"④

再次，未成年人隐私权需同言论自由相权衡。言论自由与隐私权发生冲突时，往往言论自由更胜一筹。正如布伦南大法官所言："对言论自由和新闻自由的保护并不仅仅是为了保护关于公共事务的政治意见和评论，而且保护所有有利于政府健康发展的言论和新闻。人们可以从任何报纸杂志

① 154 F. 3d 601, 610 (6th Cir. 1998).
② 〔美〕本杰明·土穆里、阿耶莱特·布莱切尔·普里伽特：《未成年子女的隐私权研究》，黄淑芳译，载张民安主编《侵扰他人安宁的隐私侵权》，中山大学出版社，2012，第 212 页。
③ Bartnicki v. Vopper, 532 U. S. 514, 534 (2001).
④ Robert C. Post, *the Social Foundation of Privacy*：*Community and Self in the Common Law Tort*, 77 Cal. L. rev. 957 (1989), pp. 1007-1008.

中了解大量公开发表的信息，这些信息使普通社会公众和公共官员都暴露在公共视野当中。在不同程度上暴露于他人的视野当中，这一点是与文明社会的生活如影随形的。对于一个将言论自由和新闻自由奉为首要价值的社会而言，人们的生活中必定会有这种暴露在他人视野中的风险。如果要完成国家赋予的历史使命，那么，言论自由就应当涵盖所有话题，只要这些话题中所包含的信息是社会成员在处理他们的时代需求时所需要的。"①美国的经典案例 New York Times Co. v. Sullivan 案②所确立的"实际恶意"原则实际上就是对言论自由的支持。因此，必须在"新闻与表达自由"和未成年人隐私权之间划定一个界限。我国《未成年人保护法》第 49 条规定，"新闻媒体采访报道涉及未成年人事件应当客观、审慎和适度，不得侵犯未成年人的名誉、隐私和其他合法权益。"

最后，未成年人隐私权还须与"信息自由流通"相权衡。美国赋予信息自由流通极大的重要性。在"数据"已成为新型"生产要素"之际，信息的自由流通对数字经济发展至关重要。正如美国联邦储备局在对美国国会的报告中针对金融机构数据保护问题写道："信息的可获取性以及数据的自由流通为言论自由提供了必要的支持，而言论自由正是民主社会和市场经济的基石。"③ 不仅如此，与隐私利益相关联的个人信息，对当前的经济发展和社会管理发挥越来越大的作用。波斯纳认为："每个人都拥有各种形形色色的信息，这些信息对他人甚至整个社会来说具有意义或者价值，可以为他人提供方便和资讯，这时他人会愿意付出对价来购买这些信息"。④波斯纳此言也为后来的一些学者主张个人信息财产权提供了思想源泉。未成年人的个人信息无疑会给面向青少年的商家带来巨大的经济利益，"在美国法律经济学的语境下，消费者数据的交换可以减少商人的调查成本：促进买家和卖家的供求平衡，从而增强市场的效率"⑤。我们应当承认，特定

① 　Time v. Hill, 385 U. S. 374（1967）.
② 　376 U. S. 254（1964）.
③ 　转引自〔美〕弗雷德·H. 凯特《网络隐私权的原则》，廖嘉娴译，载张民安主编《公开他人私人事务的隐私侵权》，中山大学出版社，2012，第 518 页。
④ 　〔美〕理查德·A. 波斯纳：《论隐私权》，常鹏翱译，载梁慧星主编《民商法论丛》（第 21 卷），金桥文化出版有限公司，2001，第 347 页。
⑤ 　张民安主编《隐私权的比较研究》，中山大学出版社，2013，第 372 页。

政府机构、银行、保险之类的机构对个人信息的收集、处理及使用行为是正当合理的。但这并不表明，个人信息的收集、处理和使用带来的利益就一定高于个人信息对信息主体的隐私利益，因此，个人信息保护的底线就在于，"必须制定强有力的信息性隐私权保护规定，并且在审慎考虑的基础上尽量减小除外规定的范围"①。法律必须对"合理使用个人信息"的部门、单位及行业作出规定，并对其收集、处理和使用个人信息享有的特许使用权及相关责任作出规定，只有这样，才能兼顾经济、社会发展以及个人私权的保护。

总之，隐私并非国家唯一珍视的价值，对未成年人而言，除了其隐私，我们还重视国家安全、重视言论自由、重视经济效益以及与未成年人利益相关的其他权利，在"权威与服从"语境中，情况更是如此。未成年人隐私权因其主体的特殊性，更是与亲权（监护权）、管理教育权、侦查审判权紧密相连。可以说，很少有一种权利受到如此之多的"掣肘"，用"在夹缝中求生存"来形容隐私权再合适不过了。然而，隐私权在短短的时间内就站稳脚跟，且保护范围日益扩大，究其缘由，就在于隐私权的价值。不承认隐私权，就没有尊重；失去尊重，就没有尊严。康德说："一个有价值的东西能被其他东西所替代，这是等价；与此相反，超越于一切价值之上，没有等价物可替代，才是尊严。"②

---

① 〔美〕朱莉·E. 科恩：《信息性隐私权：被客体化的主体》，孙言译，载张民安主编《信息性隐私权研究》，中山大学出版社，2014，第50页。
② 〔德〕康德：《道德形而上学原理》，苗力田译，上海人民出版社，2001，第87页。

分　论

第六章　亲子关系中的未成年子女隐私权保护

在"权威与服从"的三种分类中，最典型也是最复杂的莫过于亲子关系中的未成年子女隐私权。一方面，父母不仅是子女成长阶段中的第一个"权威"，同时也是最爱他们、最为他们着想的亲人。虽然亲权（监护权）等法律概念淡化了浓浓的生养爱意，但谁都不会否认这血浓于水的情义；另一方面，未成年人隐私侵权的常见情形，比如非法公开、侵扰安宁、侵犯个人敏感信息等并不是发生在家庭成员之间，而主要是一种自决隐私侵权。并且，一般情况下，父母侵犯未成年子女隐私权的责任构成要件中缺乏主观过错要件，这在隐私侵权责任构成要件并不清晰、仍然沿用一般过错侵权责任要件的情况下显得特别无奈，因为父母的初衷肯定不是"故意"侵害子女的隐私利益，最多算是"重大过失"，而这种"重大过失"的考量依据是一般常识或理性。但无奈就在这里，社会中的大部分父母并不认为查看子女信息或通讯记录是侵权行为。国务院妇女儿童工作委员会曾联合《中国妇女报》进行了一项有关儿童权利的问卷调查。调查结果显示，"儿童权利应当受到保护"这一观念已深入人心，但在儿童隐私权的态度上，儿童和家长差异较大。比如"为了更好地保护儿童，家长可以看寄给他们的信"，儿童表示不同意的占 62.7%，成人则只有 7.3% 表示反对；对于"为了更好地教育孩子，家长有权检查孩子的日记"，儿童表示不同意的多达 82.37%，而成人坚决表示不同意的仅 3.89%。[①] 有学者曾对上海一所初级中学和两所高级中学的 141 名初中生、197 名高中生和这 3 所学校的 256 名家长进行未成年人隐私方面的调查问卷，内容涉及空间隐私、身体隐私

---

① 陆士桢、魏兆鹏、胡伟：《中国儿童政策概论》，社会科学文献出版社，2005，第 181 页。

和精神隐私三类。调查结果显示儿童的空间隐私和身体隐私得到较多的重视,精神隐私受尊重程度较差,而董小平所说的精神隐私正是自决隐私的内容,如未经允许查阅孩子的短信、邮件,监听孩子的通话和查看网页浏览记录,阅读孩子的日记等。① 可见,父母与孩子之间关于隐私的认知是不同的,也正是这种差异带来了未成年子女隐私权保护的主观性难题,试问如果父母不能及时知晓孩子的生活动向,那出了问题谁负责?2011 年国际大学群英辩论赛第一场由香港大学和中山大学对垒的辩题就是"父母是否有权查看未成年子女的隐私"。这场辩论也在社会引起了广泛反响,尤其是反方提问的"当孩子出门深夜不归,如果你是父母,要不要查阅孩子留在家里的手机信息以及聊天记录"。的确,在亲子关系中,未成年子女深受父母的爱和照顾,并在这种毫无保留的付出中慢慢长大,那么,未成年子女享有隐私权还有何意义?如果让其行使隐私权,那父母的监护权要"大打折扣"到什么程度?更重要的是,从"无救济则无权利"的层面上讲,对未成年子女的隐私侵权行为如何救济?更进一步,是冒着"家庭关系或亲子关系破裂的风险来保障未成年子女的隐私利益"重要,还是"容忍一定的隐私被父母掌握但却可能更安全、健康地成长"更重要?这些都是非常现实又颇难操作的伦理和法律问题。尽管我们在 1989 年就加入了联合国《儿童权利公约》,该公约也明确规定了儿童的隐私、家庭、住宅及通讯不受任意或非法干涉,但未成年子女的隐私和隐私权始终没有引起学者的关注和研究,原因或许正在于它法理上的利益纠葛和实务中的难以操作。

第一节　未成年子女隐私权的提出

未成年子女隐私权的提出有两个背景:一是亲属法中亲子关系的剧烈变革,二是未成年子女的隐私意识觉醒。

一　亲子关系的剧烈变革

在中国的传统观念中,家庭关系是法律要尽可能避开的领域,所谓

---

① 董小平:《家庭隐私观代际差异比较研究》,《青年研究》2004 年第 6 期。

"清官难断家务事"不仅指家庭矛盾的孰是孰非难以判断，更内涵了一种"家族自治"的精神。在"修身齐家治国平天下"的理念下，"家"不仅仅是一个自然家庭，还是一个社会治理单位。在这种"家族本位"的家庭关系中谈未成年子女的权利是毫无根基的，谈其隐私和隐私权更是天方夜谭。家庭关系领域发生剧烈变革源于正在发生的社会变革。一是，社会化的大生产以及分工渗透家庭领域，一些传统的由家庭承担的任务交由市场，比如养老、保姆、幼教。"家庭丢掉了'世袭领地'，亲属远离了'传统舞台'，即使夫妻之间、父母子女之间也有了一份沉重的疏离和失落。"① 二是，现代人的需求结构发生剧烈变化。马斯洛将人类的基本需要分成五个层次，分别是生理需要、安全需要、归属和爱的需要、自尊需要、自我实现的需要。② 基于我国目前的国情，自尊的需求已经成为首要的考量。人们已经不满足于过"吃得饱、穿得暖"的生活，而且希望过有尊严的生活。三是，现代文化结构中的个人主义和自由主义盛行。在古代社会中个人的存在是为了集体利益以及出于传宗接代的自然需求，而现代社会中家庭已经越来越难以约束个人的意志自由。"现代化有助于个人摆脱扩大家庭、亲属、部落的控制，它为个人提供了寻求前所有未有的选择的机会。"③ 正是在这样的剧烈变革中，法律悄然侵入家庭领域，它以个人主义的进路，为个体权利脱离家庭集体的控制立下汗马功劳。不仅如此，法律还开始关注家庭中的弱势群体，比如夫妻关系中的"妻"，亲子关系中的"子"。正是在此意义上，"家庭自治"再也不是一个纯粹的"国家无涉"的概念，公权力进入亲属关系从而对其施加干预和影响，露出了"民法公法化"的端倪。

从古希腊、古罗马到现代，从东方到西方，亲子关系大致经历了三个阶段。

第一个阶段是"家长权""家父权"统摄一切的阶段。东方传统社会历来讲究"父为子纲"，父者，《说文解字》释，"矩也，家长率教者，从又举

---

① 曹诗权：《亲属法的时代背景与走向》，载夏吟兰、龙翼飞主编《家事法研究》（2012年卷），社会科学文献出版社，2012，第111页。

② 〔美〕马斯洛：《动机与人格》，许金声等译，华夏出版社，1987，第40~69页。

③ 〔美〕马克·赫特尔：《变动中的家庭——跨文化的透视》，宋践等译，浙江人民出版社，1988，第51页。

杖"。其不仅限于指示亲子的血缘关系，还含有统治和权力在里面。① 这种统治蕴含着尊卑贵贱之分，下不得犯上。《管子·五辅》云："上下有义、贵贱有分、长幼有等、贫富有度，凡此八者，礼之经也。"不仅如此，传统中国社会的"父"对"子"的支配地位是全方位的。《汉书·食货志》载，汉高帝颁布诏令："民得卖子"；《明律·户役》："同居共财，孰非己有。但总摄于尊长，卑幼不得而自专也。"总之，"家庭是父权家长制的，父祖是统治的首脑，一切权力都集中在他的手中，家族中所有的人口——包括他的妻妾子孙和他们的妻妾，未婚的女儿孙女，同居的旁系卑亲属以及家中的奴婢，都在他的权力之下，经济权、法律权、宗教权都在他的手里。"② 同样的情形发生在古罗马。"罗马法中的人法由两部分组成：组织一个社会的部分和组织一个家庭的部分，前者由自然人的身份、市民的身份和家父的身份构成；后者则是对家父身份的展开，它以家父权为轴心规定了具有不同身份的家庭成员之间的相互关系。由此形成国、家的两级社会结构：国由众多的家组成，个人被遮蔽在家中，'国'对个人的治理在很大程度上通过'家'进行。"③ 罗马国家并不干预家庭事务，因为家长具有至高的权力。"在施瓦布明镜中明确记载，丈夫在危急情况下有权出售子女。尽管在教会的干预下，此种规定得以废除，但丈夫和父亲在家庭中仍保留着无可动摇的支配权；家父拥有几乎不受任何限制的处刑和惩罚的权力；他规定家庭的生活方式，并且决定家子何时可以脱离父权支配，即儿子何时可以建立自己的家庭，女儿何时可以结婚。"④

第二个阶段是承上启下的阶段，时间节点可以概括为从启蒙运动到19世纪。启蒙运动对亲子关系有重要影响，该阶段也成为从单独强调男性家长到女性家长也有机会参与到亲子关系中来的阶段，是从强调父亲的权力到子女权益萌芽的阶段。在该阶段，大的家族解散，小的家庭成立，越来

---

① 马庆钰：《论家长本位与"权威主义人格"——关于中国传统政治文化的一种分析》，《中国人民大学学报》1998年第5期。

② 瞿同祖：《中国法律与中国社会》，载《瞿同祖法学论著集》，中国政法大学出版社，1998，第6页。

③ 徐国栋：《人身关系流变考》，《法学》2002年第6期。

④ 〔德〕迪特尔·施瓦布：《德国家庭法》，王葆莳译，法律出版社，2010，第257页。

越多的"三口之家"成为家庭结构的常态，"家长权"也演化为"父权"。父权的属性也从纯粹的"权利"转向"兼具权利与义务"。对子女的权利和义务取代了家父支配权，成为新的亲子关系的基础。但须注意的是，虽然此阶段的"家父权"不再，但"父"作为"户主"在家庭中仍享有最高权力。如《法国民法典》虽然废除了"家族共同体"这个概念，但依然通过赋予父亲的人身支配权、管束权达到维护家庭私有财产利益的目的。《德国民法典》较《法国民法典》虽有进步，但也保留了不少父母的特权，如法典中规定：婚生子女于未满 21 岁前结婚，应得父的同意，如父死亡，应得母的同意，非婚生子女未满 21 岁前结婚，应得母的同意（第 1305 条）；父依其亲权有保护子女的身体及管理其财产的权利义务（第 1627 条）等。① 总之，该阶段处于启蒙运动和理性张扬的阶段，亲子关系也基于"天赋人权"和"家庭自治"，经历了一个既强调子女权益又强调家庭独立免受国家干预的过程。

　　第三个阶段即自 20 世纪以来以未成年子女权益为中心的阶段。20 世纪被称为"子女的世纪"，"子女的人格和权利"成为现代亲子关系法改革的出发点。"近代以后的亲子法注重于子女的保护及抚养，亲之权利只有为保护教养子女之义务的履行而认许，有在转'子本位亲子法'的趋势。"② 《法国民法典》自颁布至今已经过 100 多次修改，在亲子关系中除了"亲权"③ 这一称呼没变之外，实质内容的重点已完全变成父母对未成年子女的抚养和保护。现行《德国民法典》已用"父母照顾权"取代"亲权"，"这种权利不是利己的，而是一种具有关心照顾特点的权利，是一种以法律的形式，为了子女利益而行使的权利；它实际上是一种义务，是'义务权'"④。《德国民法典》第 1626 条规定如下。（1）父母有照顾未成年子女

① 转引自王丽萍《亲子法研究》，法律出版社，2004，第 23 页。
② 史尚宽：《亲属法论》，台湾荣泰印书馆，1980，第 476~477 页。
③ 亲权是大陆法系中一个重要的概念，是指父母对未成年子女在人身和财产方面的管教和保护的权利和义务的总称。大陆法系严格区分亲权和监护权，认为两者是两种不同的制度。父母在，则监护不生效力。另外，监护是一个范围更广的概念，它也适用于成年人，如对精神病人的监护等。亲权和监护权最大的区别在于两者的权利内容不同，亲权不仅包括抚养，还包括教育，而监护只有保护内容，所以，监护权又被称为"保护权"。
④ 转引自〔德〕卡尔·拉伦茨《德国民法通论》（上），王晓晔等译，法律出版社，2003，第 283 页。

的义务和权利。父母照顾包括对子女的照顾（人身照顾）和对子女的财产的照顾（财产照顾）。（2）在抚养和教育时，父母考虑子女不断增长的能力和子女对独立地、有责任感地实施行为之不断增长的需要。这样做依子女的发展阶段相适宜的为限，父母与子女商讨父母照顾的问题，并力求取得一致意见。（3）与双亲的交往通常属于子女最佳利益。维持子女同与之有联系的其他人的联系有益于其发展的，子女与其他人的交往亦同。① 上述规定真正代表了亲子关系中未成年子女权益保护的方向。可以说，"以前和父母权力相联系的对子女的决定权有了新的含义：这种权限不再表现为一种权力，而是为了实现子女独立生活这一目的的工具。这里的出发点不再是父或父母的权力，而是子女的人权"②。

二 未成年子女的隐私意识觉醒

正是在亲子关系的巨大变革中，隐私权悄然进入传统的家庭自治领域，未成年子女的隐私利益和隐私权逐渐受到重视，《儿童权利公约》明确规定儿童的隐私不受任意和非法侵犯。然而在我国，隐私权研究相对落后，遑论未成年人隐私权。在 2009 年《侵权责任法》实施之前，《民法通则》及其司法解释都是用名誉权保护公民的隐私利益。在计划经济体制下，国家权力对于公民私人生活的安排"全面而周到"，就业、结婚、求学、生育子女等都需要有单位的介绍信，个人的私事是由国家统一管理的，个人的行为要遵循统一的社会道德标准。③ 在此情形下，个人怎么可能有"私"存在？没有私，自然也就没有"隐私"了。在家庭领域亦如此，对子女来说，生养之恩比天高、比海深，一些查看子女信息、掌握子女行踪的行为又有什么要紧，更何况父母所做一切的出发点是为了子女的利益。这种"认识"直到现在还广为流行。然而，时代在变化，隐私权的重要性在现代受到前所未有的重视。生活方式的转变让人们的隐私意识和隐私范畴也都相应发生了改变，这既体现在隐私权的分类中，也体现在"合理隐私期待规则"

---

① 《德国民法典》（第 4 版），陈卫佐译注，法律出版社，2015，第 502 页。
② 〔德〕迪特尔·施瓦布：《德国家庭法》，王葆莳译，法律出版社，2010，第 258 页。
③ 王秀哲：《隐私权的宪法保护》，社会科学文献出版社，2007，第 229 页。

的适用上。大数据时代，各种各样的数据挖掘和利用固然有益于国家安全和社会发展，但相伴随的，却是公民失去隐私的代价。传统的公私领域界限分明的时代过去了，越来越多的私人领域成为公共领域。面对日益压缩的私人领域，如何防止国家权力甚至社会权力对它的步步紧逼呢？学者们找到了隐私权，并试图通过对它的改造来重塑不受侵犯的私人领域。通过隐私权的历史来看，在短短 120 多年的时间里，隐私权已经成为一个体系庞大的权利束，它与人格、尊严、自由、自治、不受非法搜查、公民资格等紧密相连，从来没有一个法学概念承揽如此之多的内涵。虽然在其发展过程中受到的牵绊也多，但始终阻挡不住公众对隐私权的渴望。

隐私权不仅为一般社会成员所追求，它更是深入家庭成员内部，打破传统的以"家庭"为单位的社会结构。在亲子关系中，未成年子女的隐私利益开始进入人们的视野。最先是教育学、心理学的学者开始研究秘密和隐私在未成年人的成长过程中扮演何等角色，然后才是法学界的学者将隐私权主体的研究扩展到未成年子女身上。然而时至今日，笔者在知网上搜到的有关未成年人隐私权的文献仍寥寥无几，尤其是关于未成年子女的。未成年子女的隐私利益藏身于父母与子女的关系中。美国学术界曾区分了三种父母与子女的关系：Permissive、Authoritarian 和 Authoritative，其中 Permissive 指对子女溺爱、不加教育，任由子女的天性自由发展，可将这种教育方式译为"溺爱的"。Authoritarian 则走向了另一个极端，指不顾及子女特点，完全让子女依靠家长意愿行事，让子女处处依赖父母。Authoritative 处于两者之间，可译为"威权主义的"，指对子女的天性因势利导，既注意孩子的个性，注重自我独立性的培养，同时又强调父母权威，以及父母在孩子成长过程的指导作用。① 在这三种模式中，前两种皆不是恰当的抚养教育模式，唯有第三种，最恰当也是最难以把握的，考验着家长们的智慧。未成年子女的隐私利益不能脱离"儿童最大利益"而独立存在，故而，它应是一项考量、评估家长抚养教育子女方式的重要指标。当父母忽视或有意无视子女的隐私利益时，日益早熟并对私人领域充满渴望的孩

---

① 季乃礼、张振华：《心理层面的威权主义辨析》，载李路曲主编《比较政治学研究》（第 2 辑），中央编译出版社，2011，第 51 页。

子们便会在抚养等关键的问题上针锋相对。现在的一般情况是，越是对孩子重视，越是"望子成龙、望女成凤"，就越容易以"爱"的名义无视子女的隐私和尊严需求。

第二节　未成年子女隐私权保护的困境及破局

无论从隐私权的人权属性进行演绎，还是从未成年人的权利保护进行推理，都可以得出未成年人享有隐私权的结论。但未成年人指一个群体，是一个泛称，在权威与服从的关系类型中，未成年人必然被赋予不同的身份标签。而这些标签的不同，决定了未成年人隐私权享有及行使的限度，以及法律在面对侵犯未成年人隐私权时所采取的不同保护措施。在三种权威与服从的关系类型中，未成年子女隐私权别具一格，主要有以下三个原因。首先也是最重要的，未成年子女隐私权和父母亲权无时无刻不处于纠缠之中，在两种权利之间存在大量的灰色地带。法律面对这些似是而非、模棱两可的侵犯隐私行为，必须要保持一定的克制，为父母的抚养、教育方式多样性提供最大限度的宽容。其次，未成年子女隐私权的客体具备典型性，通常是空间隐私和自决隐私，表现为子女的房间被随意搜查以及社会交往行为被追踪。并且，父母在"侵犯"子女隐私的过程中，其主观方面最多算是"重大过失"而不可能是"故意"。最后，在三种关系类型中，只有未成年子女隐私权保护未曾在司法实践中出现，而学生隐私侵权及涉案未成年人的隐私侵权行为皆有相关案例出现。子女隐私侵权的严重后果通常表现为亲子关系恶化、子女叛逆增强以及危险反抗如离家出走等。

随着时代的变化发展，以及教育学、心理学上对隐私（秘密）形塑未成年人个性和自治能力的发现，未成年人的隐私权受到越来越多的重视，并进而写入未成年人保护法。起初，法律对未成年人隐私权的保护是有特定指向的，针对家庭外的社会组织和个人，如新闻媒体等，法律似乎并不认为父母会对未成年子女的隐私权造成侵犯，而如今，《未成年人保护法》总则就规定了要保护未成年人隐私，这是对未成年人隐私利益重新认识后的升华。但在亲子关系中谈未成年子女隐私权，则又存在三个方面的困境。

一　处于被保护、被抚养地位的未成年子女有无必要享有隐私权

美国 G. L. 弗兰西恩有本著作叫《动物权利导论：孩子与狗之间》，书中提出一种值得深思的观点，就是"孩子"与"狗"都处于一种被保护的角色，既如此，有无必要赋予"孩子"（或"狗"）以权利？进一步分析。首先，权利的行使要有行为能力，而未成年人大多为无行为能力人和相对行为能力人，试想一项不能行使的权利还有何意义？其次，未成年人本身理性不足，经验缺乏，而隐私权是一种以自由、自治为内核的权利，让能力不足的未成年人在隐私权这艘巨轮上掌舵，本身就是对未成年人的信任过度。最后，试想一下未成年子女享有隐私权的情景吧，他们可能面临巨大的危险，因为子女的隐私权保护他们的行踪和行为自由，父母无从得知危险来自哪里；也可能让父母在传统的抚养教育模式和未成年子女隐私权间无所适从，因为传统的教育管理可能稍有出格便侵入子女的隐私领域。

必须承认弗兰西恩的观点是有一定道理的，但该观点犯了一个致命的错误，就是忽视了父母保护子女权益的目的。天下最疼爱子女的无疑是父母，但父母抚养教育子女的目的仅是生物意义上的长大成人吗？当然不是，父母更希望子女自立、自强、自尊、自爱。但这种人格意义上的独立仅靠父母的一路"遮风避雨"就能实现吗？当然也不是，它需要子女的参与，需要子女在成年之前就有机会尝试着独立。成年虽以一个固定的年龄为标志，但成年绝不是一件"一蹴而就"的事。子女是一个个不断变化发展的生命体，有着内在的精神需要。从"懵懂无知"到"天真无邪"到"青春叛逆"，随着子女年龄和智力的增长，其对隐私的渴望就愈是强烈。所以，基于隐私对未成年子女独立人格和尊严的塑造功能，承认未成年子女的隐私权是必要的。著名学者卢丁·杨（leontine young）指出："没有了隐私，就没有了个性。如果他从来没有机会独自面对自己的思想和感受，谁也不知道他在想些什么、他的感受是什么。那么个体的人就不存在。"[①] 法国让·卡波尼埃在解释《法国民法典》第 9 条第 1 款的主体范围时指出："隐

---

① 〔美〕理查德·C. 托克音顿、阿丽塔·L. 艾伦：《美国隐私法：学说、判例与立法》，冯建妹等译，中国民主法制出版社，2004，第 52 页。

私被尊重成为主观性权利的客体，使隐私被尊重的权利在性质上等同于人格权。此种权利必须为所有人所享有，即便是那些不能行使自己权利的无行为能力的人，诸如未成年人等。此种权利不仅可以对任何第三人予以主张，而且还可以对亲权享有者予以主张，因为未成年人有权要求其父母尊重其隐私生活。"① 《儿童权利公约》也强调"把儿童作为个体权利主体而不是作为一个家庭或群体的成员来予以保护，因此有学者指出，在这个成人主宰的社会中能如此的关注儿童的利益，应该说是历史的进步和人权的胜利，而对儿童权利的重视和保护可以作为尊重人权的标志"②。

此外，家庭领域中尊重并保护未成年子女隐私权是进化中的"父母责任"之要求。亲子关系中意识形态的变化已经反映到法律变革中，如法律术语发生了变化，父母的"权利"变成了父母的"责任"。美国《儿童权利法》更加强调倾听儿童的声音，以及机构之间的协作与父母共同努力的重要性，法律关注的重心已从父母利益转向儿童利益。在儿童利益实现的过程中，父母责任的内容也开始丰富起来，一方面，孩子的健康、平安不是父母责任的全部内容，父母还应关注子女的精神世界以及自立、自尊等价值的培养，抚养和教育的目的是培养有责任感的自治个体而不是像培养温室中的花朵。另一方面，父母责任的履行应面向未来。彼得·凯恩（Peter Cane）提出对责任概念的理解应融贯法律之内和法律之外，并提出了"历史责任"和"未来责任"。父母责任就是一种未来责任，如果不为未来的子女考虑，将孩子像宠物般的喂养是最安全，也是最简单、最合乎父母心意的抚养方式，但这种模式培养出来的孩子会具有我们理想中公民应具有的品质吗？显然不会，隐私权之于子女的价值已在前文论述过，尊重并保护未成年子女的隐私权就是为了塑造他们多姿多彩的人生。当然，从另一个方面讲，当前社会中父母"去隐私"的管教方式让亲子关系变得恶劣，父母也在头痛怎样的管教才是既安全省心又利于子女的身心成长的，承认并尊重子女的隐私权无疑是一剂良方。一来父母应相信言传身教的教育力量，由此信任自己的孩子不会作出危险的举动；二来父母子女之间虽充满着浓

---

① Jean Carbonnier, *Droit Civil*, les personnes, p. 318.
② 王雪梅：《儿童权利保护的"最大利益原则"研究》，《环球法律评论》2002年第4期。

浓的亲情，但随着子女的成长，子女必然会走向独立。著名学者克林顿·罗施尔特讲道："隐私是一种特殊的独立。这种独立可以理解为一种尝试，如果挑战现代社会的全部压力，这至少是捍卫人身或者精神上自治的一种尝试。它试图建起一道不可违抗的尊严之墙来挡住全世界。'自由'的人应当是有隐私的人，他保留有自己的想法和判断，而不会感到任何高于一切的强制力去强迫他与别人（甚至与他喜爱、信任的人）分享每件有价值的事情。"① 当有一天，父母突然发现子女对他们有所隐瞒时，父母应当面对并接受它。

二　个人主义理论还是家庭主义理论

在亲子关系中真正做到尊重并保护未成年子女的隐私权，还必须要解决个人主义和家庭主义理论的关系。《儿童权利公约》第 16 条虽明确承认并保护未成年人的隐私权，但该条也强调，家庭同样不受任意或非法干涉。显然，公约也意识到，家庭是社会的基本组成单位。《世界人权宣言》第 12 条、《欧洲人权公约》第 8 条以及《美洲人权公约》第 11 条都明确地提到了家庭，是社会的天然的和基本的群体单元。家庭作为私法下的一种机构，甚至在《公民权利和政治权利国际公约》第 23 条中得到了特别的制度性保护。不过《公民权利和政治权利国际公约》第 17 条也保护单个家庭成员在其家庭生活中所表现的隐私，以对抗非法的或任意的干预。② 由此，在未成年子女隐私权的保护过程中，绕不开家庭的牵绊。"家庭是习俗与观念的最重要的传承之所，它凝聚着人类社会中最基本的忠诚和人与人之间最基本的互赖关系和相互的责任，是良好的道德风尚的天然养成之所。其效果比国家的道德教化好，成本也更低。保守主义相信，正是在家庭内部，个人受到了最好的训练和塑造，使他们成为文明的人。家庭是一个社会中最基本的单位，也是其他社会单位的楷模。家庭不是人为设计的产物，而是

---

① 〔美〕理查德·C. 托克音顿、阿丽塔·L. 艾伦：《美国隐私法：学说、判例与立法》，冯建妹等编译，中国民主法制出版社，2004，第 52~53 页。

② 〔奥〕曼弗雷德·诺瓦克：《民权公约评注》（上册），毕小青、孙世彦等译，三联书店，2003，第 298 页。

'天然的'社会冲动,如爱护以及责任心的产物。"① 此外,家庭还扮演着许多其他重要的职能,如创造一个亲密环境并不受非法或任意干扰,塑造成员的个性和品性并约束家庭成员的行为,开始最早的教育并传播社会文化和价值,总之,家庭对任何成员来说都是必不可少的。所以,在亲子关系中谈未成年子女隐私权脱不开家庭伦理。"家庭成员间的归属感、亲密感以及互助互爱的关系是构成每个家庭必不可少的组成部分。而家庭成员个人隐私权这一理论主要关注每个家庭成员个体的隐私利益,这种理论显然与家庭生活模式格格不入,也影响家庭成员间的归属感、亲密感以及互助互爱的关系。个人主义思潮将家庭成员看作是毫无联系的个体,这将会离间家庭成员间的感情。"② 此外,家庭生活的特性也决定了子女隐私权同家庭密切相关。首先,未成年子女的大部分时间都生活在家庭之中,家庭的和谐需要每位家庭成员牺牲一些个人隐私;其次,家庭是有公共空间存在的,比如公共卫生间、客厅、阳台,在公共空间生活不可避免要有一些隐私被其他成员发现;最后,家庭成员中亲子关系处理时,父母基于亲权不可避免地要与孩子自认的"隐私"发生交集,面对此情形时,是个人主义优先,还是家庭主义理论优先?如果是前者,那家庭成员间可能会失去更多的交流和天伦之乐;如果是后者,家庭中处于弱势的未成年子女隐私权又可能得不到实质的保护。这也是世界范围内在亲子关系中如何"准确"划分父母的亲权和未成年子女隐私权的难点所在。

从根源上讲,隐私权是个人主义的权利话语,而家庭是集体主义(或社群主义)的表达,所以两者基于立场的迥异,处于天然的敌对状态。有学者如此总结:"以家庭为基础的隐私权在两个方面否定了人们对隐私的根本需求:一方面,一个旨在保护家庭利益、集体利益的隐私权是以牺牲个人自治为代价的;另一方面,它完全忽视人们对隐私的必然需求,当然地混淆了隐私的深层含义。"③ 这个深层含义指的就是隐私权自由、自治的本

---

① 刘军宁:《保守主义》(第三版),东方出版社,2014,第180~181页。
② 〔美〕本杰明·土穆里、阿耶莱特·布莱切尔·普里伽特:《未成年子女的隐私权研究》,黄淑芳译,载张民安主编《侵扰他人安宁的隐私侵权》,中山大学出版社,2012,第207页。
③ 〔美〕琼·艾琳·艾斯堡:《自治基础上的宪法性隐私权——超越家庭隐私的观念》,罗小艺译,载张民安主编《自治性隐私权研究》,中山大学出版社,2014,第179页。

性，它与家庭领域中的"羁绊"相关联。事实上，家庭在对外的层面上，它不仅代表空间隐私的居所，也是个人隐私的源泉。只是在对内即家庭成员间，子女隐私权与家庭发生了冲突。现代生活中的紧张与压力也让父母在抚养教育子女的时候更多地追求"结果"而非"过程"，由此造就父母子女间关系的紧张。对未成年子女而言，他们只是试图在家庭权力结构中分得一隅，主张隐私权的目的也并非完全脱离父母、获得独立，而是对于他们认为有能力自治的领域，父母不要太多地予以干涉。就此而言，尊重和保护未成年人的自治领域能有效地调和个人和父母间的紧张关系，隐私权"并不简单地坚持个人反抗社会要求以求得自身利益，相反，它通过某种重要的尺度构建个人与社会的关系达到保障合理人际交往的规则。侵权法绝不建立在个人生活与社会生活两相对立的基础之上，它建立在二者相互独立的基础之上。正是这种相互独立使一切只可能存在于社会规范包围之中的人们能够获得某种程度的个人尊严和自治，虽然这似乎是自相矛盾的现象。"[1]

此外，还有个概念是要予以批判的，就是"家庭共同隐私"。张新宝教授认为共同隐私是与个体隐私并列的范畴，指团体中所有成员的个人私生活不受团体外其他人非法干扰，团体内部私人信息不被非法泄露，即使团体中成员或已离开团体的成员也必须受到某些限制。[2] 笔者并不认同这个概念。家庭主义理论的基本立场是家庭这个集体的利益优于家庭成员的利益，但并不意味着承认家庭有所谓的共同隐私。第一，从性质上看，隐私权是人权的重要组成部分，是具体到某一个个体的权利，家庭作为一个团体，不是人格权法上的适格主体。"团体人格不过是对自然人人格在私法主体资格意义上的模仿，是一种纯粹法律抽象技术的产物。团体人格与体现人类自由、尊严和社会平等的自然人人格之间，在性质上毫无共通之处！"[3] 第二，所谓家庭共同隐私不过是每个成员隐私的集合，不管是权利的主张还

---

[1]　Robert C. Post, "The Social Foundations of Privacy: Community and Seld in the Common Law Tort", *California Law Review*, 1989 (5), pp. 957-1010.

[2]　张新宝:《隐私权的法律保护》，群众出版社，2004，第 206 页。

[3]　尹田:《论人格权的本质——兼评我国民法草案关于人格权的规定》,《法学研究》2003 年第 4 期。

是权利的保护都是直接指向个人。第三，家庭共同隐私的司法保障存在逻辑上的不通，无论是起诉，还是接受赔偿，都只能是家庭成员而不是家庭。第四，家庭共同隐私的概念容易对家庭中个别成员的隐私造成侵犯。"家庭隐私权这种提法尤不可取，因为家庭隐私权这种提法是作为一种意识形态工具来保护家庭成员中较为强势的一方，通常是用来保护扮演父亲以及丈夫角色的男性的利益。而家庭成员中势力较弱的一方，如妇女以及未成年子女的利益则得不到保护。"① 家庭共同隐私会使未成年子女的利益被模糊化，从而使得家庭成员中较弱势的一方利益得不到保护。麦金农（Mackinnon）曾经写道："对于女性而言，亲密关系可能就意味着压制与压迫。这就是为什么女权主义者一直以来都在抨击隐私权理论。对于一些人来说，个人问题就是政治问题，那么对于他们而言，私人事务其实也就是公共事务。在这个层面而言，隐私是不存在的，无论是规范性的，还是实质性的。女权主义者面临这样一个事实，即女性根本没有隐私权，更不用说失去隐私权或是保护隐私权了。"② 而未成年子女同家庭中的女性面临同样的境遇，甚至更糟，因为他们都是家庭生活中的弱势群体。

三　具有起诉功能的独立保护机构的缺失以及诉讼效果的不理想

亲子关系中未成年子女隐私权的构建不仅在法理上面临诸多困境和争论，在司法实践中同样面临许多难以克服的难题。家庭领域中已有配偶一方侵犯另一方隐私权的案例，但通过司法对未成年子女隐私权提供救济的案例未见，一般情况下，社会公众在面对父母对孩子"事无巨细、无微不至"的关怀时，将其视为一个抚养、教育问题，跟法律没多少关系。所以，媒体中时常有关于孩子因为学习成绩离家出走甚至轻生的报道，但几乎没有孩子因此而将自己的父母告上法庭。对未成年子女隐私权的司法保护主要有两个难题：一是诉讼主体难以确定，二是司法救济的效果可能会适得其反。

---

① 〔美〕本杰明·土穆里、阿耶莱特·布莱切尔·普里伽特：《未成年子女的隐私权研究》，黄淑芳译，载张民安主编《侵扰他人安宁的隐私侵权》，中山大学出版社，2012，第206页。

② 转引自〔美〕伊冯·F. 林格伦：《个人自治：隐私权法的一种新类型》，张雨译，载张民安主编《自治性隐私权研究》，中山大学出版社，2014，第219页。

首先，在民事诉讼中，未成年子女因其身份，其诉讼行为由其监护人代其行使，但问题在于，如果侵权人正是未成年子女的父母呢？作为监护人的父母不能自己起诉自己，必须设立独立的第三方机构。《未成年人保护法》第 10 条规定的未成年人保护机构主要有"共产主义青年团、妇女联合会、工会……青年联合会、学生联合会、少年先锋队以及其他人民团体……"；2008 年《国务院关于议事协调机构设置的通知》中将国务院妇女儿童工作委员会性质明确为"国务院议事协调机构"，其办公室设在全国妇联；2007 年《关于贯彻未成年人保护法实施"未成年人保护行动"的意见》明确规定省、地市、县区三级建立未成年人保护委员会，其办公室设在共青团。经过比较，显然未成年人保护委员会更有利于对未成年子女隐私权的保护。但可惜的是，各地方性法规都没有明确未成年人保护委员会的诉讼职能，如《浙江省未成年人保护条例》第 7 条第 4 款、《上海市未成年人保护条例》第 36 条第 4 款，都只规定了未成年人保护委员会的接受投诉、举报、督促、协调功能，并且其督促处理未成年人事务的"有关部门"是哪些部门，并没有明确规定。在涉及未成年人保护的诸多法律法规中，只有《深圳经济特区实施〈中华人民共和国未成年人保护法〉办法》（2019年第三次修订）第 4 条规定了共青团的"提供法律咨询、诉讼代理和非诉讼代理"等法律援助职能。出现这种情况，根本原因还是在于无论是国家权力机关还是社会组织如共青团都不太愿意过深地介入家庭领域。只是在儿童权利被发现及强调国家责任、社会责任的今天，一些侵犯儿童权益的行为如虐待、遗弃等才进入了国家及社会组织的管理范围。那么，侵犯未成年子女隐私权是否足够严重或迫切到需要共青团介入的程度呢？这显然是个极具争议的实践问题。另外，除共青团外，与未成年人隐私利益保护相关的政府部门到底有哪些需要明确，各个政府部门必须有一个详细的"权力清单"，到底是民政部门还是各个社区、街道负有职责，不能简单地以"有关"来代替。我们可以了解一下国外的专门性未成年人保护机构职能。以美国和德国为例，美国把处理儿童虐待与忽视案件的专门机构统称为儿童保护服务局。儿童保护服务局设有接线员、紧急行动员、调查员、社工、审核与招募员、宣传教导员与法律工作者等人员来从事相应的工作。

在美国，除了政府设立专门机构起诉父母外，为保障儿童的诉讼利益，还为未成年人设置了诉讼监护人。在这样的诉讼中，儿童作为独立利益的一方，还有自己的律师和诉讼监护人。1974 年，美国通过了《儿童虐待预防与处理法》（CAPTA）法案，要求"在每个进入司法程序的儿童虐待或忽视预防和处理工作中，法院应该为该儿童制定一个诉讼监护人（Guardian ad Litem 简称 GAL）"。针对儿童的网络隐私侵权，《儿童网络隐私权保护法》赋予国家检察官得以依据这部法律而提起民事诉讼的权力，从而使国家检察官承担一个至关重要的角色。① 德国的青少年局是国家设立的专门的儿童和青少年救助机构，它的首要任务是提供救济，如父母单独一方照顾子女可以向青少年局申请抚养的救济。但在国家监督体系中，青少年局"在对人照顾事务中向家庭法院和监护法院提供支持，并可以正式参与一定的法院程序，如果青少年局认为只有法院干预才能排除对子女最佳利益的妨害时，可以直接在法院提出诉讼"②。德国青少年救助的出发点在于促进青年人的发展、培养其独立责任和社会人格③，并且青少年局在从事活动时必须优先考虑受宪法保护的父母权利。④ 其他如法国的监护监督人和社会儿童援助部门、日本的青少年对策本部，英国有儿童专员和部分地方的儿童保护委员会、挪威的儿童福利监管机构，我国香港设有个人资料私隐专员公署等。我国 2014 年最高人民法院、最高人民检察院、公安部、民政部联合出台的《关于依法处理监护人侵害未成年人权益行为若干问题的意见》第 14 条规定："监护侵害行为可能构成虐待的，公安机关应当告知未成年人及其近亲属有权告诉或者代为告诉，并通报所在地同级人民检察院。未成年人及其近亲属没有告诉的，由人民检察院起诉。"可是该条的适用非常严格，即使父母侵害未成年子女隐私权的程度和后果极其严重，能否构成虐待也是需要通过法律解释来认定的。

其次，通过诉讼来对子女隐私权进行救济的效果又如何呢？这是个虽未曾实证但可以经验推理的问题。亲子关系纳入法律的调整范围本身就有

---

① 15 U. S. C. § 6504（Supp. IV 1998）.
② 〔德〕迪特尔·施瓦布：《德国家庭法》，王葆莳译，法律出版社，2010，第 367 页。
③ 德国《社会法典》第 8 编第 1 条第 1 款。
④ 德国《社会法典》第 8 编第 1 条第 2 款。

争议，如果父母侵犯子女权益的行为构成虐待等犯罪，那法律的介入无可争议，但就一般的侵权行为如隐私侵权而言，如果子女向法院申请禁令或提起诉讼，要求父母承担侵权责任，那亲子关系将处于更加恶化的境地，未成年子女也将成为破坏家庭安宁和谐的罪魁祸首。也许正是基于此，立法者选择回避侵权者的法律责任，而用宣示性的法律语言表达对未成年人隐私权的尊重，这既是法律的无奈，又可见立法者的良苦用心。总之，亲子关系中的未成年子女隐私权是"权威与服从"三种关系类型中最复杂、最纠结也是最没有"准确"答案的一种，过度强调父母的亲权或子女的隐私权都是不可取的，想取得两者的平衡也是很难做到的。采用法律的手段对未成年子女隐私权加以保护更要特别慎重，从立法到司法再到执行，都要秉持审慎的态度。一方面，未成年子女的隐私权行使有许多限制，而有时候，这种限制反而是一种保护；另一方面，法律规定针对的是"常态化的行为""一般情形下的行为"，如果是在"紧急状态下"，那么权利人的权利要受到"克减"，所以在亲子关系中交织着未成年子女隐私权及亲权对其的限制。

第三节　未成年子女隐私权保护的制度设计

现代社会之所以重视"隐私权"，是因为法律中的"人"必然是独立、自由的人，追求平等的地位和发展的机会是"人之为人"的基本要素。除了物质上的满足之外，最主要的是精神上的自由，而拥有隐私则是精神自由的重要组成部分，这种自由对未成年子女来说同样需要。那么，对未成年子女隐私权的保护要制度化，须从哪些方面入手呢？

一　家事法院（庭）的设置

对亲子关系中的未成年子女隐私权保护，最佳的制度设计无疑是建立专门的少年家事法院（庭）。事实上，我国很早就开始关于少年法院（庭）的探索，也积累了相当多的经验。1984年上海市长宁区法院首创少年法庭；90年代初为了缓解少年法庭的案源不足，常州市天宁区法院创建少年综合庭；连云港市中院将少年刑事案件进行集中管辖。2003 年 8 月，《全国人大常委会执法检查组关于检查〈中华人民共和国未成年人保护法〉实施情况的报告》提出"在一些条件较好的大城市可进行建立少年法院的试点"。2004 年《中央司法体制改革领导小组关于司法体制和工作机制改革的初步意见》也提出"改革和完善未成年人司法制度，人民法院逐步设立审理未成年人犯罪案件和涉及未成年人权益保护案件的机构"。2005 年最高人民法院在《人民法院第二个五年改革纲要（2004-2008）》中规定："完善审理未成年人刑事案件和涉及未成年人权益保护的民事、行政案件的组织机构；在具备条件的大城市开展设立少年法院的试点工作，以适应未成年人司法工作的特殊需要，推动建立和完善中国特色少年司法制度。"然而，这一方案全国人大常委会未批准。2006 年 12 月最高人民法院下发了少年审判庭受理案件的范围；2009 年最高院在《关于进一步规范试点未成年人案件综合审判庭受理民事案件范围的通知》中重新对少年综合庭受理民事案件的范围进行了限缩式调整，抛弃了先前理想化色彩的"当事人一方或双方为未成年人的民事案件"，明确了以下四类案件属于未成年人民事案件的受理范围：侵权人或者直接被侵权人是未成年人的人格权纠纷案件、特殊类型侵权纠纷案件、婚姻家庭与继承纠纷案件和适用特殊程序案件。"最高院如此罕见地列举式的方法规定少年综合庭的管辖范围，是为了清晰地划分少年综合庭与普通民事法庭在受案范围上的分野，以回应来自'由于不能逻辑划分与其他审判庭的界限而导致法院内部审判秩序的混乱'的质疑。"① 自 2006 年最高人民法院在全国 15 个省选择了 17 个试点中级人民法院全面少年综合庭建制以来，虽然使得少年法庭的案源增多、生存危机得到缓解，但不容忽视的是少年法庭偏刑化的特点并未得到改观。而且，不仅是案源上的问题，"在少年审判中所附带的那些所谓'后台'式工作的琐碎和不易解决的麻烦却让在理论上更为适合从事少年审判工作的资深法官不愿涉足其间，大多将其推给新进的、有热情但欠缺经验的年轻法官，这又往往导

---

① 姚建龙：《评最高人民法院少年综合庭试点改革》，《法学》2007 年第 12 期。

致少年案件的审理需要更多的时间"①。这不仅是我国而是世界各国少年审判问题上的通病，在美国，少年案件法官的地位普遍低于其他法官，德国、波兰的情形亦如此。

一个值得借鉴的法院设置模式是将少年法院（庭）与家事法院（庭）合并，组建少年家事法院（庭）。"未成年人案件与家事案件的审理在理念和制度上存在天然的契合度，这就让少年家事法庭同时受理各类未成年人事件和家事案件具有可行性。从未成年人司法发展脉络来看，大多数国家在其发展到一定阶段，都将其与家事事件相结合，成立少年家事法院（庭）或家事法院（庭）。"② 家事案件和未成年人案件在一些重要原则和价值判断上保持一致，如都重视保护未成年人利益，坚守"儿童利益最大化"原则、维护婚姻家庭关系的完整、大量使用调解程序等。这些特点使得二者在制度设计上趋同，也使得成立少年家事法院（庭）成为可能。

事实上，国外的很多家事法院（庭）已经实现了将未成年人案件和家庭纠纷案件合二为一。在家事法院审判制度最完善的日本，家事法院主要审理以下案件："（1）日本新人事诉讼法规定的案件；（2）《家庭审判法》规定的相关案件；（3）《少年法》规定的审理少年保护案件的权限，主要是对14岁以下触犯了刑法的少年行为的审理；（4）《少年法》第37条第1款列举的应该作为犯罪而进行的第一审刑事诉讼案件；（5）对与户籍有关的案件、精神病患者的监护、少年院继续收容的决定以及少年院再次收容的决定等等与家庭审判相关的案件有审理的权限。"③ 可见，日本的家事法院也同时受理少年刑事案件及非行事件。"虽然各国在法院（法庭）的名称上存在差异，但由少年法院或家事法院同时受理未成年人事件和家事案件则是大部分国家的共同选择。如泰国有专门的少年家事法院；日本和美国部分州的家事法院同时受理家事案件和少年犯罪事件以及少年非行事件；澳大利亚儿童法院同时受理家事问题和未成年人事件；意大利的青少年法院

---

① 〔日〕中村英郎：《家事案件裁判制度的比较法研究》，郎治国译，载张卫平主编《民事程序法研究》（第三辑），厦门大学出版社，2007，第325页。

② 何燕：《论少年家事法庭的重构——一种中国式路径的思考》，《烟台大学学报》（哲学社会科学版）2014年第3期。

③ 冷罗生：《日本现代审判制度》，中国政法大学出版社，2003，第70～72页。

也审理家事案件；美国一部分州的少年法院也管辖家事案件等。"① 所以，在少年家事法院（庭）的机构建制中，必须慎重考量哪些案件可以进入少年家事法院（庭）的管辖范围，"合理的受案范围是少年家庭法庭得以有效运作的关键。一方面需要充分的案源来保障少年家庭法庭足以与其他普通法庭'分庭抗礼'；另一方面又必须要对其进行合理界分，防止少年家事法庭的特色因为受案范围的无限度扩张而被冲淡"②。

对于少年家事法院（庭）的机构设置来说，是在每个法院内部单独成立一个少年家事法庭，还是在每个城市设立一个少年家事法院，需要经过大量的实证调研后再决定，就目前而言，婚姻、继承等家庭纠纷的案件量每年都持续增长，已不虞少年家事法院（庭）的案件来源。澳大利亚是在联邦高等法院内部设置家事法庭，并在各主要城市设置联邦家事法院；日本家事法院是与地方法院并列的专门法院，由家事部和少年部组成，是综合性的家事审判机构；德国家事审判机构是在各级法院内部设置家事法庭：联邦最高法院内部设置家事法庭，各州高等法院设置家事法庭，地方和地区法院内部设置家事法庭；中国台湾地区也设有家事法庭专理家事案件。

对未成年子女隐私权的诉讼来说，它既是涉未成年人的案件，又是家庭案件，而无论哪一种，都不宜交由普通的民事案件审判庭审理，而少年家事法院才是当仁不让的最合适的机构。正如蒋月教授所说，"家事案件当事人的心理较复杂，既希望解决纷争，又不愿意亲属关系因此交恶；既要求分清是非，又存在辈分、亲情等顾虑；既要求彻底查清事实真相公平处理纠纷，又不愿意过度公开个人、家庭、家族隐私，也不可能从此老死不相往来。家事案件的审理结果和质量高低，关系到当事人及其家庭成员终生利益乃至数代人恩怨。"③ 我妻荣先生也认为，家事案件审理中的难点就在于身份关系，"身份关系是非合理的关系，家事纠纷的基础就是身份关系，其背后潜藏着复杂的人际关系，表面上看，有财产分割、精神安慰费、

---

① 陈爱武：《家事法院制度研究》，北京大学出版社，2010，第29~30页。
② 何燕：《论少年家事法庭的重构——一种中国式路径的思考》，《烟台大学学报》（哲学社会科学版）2014年第3期。
③ 蒋月：《家事审判制：家事诉讼程序与家事法庭》，《甘肃政法学院学报》2008年第1期。

养育费等支付金钱的请求，其根本则是夫妻间、亲族间情感上、心理上的纠葛，即埋藏着的非合理因素。因此，为了合理地解决表面上的法律纠纷，有必要先解决这些非合理的要素"①。

因为未成年子女隐私纠纷同样掺杂着太多的伦理亲情和心理纠葛，所以审理该类型的案件必须同其他少年家事案件一样，体现自己应有的特点和配置。第一，在法官人员的选择上，必须配备大量的女性法官。我国《未成年人保护法》第101条明确规定，公安机关、人民检察院、人民法院和司法行政部门专门机构或专门人员中，"应当"有女性工作人员：如四川广安市岳池县法院专门审理婚姻家庭的合议庭就全部由女性法官组成的。第二，案件的审理必须遵循时效原则，做到不拖延。涉及未成年子女的所有案件都要如此，因为这类案件一旦诉讼时间太长，会使未成年子女长期处于各方权利与利益衡量的过程之中，使身心遭受重大影响，并使案件的不利影响放大。第三，大量使用调解程序，并设为前置必经程序。可聘请一些心理学、教育学专家以及社会福利机构的人员参与调解过程，在这点上可学习日本家事法院的做法，由法官和家事调解员共同组成调解委员会。第四，少年家事法院（庭）的审理必须远离"当事人中心主义"，法官要积极地介入案件的调查与调解。法院（庭）可以设立调查官等专门调查机构，不仅要调查"法律上的事实"，还应关注"生活上事实"或者"社会事实"，不仅要调查"要件事实"，还要调查"心理上的事实"，并在此基础上透视案件的全貌。② 第五，不公开审理（包括调解），并对参与调解和审理的人员设置"保密义务"，一旦泄露将承担法律责任。日本法律规定："若家事调停委员或曾任家事调停委员的人，无正当理由泄露评议的经过或者家事法官和家事调停委员的意见或其多少的数字时，处以10万日元以下的罚金。家事调停委员或曾任这些职务的人，无正当理由泄露由于其职务而获知的他人秘密时，处以6个月以下监禁或20万日元以下的罚金。"③

长久以来，学者们对于少年法院（庭）与家事法院（庭）单独建制的

---

① 转引自张晓茹《日本家事法院及其对我国的启示》，《比较法研究》2008年第3期。

② 陈爱武：《论家事审判机构之专门化——以家事法院（庭）为中心的比较分析》，《法律科学》2012年第1期。

③ 转引自张晓茹《日本家事法院及其对我国的启示》，《比较法研究》2008年第3期。

呼声越来越高，但很少考虑到单独建制的成本以及案件数量因素，借此未成年子女隐私权的保护研究之便，笔者赞同将少年法院与家事法院合二为一的建制思路。

二 以宪法和民法的双重保护为主

目前我国的隐私权是作为民法中的人格权之一来立法的，但基于隐私权的重要性，仅仅靠民法是远远不够的。如尹田教授就认为人格权是一种宪法性权利："人格权从来就不是一种由民法典创制的权利：当构成人格的各具体要素（自由、安全、人格尊严以及更为具体的生命、健康、名誉、隐私等）被部分及分别纳入民法的保护领域时，依据一种狭隘的民法实证主义观念（凡为民法所保护的权利或者利益，即为民事权利），人格权的性质有可能发生模糊。但一当具体人格要素（生命、名誉、隐私等）向较为概括的人格要素（安全、自由、人格尊严）'归位'时，人格权的宪法性质即表露无遗。"① 龙卫球教授也认为不能将宪法规范和私法规范截然割裂开来："私法虽然应受法律和权利的约束，但是应排除狭隘的法律实证主义，不能将宪法与具体实体法规范截然分离，法的存在系以宪法秩序为内容，具有补充实体法不备的功能。私法的任务在于从完整的法律体系，而不是只从被称为民法的形式渊源中发现私法规范。"②

德国的隐私权就是受宪法和民法双重保护的。对德国人而言，隐私成为"自由完成、自我实现"的一部分。在 19 世纪 80 年代前后，德国的人格权保护主要通过有关侮辱的法律和著作权法来实现。1900 年的《德国民法典》不仅对他人的生命、身体、健康以及自由提供法律保护，而且还保护他人的姓名不被擅自使用以及他人的信用不受损害。《德国刑法典》也规定了禁止侮辱他人的相关条款。1949 年的《德国基本法》第 1 条明确宣告"人的尊严神圣不可侵犯"；第 2 条中承认了德国传统的人格权保护模式，并保证"每个人都享有自由发展其人格的权利，在他的行为未侵犯其他人

---

① 尹田：《论人格权的本质——兼评我国民法草案关于人格权的规定》，《法学研究》2003 年第 4 期。

② 龙卫球：《论自然人人格权及其当代进路——兼评宪法秩序与民法实证主义》，载许章润主编《清华法学》（第二辑），清华大学出版社，2003，第 137 页。

权利的范围内"①。

我国宪法事实上也有关于隐私权的条款，如《宪法》第 38 条规定，"中华人民共和国公民的人格尊严不受侵犯"；第 39 条规定，"中华人民共和国公民的住宅不受侵犯。禁止非法搜查或非法侵入公民的住宅"；第 40 条规定，"公民的通信自由和通信秘密受法律的保护"。《宪法》第 38 条所规定的"人格尊严"和"尊严"是两个不同的概念。"人格尊严"是人格权法中姓名权、名誉权、荣誉权等具体权利所蕴含的利益，而人的"尊严"是"人之为人"的最高追求，也是法律的终极目标。

对未成年子女来讲，未来有无限可能性，其独立人格的培养从幼儿阶段就已经开始了，对其隐私的尊重绝不是对其放任不管。他的个性，他的独立性，他的"自治"以及"担责"的勇气，都可能源于父母的一点点"放手"。正如一位学者所讲："许多思想和立场如果没有以隐私的形式获得这些东西的孕育、成长，就会带着早产危险来到这个世界。"②

三　非诉程序及指令的设计

亲子关系中的侵权区别于其他种类侵权的最大特点就在于有亲情的存在，而一旦将侵权纠纷提交到法院，那亲情就岌岌可危了。在亲子关系背景中解决父母侵犯未成年子女隐私权问题时，最重要的一个制度设计就是"非诉程序"。我们拥有大量的社会团体和组织，如《未成年人保护法》中提到的工会、青年联合会、少年先锋队、妇联、未成年人保护委员会，甚至社区委员会，他们的"调解"对于缓和对立的亲子关系、实现隐私权纠纷的"非诉化"发挥重要的作用。即使纠纷到了法院，法院也应该贯彻"先行调解"做法，并将其纳入"必经"程序。如澳大利亚《1975 年家庭法》第 60I 条："确保所有面临可由依本章作出的命令予以处理的纠纷的人能尽量在申请第七章命令前通过家庭纠纷调解机制解决争议。"③ 德国情况同样如此。"为了避免照顾权争议给子女造成沉重负担，照顾权程序采用特

---

① Grundgesetz ［Constitution］ art. 2, para. 1.

② 王秀哲：《隐私权的宪法保护》，社会科学文献出版社，2007，第 54 页。

③ 《澳大利亚家庭法》，群众出版社，2009，第 124 页。

殊的程序原则：在任何情况下，法院皆应促使（谋求）父母达成一致意见，只要这样做不违反子女的最佳利益。法院应当提醒当事人去青少年救助机关咨询，并提示和解的可能或其他任何庭外争端解决方式。"① 正是在此意义上，丹尼尔·沙勒夫认为："法律的目标，应该是鼓励规范的发展，以及激励人们非正式的解决他们的争端。就理想的前景而言，大多数的问题会是由双方共同处理的，而不是诉诸法律。然而对于更极端和严重伤害的案件，我们需要一些法律的补救措施。"②

正如沙勒夫所讲，只有在更极端和严重的情况下，法律才会予以补救，那什么情况才能认定为"极端和严重"呢？《德国民法典》第 1666 条第 1 款规定法院只有在符合两个条件时才能对子女的抚养进行干预：（1）子女在身体上、精神上或心灵上的最佳利益受到危害；（2）父母无意或不能避开危险。而干预措施的采取必须要符合必要性和比例原则："法院采取的干预措施，必须是为排除子女之危险而言是适当地和必要的。在手段上必须遵循比例原则，即干预的严重程度和所追求的结果之间必须为适当的关系。"③ 第 1666 条第 3 款规定了可能的干预措施，其中针对父母的措施有：（1）要求父母遵守教育义务；（2）为了避免子女受到家庭暴力的危害而禁止使用家庭住所或特定的其他住所；（3）出于同样的理由：如果子女通常停留在住所的特定区域，禁止停留或靠近该区域；（4）禁止和子女联系或会面；（5）部分或全部剥夺父母照顾。

如果说《德国民法典》第 1666 条更加适用于父母"极端和严重"地侵犯未成年子女隐私权甚至造成子女精神上、心理上巨大创伤的情形，那在不那么严重的情形，或许美国 1989 年《儿童法案》中规定的指令制度更加符合未成年子女隐私保护的现实。《儿童法案》第 8 条第 1 款列出了指令的类型。"这些指令可在一切法庭和一切家庭诉讼中取得：①居住令；②探视令；③禁止行动令；④特定问题令。"④ 在四项指令中，对解决未成年子女隐私保护有益的是禁止行动令和特定问题令。禁止行动令是很灵活的一项

---

① 〔德〕迪特尔·施瓦布：《德国家庭法》，王葆莳译，法律出版社，2010，384~385 页。
② 〔美〕丹尼尔·沙勒夫：《隐私不保的年代》，林铮顗译，江苏人民出版社，2011，第 132 页。
③ 〔德〕迪特尔·施瓦布：《德国家庭法》，王葆莳译，法律出版社，2010，360~364 页。
④ 〔德〕迪特尔·施瓦布：《德国家庭法》，王葆莳译，法律出版社，2010，第 272 页。

规定，它类似于我国法院作出的"停止侵权"，但适用范围更广，不仅可以限制父母一方或双方对儿童作出的某种行为，还可以限制某人与子女交往，或限制某人对子女的事自作主张。特定问题令是"对关于儿童父母责任的任何方面已经出现或即将出现的特定问题提供解决指导的指令"。① 它用以解决履行父母责任中出现的或可能出现的任何争议，比如每次考完试，父母总是第一时间想看孩子的试卷成绩，如果孩子坚决不给看，那在"能看与不能看"之间，法院可以制作一个特定问题令。再比如父亲和母亲在对待孩子的通讯记录是否要查看的问题上出现不同意见，也可以申请法院制作特定问题令。此外，该令还可适用于未成年子女的教育、医疗、交友、避孕等各个方面。

四 原则与规则的设计

不管是单独的隐私权立法，还是在未成年人保护法中就隐私权问题进行规制，解决亲子关系中父母的亲权与子女的隐私权冲突的最好办法莫过于细化两者的权利范围，明确两者的权利内容。而两者相较，明确亲权的内容更重要，"尤其是明确容易与隐私权相冲突的教育权的内容和行使方式，是解决权利冲突的重要途径。父母在行使教育权的范围内，可以要求未成年子女承担义务，或者限制未成年子女的权利"②。之所以作出上述判断，原因有二：一是亲权的内容更加容易确定，更加具体，而未成年子女的隐私权范围相对模糊，在其隐私利益和隐私权的界限上难以把握；二是对于未成年子女来说，"子女的权益"要比"子女的意愿"更加重要。对于年龄比较小，尤其是 8 周岁以下的未成年子女，其"子女的权益"应交由父母认定。

当然，对未成年子女的隐私保护来讲，确定其隐私权的一般客体是必要的，而这在具体的法律规则中体现。如深圳市人大常委会关于修改《深圳经济特区实施〈中华人民共和国未成年人保护法〉办法》的决定以及《江苏省未成年人保护条例》（2009）在作出一般规定后又单独指出两种常

① 〔德〕迪特尔·施瓦布：《德国家庭法》，王葆莳译，法律出版社，2010，第 275~276 页。
② 〔德〕卡尔·拉伦茨：《德国民法通论》（上），王晓晔等译，法律出版社，2003，第 5 页。

见隐私客体,前者指向信件和日记,后者指向通信自由和通信秘密。值得注意的是,《海南省未成年人保护条例》(2016 年 1 月生效)规定:"需要了解未成年人学习、生活和交往情况时,应当采取适当的方式进行。父母或者其他监护人应当根据未成年人的年龄和智力发展状况,在作出与未成年人权益有关的决定时告知其本人,并听取他们的意见。"并且,该规定也是出自家庭保护中的未成年人隐私权条款,里面所蕴含内容良多。长久以来,未成年人的自治性隐私权一直得不到承认,有关未成年子女利益的决定的作出也掌握在父母手中,而该条所隐含的子女私生活自主不受家长任意侵犯和参与决定的内容似乎表明法律在朝着承认未成年人自治性隐私权的道路上前行。《未成年人保护法》第 4 条也反映出此种倾向即"要适应未成年人身心健康发展的规律和特点",要注意"听取未成年人的意见"。当然,立法总是抽象的,法律的适用需要通过法律解释,一般隐私条款的规定足以在具体的个案中发挥它应有的功能。

除法律规则外,未成年子女的隐私保护更需要确定一些"法律原则"。一方面,亲子关系中父母的亲权与子女的隐私权纠纷总是处于各种不同的情境中,由于现实状况的复杂不可能就两者作出统一规定,所以对个案裁决的作出,原则更具指导意义,甚至可以直接依据法律原则作出裁判。另一方面,隐私权的内涵还在不断变化中,尤其是随着信息社会的到来,权利意识的进一步觉醒和家庭结构、功能摆脱传统的幅度加大,必然会产生新型的"隐私客体",在判断哪些事物或信息可归入未成年子女的隐私保护范围时,法律原则无疑将起到巨大的作用。具体说来,未成年子女隐私权的保护原则至少有以下三项:(1)最大利益原则。《儿童权利公约》第 3 条第 1 款就是代表;"台湾民法典"第 1089 条规定,父母对于未成年子女重大事项权利之行使意思不一致时,得请求法院依子女最佳利益酌定之。① 此外,很多国家的法律"虽未明言"但也通过相关设计将该原则隐含其中,如《意大利民法典》第 320 条第 6 款规定:"如果发生处在同一亲权下的子女利益相互冲突的情况,或者发生父母的利益或行使专属亲权的父亲或母亲的利益与子女的利益相互冲突的情况,则由负责监护事物的法官为子女

---

① 王丽萍:《亲子法研究》,法律出版社,2004,第 174 页。

任命一名特别保佐人。"《俄罗斯联邦家庭法典》第 64 条第 2 款规定："如果监护和保护机关确定，父母与子女的利益之间有分歧的情况下，监护和保护机关必须为保护孩子的权利和利益指定代理人。"第 65 条规定，亲权的实现不能与子女的利益相抵触，保障子女的利益应是父母主要关心的对象；在实现亲权时，父母无权给子女的生理和心理健康、道德发展造成损害；教育孩子的方法应禁止用轻视、残酷、粗暴、损害人格尊严、侮辱或者剥削孩子的方式。（2）不断变化发展的行为能力原则。希拉里·罗德姆·克林顿（Hillary Rodham Clinton）在 1973 年发表的一篇文章中首次提出，立法应该确认未成年人不断发展变化的行为能力，这篇文章随后被广为引用。① 虽然"未成年人不断发展变化的行为能力"仅在联合国《儿童权利公约》中出现两次，但尊重未成年人不断发展变化的行为能力是《儿童权利公约》倡导的最重要的价值观点之一。根据劳福（Laufer）和沃尔福（Wolfe）的研究，"在人生发展的不同年龄阶段，个体的需要、能力、活动、期望与感受都是变化着的，因此，隐私的定义和形式也是相应变化的"②。布莱克斯通在列举儿童法基本原则时确认："当儿童的理解力和智力足以决定关于自己的事项时，父母的权利服从于儿童的自我决定的权利。"③《德国民法典》第 1626 条第 2 款规定：在抚养和教育时，父母要考虑子女不断增长的能力和子女对独立的、有责任感的实施行为的不断增长的需要。④ 因此，在平衡未成年人隐私权时，必须要注意到："未成年子女年龄越大，他们也就愈加需要个人隐私，我们也就更加需要保护他们的隐私权。这样，一方面，未成年子女的隐私权随着他们年龄的增长而扩张，另一方面，随着他们隐私权的扩张，他们遇到危险的情况也增多。当父母保护以及照料子女的职责与父母尊重子女隐私权的义务相冲突时，父母保护以及照料子女的职责应该优先考虑"⑤。虽然杰里米·沃尔德伦（Jeremy

---

① Hillary Rodham Clinton, "Children under the Law", 43 *Harv. Educ. Rev.* 487, 488（1973）.

② Laufer&Wolfer, "Privacy As a Concept And a Social Issue: A Multidimensional Developmental Theory", *Journal of Social Issues*, 1977, no. 35（3）, pp. 23–42.

③ 〔美〕凯特·斯丹德利：《家庭法》，屈广清译，中国政法大学出版社，2004，第 230 页。

④ 《德国民法典》，陈卫佐译，法律出版社，2004，第 444 页。

⑤ Jeremy Waldron, *Rights in Conflict*, in *Liberal Rights*, Collected Papers 1981–1991, 203, 218（1993）.

Waldron）的看法不一定全部准确，但他至少告诉我们一个解决未成年子女隐私权和其他权利之间冲突的恰当方法，就是"个案中的利益衡量"。未成年人的时间跨度太大了，不同年龄段的未成年人对其隐私权的主张程度不同，故而保护方式和保护程度亦有不同。在 1~18 周岁之间，有几个重要的时间点，这是在个案审理中法官需要注意的，如 8 周岁、14 周岁、16 周岁。但不管怎样，对"权威与服从"语境中的成年权威而言，将所有的未成年人事务进行"大包大揽"的时代过去了。（3）未成年子女的利益而非其意愿原则。正常情况下我们都假设亲子关系中父母与子女的利益是一致的，但当亲权与隐私权出现了冲突时，究竟哪一种权利才是真正符合子女利益的？在这个问题上，除了可以根据年龄段的划分来解决外，还有一个途径就是法官拥有最终的发言权。不管是在法官主持下的调解也好，还是上文提到的"特定问题令"也好，法官根据特定的情境作出个案化的裁决是正当的。比如法官在判断父母发出的一个禁止其子女与某人交往的禁令是否侵犯孩子的自决隐私时，如果证据证明禁令"使孩子脱离吸毒环境，可视为禁令的当然依据；而由于就学（转学、跳级等）方面的原因隔断孩子的社交联系，理由则是不充足的"①。还有医疗决定的作出时，"即使医疗措施取决于父母的同意，但如果医疗措施'非常有疗效'，并对未成年人的未来生活有重大影响，法院也通过判例为未成年人设立了否决权。行使否决权的前提条件是，未成年人'拥有足够的判断能力'"②。

---

① 李道刚：《论德国家庭教育权》，《山东社会科学》2003 年第 4 期。
② 〔德〕迪特尔·施瓦布：《德国家庭法》，王葆莳译，法律出版社，2010，第 338 页。

第七章　师生关系中的未成年学生隐私权保护

师生伦理虽未名列"三纲五常",但却不乏对其界定的名言警句。最早阐述师生关系的是《礼记·学记》:"凡学之道,严师为难。师严然后道尊,道尊然后民知敬学",这里的"严师"指的就是"以师为尊、尊敬老师"的意思。"人有三尊,君父师也"①、"国将兴,必贵师而重傅。国将衰,必轻师而贱傅""一日为师,终身为父"等皆为常见的经典表达。不仅如此,师生关系还事关"朝堂政治",君主尊师重道,从而诞生敢于"谏言""规劝"皇权的"士大夫"阶层。但回过头去反思,传统文化中"吾爱吾师"的观点很多,"但吾更爱真理"的表述几乎没有。也就是说,传统的师生关系是单向的,强调的是学生对师长的尊重与服从义务。当然,这与封建社会"教育的目标""等级制度""知识的匮乏和对知识的敬重"有关。如果承认教育的"时代性"的话,不同社会的师生关系应当具有不同内容。"学校在历史上曾经先后为贵族、教士阶层、资产阶级(即中产阶级)和平民服务,也总是按照特定时代和统治阶层的要求来教育儿童。今天,为适应变化了的社会理想,学校也必须作出相应改变。因此,如果今天的理想人是独立、自我控制和勇敢的人,那么学校就得作出相应调整,以培养接近这种理想的人"②。现代师生关系中,"尊师重道"固不能忘,但学生的权利意识却随着"文明、法治"的进程得以彰显。其中,学生隐私权成为教育

---

① 最早见于春秋末年鲁国人左丘明所作《国语·晋语》:"民生于三,事之如一。父生之,师教之,君食之。非父不生,非食不长,非教不知,生之族也,故壹事之。"可参阅《国语》(卷七),上海古籍出版社,1982,第251页。

② 〔奥〕阿尔弗雷德·阿德勒:《儿童的人格教育》,彭正梅、彭莉莉译,上海人民出版社,2011,第30页。

界和法学界关注的热点。

第一节　未成年学生隐私权的提出

受教育权是我国宪法规定的基本权利。在对受教育权性质的诸多解读中，"学习权"获得了大部分学者的赞同，因为"从学习角度审视受教育权，意味着是从受教育者的角度来审视受教育权，那么教育的存在必须以受教育者的利益和需要为前提"①。然而，在受教育者权利话语中，隐私权是争议巨大的一个。首先，绝大多数学生皆为未成年人，未成年学生因其"年幼""少不更事""理性不足"，从而被认为不是自身事务的最佳管理者，教师在学校取代父母的角色，成为学生的另一"监护人"。在教育制度设计之初，也预设了"教师和学校对学生的教育、管理吻合学生的利益"这一前提，再加上"教师是人类灵魂的工程师"等对教师的溢美之词，学生在学校只需要专心学习即可，隐私权何用？其次，隐私权本身的概念和内涵难以界定。在早期历史上，隐私不过是侵权行为的一个兜底类型（residual category）。经过 120 多年的发展，隐私权虽然在美国和欧洲诸国形成各具特色的保护体系，但试图给隐私下一个能普遍接受的、一般化的定义和试图定义"自由"一样艰难。说到底，隐私概念是开放的，是对一大堆价值和权利的一个一般性的标签。成人的隐私权尚难界定，未成年人的隐私权自然更加扑朔迷离。再次，社会中存在大大小小的"单位"，"单位"内部实行"自治"，比如"家庭""医院""企业""学校"，国家的权力触角不能随意伸入这些"单位"内部。在一些隐私权的著作中，有学者提出"团体隐私权"的概念，将单位内部组成人员视为一个整体，团体中所有成员的个人私生活和私人信息不受侵犯，这种隐私权的"团体"视角使得学生隐私权湮没于学校这个大家庭。

任何一项基本权利只要一行使，就会产生社会关联性及随之而来的社

---

① 王柱国：《学习自由：寻求受教育权之本质》，载齐延平主编《人权研究》（第 13 卷），山东人民出版社，2014，第 151 页。

会拘束性，这是因为每个人都不能遗世而独立也。① 尽管学生隐私权的权利主张困难重重，但"为权利而斗争"是法治建设的必经途径。针对上述三项争议，提出以下几点意见。第一，正如杰斐逊所言："如果我们认为人民见识不足，判断不周，不能执行决定的权力，补救的办法不是把决定权从他们手中拿走，而是透过教育，让他们善于判断。"② 教育的本质就是赋予学生理性选择和判断的能力，而不是代替其作出决定。以"理性不足"为由剥夺未成年学生的自主决定权是对未成年人权利主体地位的侵犯。"应在本体论的意义上给予儿童同成人一样的道德考量，他们应当被当作价值的主体，而不仅仅是被保护的对象。基于普遍和平等的人的尊严和价值基础，儿童被赋予同成人一样的道德地位，被视为一个目的而非某种工具或手段，因此，儿童权利是其本身固有的、不可剥夺的、同等保护的，而不是基于承认认为合适或基于与成人的关系而被外在赋予的。"③ 第二，隐私是人类价值的缩影，这些价值可以概括为"个人自觉""个性""个人人格"④。虽然给隐私权下定义很难，但并不妨碍我们对隐私权的属性和范畴进行界定。隐私权最发达的美国基本上形成了宪法上的隐私权、侵权法上的隐私权和信息性隐私权三类，普罗瑟教授在《侵权行为法重述》（第二版）中将普通法中的隐私侵权行为分为四类。德国也形成了一般人格权和信息自决权两种隐私保护概念。所以，难以取得隐私权的概念共识并不能阻碍对学生隐私权予以保护。第三，"隐私权的产生是出于对公共社会的短暂逃离，对个人领域的营造，在一定程度上所表达的是对于自我的追求，体现的是对精神利益和人格利益的渴求，彰显的是个人主义的思想，在本质上隐含着与群体主义（包括家庭、学校、宗教团体、公司、社区、国家组织乃至整个社会）在内在逻辑上无法避免的冲突与紧张，尽管个人与社会始终处于既

① 陈新民：《德国公法学基础理论》（下册），山东人民出版社，2001，第347页。
② 转引自〔美〕科恩《论民主》，聂崇信等译，商务印书馆，1994，第172页。
③ Greg Sitch, Sarah McCoubrey, "Stay in Your Seat: The Impact of Judicial Subordination of Students' Rights on Effective Rights Education", *Education and Law Journal* (2001-2002) 11, p. 173.
④ 〔美〕理查德·C. 托克音顿、阿丽塔·L. 艾伦：《美国隐私法：学说、判例与立法》，冯建妹译，中国民主法制出版社，2004，第17页。

共生又对抗的处境中。"① 所以，过于重视"学校"的利益，势必会削减学生的个人隐私。

从教育的层面讲，肯定学生拥有隐私对双方都是有益的，一方面秘密和隐私为学生的个性养成及人格尊严提供了培育条件，另一方面也使得教育工作者认识到对学生的完全监督与控制是不可能的。从权利的角度讲，"人权的根源在人性而不在理性——况且成人也并非总是理性的；人权对抗的也并非仅仅是国家——人权对抗一切强权包括儿童对抗成人世界的强权"②。学生隐私权作为一项基本人权，也要在接受教育管理的过程中对抗学校和教师对其私人生活的侵扰和私人信息的非法披露。

第二节　教育管理中未成年学生隐私权的具体类型

教育管理过程中对学生隐私权造成侵犯的类型和场域是多元的，以侵权主体以及侵权场域为标准，可将学生隐私权的具体类型分为四种：（1）学籍、档案管理与奖惩中的学生隐私权，主要是指学校作为侵权主体的类型；（2）教学管理中的学生隐私权，主要是指教师作为侵权主体的类型；（3）学校生活中的学生隐私权，学校和教师皆可作为侵权主体的类型；（4）校园搜查中的学生隐私权，主要指安保部门作为侵权主体的类型。③

一　学籍、档案管理与奖惩中的学生隐私权

1. 学生的信息隐私权

案例1：2011年8月3日，《人民日报》一篇《大学生"被办"多张信用卡，学生隐私信用咋保护？》的文章引起轩然大波。据报道，2011年7月

---

① 可欣：《隐私权研究》，载徐显明主编《人权研究》（第7卷），山东人民出版社，2008，第223页。
② 段玉章：《儿童权利观初论》，载徐显明主编《人权研究》（第12卷），山东人民出版社，2013，第234页。
③ 上述四种类型以侵权主体结合侵权场域作为划分标准，仅仅是为直观地阐述学生隐私权的表现方面，并非在"责任承担"含义上的划分。因为不管是教师侵权还是学校侵权，学校都要承担侵权责任，是学生隐私侵权的"当然"责任主体。

29 日，天津某大学 1 名应届毕业生意外发现自己名下拥有 11 张中国工商银行的信用卡，而实际情况是他自己从未办过工行信用卡。后来进一步发现，所有 11 张卡的"主人"都出自新闻学院，个人信息中地址一栏填的是"天津某大学新闻学院"，且工作电话一栏留的也是新闻学院办公室电话。①

案例 2：2015 年 4 月 24 日，《燕赵晚报》一篇《邯郸百余名大学生被办卡，最多一人 6 张》的新闻再次报通学生信息被侵犯事件。位于河北邯郸的某大学水电学院的学生小张在办理银行卡时，被告知其名下已经有 6 张中国银行长城借记卡，其他同学接着也纷纷发现自己名下多了四五张这样的卡，且涉及的学生多达上百人。后来银行的工作人员证实，2011 年新生入学时参加过中国银行推行的"校园淘宝卡进校园"活动，只是后来淘宝卡没收到，借记卡倒是办了五六张。②

案例 3：无独有偶，同是 2011 年入学的湖南某大学学生小吴也遭遇了"办卡门"，还被收过 30 元的年卡费，据小吴说在学校贴吧里发现被办卡的同学已达 260 多人。发卡的中国银行某负责人称是银行与大学学生工作办公室合作促成此事，尽管某大学后来发出澄清声明，但稍有常识的人就明白学校脱不了干系。③

其实上述类似事件在我国高校屡见不鲜，上述 3 例仅是"冰山一角"，学生们无奈地称为"被办卡"现象。早在 2010 年我国就已通过《高等学校信息公开办法》，其第 10 条明确规定涉及个人隐私的信息不得公开。④ 那么，什么样的信息是"涉及个人隐私的信息"呢？王利明教授认为，"个人信息是指与特定个人相关联、反映个体特征的具有可识别性的符号系统，它包括个人身份、工作、家庭、财产、健康等各方面信息的资料"⑤。齐爱

---

① 参见《大学生"被办"多张信用卡，学生隐私信用咋保护?》，《人民日报》2011 年 8 月 3 日。
② 参见《邯郸百余名大学生被办卡，最多一人 6 张》，《燕赵晚报》2015 年 4 月 24 日。
③ 参见《湘大学生被办银行卡，银行回应可批量销户》，《潇湘晨报》2015 年 8 月 25 日。
④ 《高等学校信息公开办法》第 10 条："高等学校对下列信息不予公开：（一）涉及国家秘密的；（二）涉及商业秘密的；（三）涉及个人隐私的；（四）法律、法规和规章以及学校规定的不予公开的其他信息。其中第（二）、（三）项所列信息，经权利人同意公开或者高校认为不公开可能对公共利益造成重大影响的，可以予以公开。"
⑤ 王利明：《隐私权概念的再界定》，《法学家》2012 年第 2 期。

民教授认为"个人信息是指自然人的姓名、出生年月日、身份证号码、护照号码、特征、指纹、婚姻、家庭、教育、职业、病历、医疗、基因、性生活、健康检查、犯罪前科、联络方式、财务情况、社会活动及其他能以直接或间接方式识别该个人的信息"①。如果说王利明教授对个人信息是一种"抽象"的演绎，那齐爱民教授则是"具体"的归纳。两种概念方向不同，却指向同一个要素——"可识别性"，它直接指向某一特定的人。我们每个人在当代都身具两种形象：一是现实中的人的形象，它直达自身；另一个就是各种信息结合起来的形象，它指引他人在人群中找到你。不管是身份证号，还是肖像、声音、姓名、工作单位、种族、银行账户……或许，有的一个信息就能识别出某人，也有的需要几个信息集合才能识别出某人，但不管如何，具备"可识别性"的信息就是个人信息。个人信息和个人隐私并不完全相同，美国和欧盟各国也各自走出了独特的道路。如美国在1974年制定了《隐私法案》，对政府机构应当如何收集个人信息、什么内容的个人信息能够储存、收集到的个人信息如何向公众开放及信息主体的权利等都作出了比较详细的规定，以规范联邦政府处理个人信息的行为。德国除了用民法中的人格权制度保护隐私权外，针对个人信息也创设了新型权利。"从20世纪60年代开始，随着信息社会的到来，德国开始关注对于个人资料这种新型的隐私权的保护，在制定个人资料保护法方面走到了世界的前列，德国宪法法院在人口普查案中承认，信息自决权在一般意义上也属于个人隐私范围。"②

具体到学生，其学籍和档案中记载的主要信息有：姓名、性别、民族、出生年月、身份证号码、家庭住址、联系方式、父母姓名及工作单位、有无病史、有无前科、奖励惩罚记录等。学校管理部门并没有对这些信息给予相应的重视，相反，随着信息的商业价值提升，大量学生信息被泄露，案例中的"被办卡"现象就是典型。由此，我们不得不对学校的学生信息安全提出更高要求，一旦证实学校在信息泄露的过程中扮演了"不光彩"

---

① 齐爱民：《对开放平台背景下个人信息保护的立法经验与借鉴》，《社会科学家》2013年第6期。

② 〔德〕梅迪库斯：《德国民法总论》（第2版），邵建东译，法律出版社，2001，第809页。

角色，那么不仅贩卖人要承担法律责任，泄露信息的学校亦不能免责。

一般情况下，学生信息被收集、存储和使用发生于教育管理中的学籍和档案管理阶段。学生从幼儿园入学开始就有了个人档案，随着接受的教育层次更高，其档案内容也更加丰富。但遗憾的是关于学校档案管理和利用中的隐私权限制并没有相应法律规定，《档案法》也没有直接涉及，仅在第 22 条以"他人合法权益"概括之。档案中记载很多学生个人隐私方面的内容，而且随着科学技术发展，电子档案开始普及。电子档案虽然在存储、管理和利用方面有传统档案无法比拟的优势，但电子档案也更容易泄露或被获取。《个人信息保护法》第 37 条规定："法律、法规授权的具有管理公共事务职能的组织为履行法定职责处理个人信息，适用本法关于国家机关处理个人信息的规定。"就此而言，学校等机构处理学生个人信息，应依照法律、法规规定的权限、程序进行，且不得超出履行法定职责所必需的范围和限度。无论是入学登记、档案流转，还是档案内容的增加，涉及学生隐私的信息越来越多，必须引起学校的重视。

2. 奖惩公告中的学生隐私权

案例 4：1999 年 11 月，湖南某学院的 6 名男女学生因两次在女生宿舍同床过夜被开除。6 名学生以学校侵犯隐私权和名誉权为由对学校提起诉讼，长沙某法院进行了公开审理，认定学校在处理该事件过程中，因未"防止名誉侵权行为的发生和保护原告隐私权不受侵害"，从而判原告胜诉。[①] 在学校提起上诉后，二审法院裁定"不属于人民法院民事受案范围"。

案例 5：2013 年 1 月 15 日，齐鲁网一篇《潍坊作弊考生个人信息被公示，侵犯学生隐私惹争议》的文章登出，立刻引起教育界热议。作弊考生是潍坊某学院的一名学生。记者找到了教学楼外张贴栏里的作弊处罚通告。通告内容包括作弊考生的姓名、性别、原籍、年龄、专业、学号等。

对违法违纪的学生进行处罚是学校行使教育管理权的应有之义，也是体现学校自治的重要方面。但问题在于，对学生的处罚是否要权衡学生的正当权益？在湖南某学院侵权案件的审理前后，学术界和实务界就"学生违法乱纪的行为是否是隐私权的客体"进行了争论。多数人持这样一种观

---

① 岳民初字第 618 号（1999）民事判决书。

点，即行为一旦违法乱纪，那就不再纯粹是个人私事，而是涉及公众利益，所以，违法乱纪的行为不能成为隐私权的客体。千百年来的认知和实践似乎也证实了这一点，你既然做了坏事，就要做好接受惩罚的准备。然而，情况正在慢慢地发生变化，下面将从两方面论证因违法乱纪而接受惩罚的学生也享有隐私权。

首先，从学生的人权角度讲，接受惩罚与保障其隐私权并不必然发生冲突。关于惩罚中的人权保障在刑罚领域体现得最明显：即使犯人被判处死刑，他也有有尊严地死去的权利。未成年学生不仅是值得关怀、珍视的群体，更应将其等同于成人作道德考量和法律考量。学生权利意识的觉醒使得学校在作出类似惩罚时再也不能持"家长主义"的立场，而是视其为人格独立、有尊严需求的个体。即使学生犯了错，违反了纪律，也要保障其人格尊严。而隐私权恰恰是能够满足这种需求的权利，所以，从平等人权的角度讲，学生隐私权应当在惩罚措施中得到保护。

其次，从隐私权的性质和客体来看，个人隐私即使违规违纪，甚至是不道德，也应纳入隐私权的保护对象。[①] 一方面，隐私权的界限正是"公共领域"和"私人领域"的区分，"我们在法律中引入社会公共利益，不是用高标准的道德信条来对人们的行为作出强制性的评价和改变，不是用来塑造完美之人，而是为了维护建立在国家和社会中的一般秩序和一般道德基础之上的利益"[②]。换言之，法治视野中的人是普通人，是善于功利计算和具备一般德行的俗人，如果法律不保障生活中那些"违反了道德或纪律的隐私"，那恐怕世界上就没多少可保护的隐私了。正视人性中固有的"瑕疵"，是实现"良法善治"的前提，不能用"司法道德主义"来看待隐私的内容。另一方面，隐私权的"主观性"涵摄权利主体所欲隐瞒的事项。"无论是相对个人性的隐私，如身体的隐蔽部位，还是明显社会性的隐私，如汇款希望工程、婚外性关系，均是任凭个人的主观意志即可作为，无须公

---

① 这里要区分违反法律与违规违纪。违反法律的"隐私"虽然是当事人欲"隐"的，但却不属于"私"。换句话说，行为或事项一旦触犯法律就不再是私事，但违犯纪律或不道德的"隐私"却仍属于私人领域。

② 可欣：《隐私权研究》，载徐显明主编《人权研究》（第7卷），山东人民出版社，2008，第225页。

众或不特定多数人、少数人的协助或配合。因此，隐私的存在，隐私之于社会公众而言是不可剥夺的，这正是自然权利的特点。隐私的自然性告诉我们，只要主体愿意隐瞒，隐私客体即可成为隐私事实，即使违反法律或公序良俗，隐私照样可以产生并继续存在。而且，是否公开、何时公开隐私内容，也任由当事人自行处置。"① 美国著名学者爱德华·布罗斯坦也认为："我们这个社会给予个人隐私以很高的价值，即使隐匿'不光彩'的信息，乃至于隐私并不是'有意义的经济投资的结果'，也概不例外。"②

因此，学校的惩罚是必要的，但以不侵犯学生的个人隐私为限。采用"公而告之"的惩罚方式将个人隐私"大白于天下"，虽的确能"震慑"其他同学，但这种"简单、粗暴"的震慑方式背后，是对学生人权的漠视，是在人为划分"好学生、坏学生"基础上的"人格分层"。"社会不应该把个人当作达到目的的手段。它应该在价值上把每个人看作他们自身的目的，而不是取得某些目标的工具。换言之，每个个人都应该被以尊严相待，这种尊严就是，他们应该被看作其自身的目的，而非之于目的的手段。"③ 这段对康德"人是目的，而非手段"的解读应当成为学校再作出类似惩罚措施时应当遵循的准则，因为违反这个准则的惩罚不仅可能构成道德批判，更可能成为法律作出否定性评价的对象。

除学校作出惩罚必须考虑兼顾学生隐私权外，有时候给予奖励也须考虑学生隐私权。比如学校对享受学费减免的学生进行名单公示，对贫困生的档案张榜公示，会让某些"受益者"感到"受不了"。从"阳光操作""公正公开""学生监督"的角度看，对给予奖励的学生名单进行公示是应当的，但公示的个人信息越多，被公示者的个人隐私就越容易暴露，比如某学生享受贫困生待遇的证明材料。贫穷虽是事实，但也是个人私事，贫穷不可耻，却也算不上自豪。2005年《人民日报》就曾有过相关报道，辽宁省某中学公示的特困生名单上出现了一女生的名字，如果公示1周后没有异议，学校将减免其学费。然而，就在公示当天，该女生就因"特困生公

---

① 梁慧星、廖新仲：《隐私的本质与隐私权的概念》，《人民司法》2003年第4期。

② 〔美〕爱德华·J. 布鲁斯通：《隐私无价》，常鹏翱译，载梁慧星主编《民商法论丛》（第21卷），金桥文化出版有限公司，2001，第395页。

③ 夏勇：《中国民权哲学》，三联书店，2004，第350~351页。

示"带来的巨大心理压力突然发病,出现全身抽搐、胸闷气短甚至神志不清的症状。① 获得物质帮助权是我国宪法赋予公民的一项基本权利,《教育法》第 38 条、《义务教育法》第 12、13 条都有相应规定。目前,学校的奖励公告中是否涉及学生隐私权问题已经引起社会关注,期待更多的讨论发生。

二 教学管理中的学生隐私权

1. 分数隐私

案例 6:早在 1998 年,《光明日报》刊出一篇文章,谈的就是分数能否成为学生隐私。四川省某中学暑假将上学期期末考试成绩张贴在工商银行办事处和镇政府门口,除公布高分成绩外,还将 4 名学生的低分成绩一同公布。这引起了 4 名学生及家长的不满。1 周后,该中学又将"成绩汇报"打印 50 份交镇党政办公室,拟送本镇各村及居委会,后仅送出 6 份。为此,4 名学生状告学校侵犯其名誉权。②

案例 7:2001 年,新疆某中学初三的 4 名女生在开完家长会的当天下午,相约集体服毒鼠药自杀,其中 2 名因抢救无效死亡。据悉,相约自杀的原因是该中学之前公布了期中考试成绩,并排了名次,这 4 位女生排在了后面,由于害怕家长责骂,她们便商议一起自杀寻求解脱。

学生的分数及排名仿佛"标签"一样将学生划分为三六九等。最令人痛心的是,有的教师对学生的热爱等同于对分数的热爱,而分数是有高有低的,于是,分数的高低转化为教师对学生"偏爱"或"冷漠"。教师已经忘了,"教育者最为重要的任务,或者说是神圣的职责,就是确保每个学生不会丧失勇气,并使那些已经丧失了勇气的学生通过教育重新获得信心。这就是教师的天职,因为只有儿童对未来充满希望,充满勇气,教育才可能成功。"③ 教育工作者应当谨记,不能用分数来随意评价学生的品性和未来。将分数高低等同于学生优劣的任何想法都是错的,将分数同某个学生

---

① 参见《教育论坛:特困生非要公示?》,《人民日报》2005 年 8 月 25 日。
② 参见《考试分数可否成为学生的隐私》,《光明日报》1998 年 12 月 16 日。
③ 〔奥〕阿尔弗雷德·阿德勒:《儿童的人格教育》,彭正梅、彭莉莉译,上海人民出版社,2011,第 49 页。

的未来成就联系在一起也必然是错的。分数仅反映了某个阶段的努力程度或者智力情况，而成功是智商和情商的结合，缺一不可。

孩子们不堪承受分数压力带来的过激反应让人们开始反思。2004 年 11 月，《上海市未成年人保护条例》第 15 条应时而生。该条第一次以"法律"的形式规定学生成绩和排名不予公布，并被诸多学者欢呼——用隐私权保护成绩不予公布的时代来临。实际上，不管是《未成年人保护法》还是《上海市未成年人保护条例》，都有专门的隐私权保护条款，并将其设置在"社会保护"一章内，而学生成绩不予公布是在"学校保护"一章（第三章），所以，从立法的形式布局来看，将成绩视为个人隐私是比较牵强的。真正将分数视为隐私的原因是"学习权"的个人主义视角，是将"学习"真正当成个人所属的一件私事，它强调并尊重学生的主体地位及不受外在的强制性评价。在个人主义路径上，学习的个人自主性和隐私权本质相契合。

2. 数字化教学中的隐私权

虽说科技是第一生产力，但当今对隐私权危害最大的正是科技。杰里·伯曼（Jerry Berman）和迪尔德尔·穆利根（Deirdre Mulligan）指出，给隐私权带来深刻影响的主要是数字时代的三大发展：一是数据生成技术快速发展，由此造成人们的个人数据被大量收集——几乎所有的现代社会交往记录都会被收集起来；二是数据市场全球化，且每个人都能够收集并检验这些数据；三是缺乏数码技术的控制机制，这些虚拟数据难以受到保护。[1] 我们在享受高科技带来的种种便利同时，也在不断付出个人隐私的代价。

教育领域的数字化教学就是如此，它已由新鲜事物变成常规教辅手段，也是教育教学现代化的趋势和潮流，但必须引起注意的是，它同时为学生的个人隐私埋下炸弹。数字化教学离不开教学软件，据美国软件信息产业协会的调查显示，早在 2013 年学龄儿童教学类软件总营收已达 79 亿美元，可以说，从 PC 软件到教学 App 应用，数字化教学的蛋糕正在做大。但在线

---

① Jerry Berman & Deirdre Mulligan, "The Internet and the Law: Privacy in the Digital Age: A Work in Progress", 23 *Nova L. Rev.*, 549, 554-556 (1999).

教学及教学软件会收集、存储、识别学生的大量个人信息，否则，数字化教学"引以为傲"的"教育质量追踪及评测"功能如何体现呢？所以，数字化教育的健康发展离不开对教学网站、教学类 App 应用以及教学类云服务等高科技产业的规范。否则，推广这些技术背后的企业们会源源不断地吸收各种财富，不仅是金钱，学生自身及教学情况的海量数据会成为他们收集的"另一种财富"。

被科技占领的教育市场已经引起人们的关注。在美国，加利福尼亚州成为全美第一个明文规范数字教学产业行为的州，通过颁布立法，对数字教育产业涉及的买卖学生信息、不恰当使用学生数据的行为给予规定。在此意义上，对学生隐私权的保护其实也是在侧面鼓励数字化教育的健康发展，因为只有当学生、家长、老师和学校都能确信学生的个人信息只用于纯粹的教学目的时，全社会才会支持、接纳新型教育。我国《未成年人保护法》第 69 条、第 70 条规定了学校要为未成年人提供上网服务设施，并合理使用网络开展教学活动。但遗憾的是，"合理开展"的规定太过模糊，现实中存在大量监控课堂，甚至使用人脸识别设备的例子，此情形是否属于"合理"使用值得探讨。

三　学校生活中的学生隐私权

1. 学生的身体隐私权

案例 8：2015 年 10 月 20 日，新华网新闻频道报道了洛阳市某幼儿园因多名男童裸体摆出各种造型（一个爱心、一个太阳和一张集体照）的照片被该园一名教师传到朋友圈引发争议的事件。尽管涉事教师声称是给孩子进行性教育和讲解做人的道理，并无恶意，但孩子家长对此极为不满，"看到之后感觉非常气愤，拍这些照片对孩子的心理上是一种虐待"[①]。

人类隐私意识的萌芽就源于身体。我国传统文化中将"隐私"等同于"阴私"，1989《辞海》中对"隐私案件"的解释是"亦称'阴私案件'，涉及男女私生活、奸情或其他淫秽内容的案件"。可见，最初的隐私意识源

---

① 参见《洛阳偃师一幼儿园老师给幼童集体拍裸照，教育部门已进行调查》，http://www.news.xinhuanet.com，2005 年 10 月 20 日。

于身体，源于性。也有学者从生活资料匮乏角度来解释身体隐私，"在人类社会形成初期，人们尚无更多的身外之物可供支配，因此人类的隐私意识仅能及于自己的身体。在文明尚未达到现代这个程度时，人们只认识到隐私需要保护，而未意识到隐私的其他部分也应得到保护"①。

对学生身体隐私权的侵犯一般发生在幼儿园、小学等年龄比较小的阶段，英国家喻户晓的《儿童十大宣言》就有保护儿童身体隐私的内容，其第 2 条是："背心、裤衩覆盖的地方不许别人摸。"应当告知学生身体属于自己，有权拒绝任何人的亲吻和触摸行为。

跟身体隐私权接近的概念是身体权，两者都指向身体，但保护客体、侵害方式及侵害后果并不相同。保护客体上，身体权是公民维护其身体的安全并支配其肢体、器官和其他组织的人格权②，它以人的生理肌体的完整和安全为客体；身体隐私权则旨在维护个人对身体敏感部位的支配和控制，不受他人非法侵入。侵害方式上，"身体权指以保持身体完全为内容的权利，破坏身体完全，即构成对身体权的侵害，如打人耳光、割须断发、面唾他人、强行接吻"③；而侵害身体隐私权的方式主要是偷窥、偷拍、偷录并且非法公开、传播、骚扰等。侵害后果上，侵害身体权主要是身体组织的破坏及机能的损坏或丧失，而侵害身体隐私权则是精神上蒙受羞耻、被侮辱、沮丧等。当然基于上述差异，两种侵权的责任承担也并不相同，前者以损害赔偿为主，后者以抚慰金为主。

2. 学生的私人生活隐私

案例9：2006 年 2 月，荆州沙市某中学搬迁至新校区。新学期开学后，新校舍共 110 间寝室入住了学生。3 月 7 日，该校一名学生找到媒体投诉称：学生宿舍门上的"猫眼"被反装了，寝室内看不到外面，外面却可以看见里面。对此，五中校长并不否认，且称此举是为了方便老师查房，对学生的寝室内不自觉行为方便管理。住校学生尤其是女生认为"猫眼"反装侵犯了他们的隐私权。④

---

① 曹亦萍：《社会信息化与隐私权保护》，《政法论坛》1998 年第 1 期。

② 杨立新：《论公民身体权与其民法保护》，《法律科学》1994 年第 6 期。

③ 王泽鉴：《债法原理（三）侵权行为法》（第一册），中国政法大学出版社，2001，第 106 页。

④ 参见《女生寝室反装猫眼，学校侵权》，《辽宁法制报》2006 年 3 月 22 日。

案例 10：2009 年 11 月，呼和浩特某中学高二班课上，一名男生手机响了，王老师径直走向该同学，没收其手机并在课堂上将手机里的短信内容读出，随后叫起给男生发短信的女生席某，对其近期学习状态进行了点评。3 天后，席某割腕后又从宿舍楼六楼跳下，其遗书中有这样一句话："一个人的承受能力是有限的，您对我有偏见我知道，也不至于这样吧?! 别人的隐私您无权干涉……"①

一个有趣的研究发现是：现代幼儿教育比较强调培养个人事务领域自决的能力，而随着教育层次的提高和孩子年龄的增长，学校个人生活自治的观念反而淡了，这不能不说是对现行教育制度的一个反讽。最早对儿童个人事务概念进行界定的是美国伊利诺伊大学的拉里·努奇（Larry Nucci）教授。他认为个人事务就是个体认为只对行为人自己产生后果，不属于对或错，而属于喜好和选择考虑的且超出社会规范和道德约束的一系列行为。"对个人事务自主决定的需求是人类个体社会化过程中普遍存在的和不可或缺的特征。因为个人事务自主观念表达了个体把自我与他人区别开来的一种基本的心理需要。"② 换句话说，寻求个人能够自主决定的事务领域是每个个体"社会化"过程中的必备因素。正是得益于这种研究，幼儿教育工作者把个人事务领域分成三类，其中个人自主事务的一类教师几乎不做干预。③

接下来的论证极为重要，即个人生活自主究竟是一种隐私权？还是一种生活自由？张新宝教授关于隐私权的定义中就将其界定为生活自由。隐私权是自然人享有的私人生活安宁与私人信息依法受到保护，不被他人非法侵扰、知悉、搜集、利用和公开的一种人格权。④ 可见，张教授认为隐私

---

① 参见《高二女生跳楼身亡，疑因老师当众读短信内容》，中国青年网，http：//career. youth. cn/tbch/200911/t20091113_1081221. htm，2009 年 11 月 13 日。

② See Nucci, Weber, "Social Interactions in the Home and the Development of Young Children's Conceptions of the Personal Domain", *Child Development*, 1995（66），pp. 1438-1452.

③ 幼儿个人事务分为道德事务、社会常规事务和个人自主事务，其中就道德事务、社会常规事务，教师往往给孩子以直接指示，而对个人自主事务，教师应给予暗示、建议或提供选择等间接指示。该部分可参见张秀春、邹晓燕《青少年的个人事务自主观念研究述评》，《心理科学进展》2001 年第 6 期。

④ 张新宝：《隐私权的法律保护》，群众出版社，2004，第 12 页。

权仅包含两类：私人生活安宁权和个人信息权。其否定私人生活自由属于隐私权的理由主要是："私生活决定权属于宪法权利，旨在对抗政府对私人生活的干预，实践中来自平等主体的私人对私生活决定权的侵犯的事例极少；私生活自决属于个人的意思自由，由人身自由权保护已足，私生活决定权可能导致隐私权与自由权的纠缠不清。"① 但现实果真如此吗？以未成年人为例，未成年人的私生活自主起码受到父母、教师、医生三种群体的强烈干预。1976 年，在 Planned Parenthood v. Danforth 这起堕胎案中，美国联邦最高法院首次承认未成年子女也享有隐私权。② 这个案件判决后不久，在 Carey v. Population Services International 案中，美国联邦最高法院确认未成年子女在采取避孕措施这种情况下享有隐私权。③ 而在 1979 年的 Bellotti v. Baird 案中，美国联邦最高法院认为，马萨诸塞州州法规定，未成年人堕胎前必须获得他们父母同意这一规定限制了未成年人的堕胎权。因此，这一规定是违宪的。④ 可见，生活中随处可见形式上平等、实质上不平等的主体对另一主体私生活自主的侵犯，父母子女如此，教师学生亦如此。另外，如果将私生活自决定性为意思自由，是对私生活自主的曲解。"人身自由中所包含的所谓精神自由，是以意思决定的独立和不受非法干预为内容的人格权。"⑤ 意思自由在民法上的含义应是"意思表达自由"，是意思表示不受欺诈、胁迫、恶意串通等情形，并以此为基础构建合同之债和侵权之债的行为规范，而"私生活自主"这一类型的隐私权旨在保障"私人领域"不受国家和第三人干涉。德国在私生活领域就以"事实上的自决性隐私权"替代"自由权"。联邦最高法院通过"读者来信案""骑士案""录音案"等一系列判例确立了一般人格权的"自决的权能"。根据学者的观点，该权能本来也可以被解释为《德国民法典》第 823 条第 1 款意义上的"自由"，但联邦最高法院并没有选择扩张自由权，因为这将产生范围更为广泛的"框架性权利"，突破第 253 条和第 847 条关于精神损害赔偿限制的立法意

---

① 转引自马特《隐私权研究——以体系构建为中心》，中国人民大学出版社，2014，第 42 页。
② 428 U. S. 52, 74-75 (1976) (plurality opinion).
③ 431 U. S. 678, 693 (1977).
④ 443 U. S. 622, 681 (1979).
⑤ 张俊浩主编《民法学原理》，中国政法大学出版社，1991，第 153 页。

图，并且这两种模式在结果上并无二致。①

对学生来说，年龄越大，隐私的观念意识就越强，宿舍就宛如他们的堡垒，邮件、短信就是承载个体人格的自由意志表达，如果这些受到侵犯，学生就仿佛在他人面前"赤身裸体"一般。表面上看，学校生活隐私强调的是学生的个人生活自主，但本质上传达的是一种"私人领域"的分界线，且在这个领域界定的过程中，学生的"意志"或"话语表达"特别重要。正如梁治平先生所说，隐私权所保护的范围覆盖私生活领域的全部，而信息秘密和生活安宁仅是私生活领域的隐私利益的具体表现。无论其表现为不受他人侵扰的"独处"，还是保护个人信息的"保留"（抑或其他种种），"隐私权"只涉及个人的自主，涉及个人的自我意志或意愿。② 所以，无论是父母，还是教师，都不能把自己的意志强加给学生。教育的初衷不是培养"温顺的绵羊"，也不能把孩子看成是"自身缺陷的弥补"。孩子首先是一个完全独立的个体，然后被一种"区别于成人"的方式来对待，只有认识到这一点，儿童（学生）的权利才会真正得到保障和实现。

3. 监控下的隐私

案例 11：2002 年 3 月，上海某中学两位学生在有 20 多人的自习室后排亲吻，被学校监控摄影镜头摄下。2003 年 4 月，该中学以"校园不文明现象"为题，集中播放包含上述录像在内的校园不文明现象，尽管在录像中，2 位学生的脸部打了马赛克，但熟悉的同学还是很快认出了他们。2003 年 8 月，两位学生以该中学侵犯隐私权和名誉权为由向虹口区人民法院起诉，要求在《青年报》公开道歉，并赔偿精神损失 5000 元。这是我国历史上第一个学生告母校侵犯隐私权的案件。原告对一审判决提出上诉，认为学校在公开场合将上诉人与女友的亲昵镜头公开播放是一种侵犯隐私权的行为，在已经出现上诉人脸部特征后再打马赛克，其所谓的隐形处理已没有意义，公开场合也存在隐私权，学校的管理不能违法，播放录像的行为侵犯了上

---

① 〔德〕霍尔斯特·埃曼：《德国民法中的一般人格权制度——论从非道德行为到侵权行为的转变》，邵建东等译，载梁慧星主编《民商法论丛》（第 23 卷），法律出版社，2002，第 430 页。

② 参见梁治平《再谈隐私与隐私权》，《南方周末》1996 年 11 月 15 日。

诉人的名誉权，此外，学校用监视器全天监视学生侵犯了上诉人的人格权。2004 年初，上海市第二中级人民法院维持原判。①

现代社会已经进入一个"全民监控"的时代，除了偏远的乡村可能没有摄像头外，走在城市的大街小巷，随时都有可能进入监控的视野，学校自然不会例外。安装摄像头的理由自然有其正当性，比如人身安全和财产安全，但不容忽视的是，摄像头使得学生的隐私利益受到损失，尤其是摄像头安装在一些比较敏感的地方，又"恰逢其时"地将录像播放出来。由此，监控中的学生隐私权主要强调两点。

首先，摄像头安装位置的不恰当可能会侵犯学生隐私。在诸如宿舍内部、厕所内部这样的极端隐私场合肯定是不能安装的，但除此之外，还有一些地方虽身处公共场所，但它距离私人领域仅仅"一线之隔"。比如学生宿舍附属区域，尤其是女生宿舍，如果将摄像头对准女生宿舍的门口或者阳台、晾衣架，那显然对女生的隐私构成侵犯。再如学生公厕门口，每个学生都难免从里面出来，所以，我们可以将这些地方视为极端隐私场所的延伸。1995 年，麦克鲁格教授发表了一篇论文攻击传统侵权法将隐私保护限于私人空间、拒绝保护公共场所隐私权的做法。他在文章中指出：假设一个被称为"观察者"（the watcher）的人将车停在乔（Joe）的住宅前并进行观察。无论乔或其家人何时出入住宅，观察者都用便携摄像机进行摄像。观察者并不掩饰自己的行为，相反他公开进行各种活动，如在每次离开前微笑着向乔致意，观察者向乔保证他并不想伤害任何人。尽管如此，乔仍然不希望自己和家人被他人观察和拍摄。乔给警察打电话，但警察说他未侵入乔的不动产，因此没有违反法律。麦克鲁格认为"通情达理之人"（Reasonable People）应当会同意观察者的行为违反了法律，法律应当对乔提供救济。② 麦克鲁格教授的例子本来是对"公共场所无隐私"的批判，但想象一下，如果将"观察者"换成"摄像头"，就会构成普罗瑟教授所列 4 种隐私侵权行为的一种：侵扰他人生活安宁。大街上的"家门口"和学校

① 参见上海市第二中级人民法院（2004）沪二中民一（民）终字第 2106 号判决。
② Andrew Jay McClung, "Bringing Privacy Law out of the Closet: A Tort Theory of Liability For Intrusions in Public Places", 73 *N. C. L. Rev* (1995), p. 1026.

里的"宿舍门口"何其相似!

其次,校园公共场合也应有隐私。"公共场所存在私人空间,可以分为三种:一种是公共场所的特定部分,如试衣间、公厕,被客人租用的客房或其他房间可能在租用期间成为私人空间或工作空间。第二种是半私人场所,如集体宿舍、办公室,这种场合限于一定范围内的人员使用。第三种是私人性质的交往和其他行为,这种'空间'没有可视的固定的边界,只能凭当地生活、行为习惯和行为人自身隐私意识来确定,可谓之'拟制空间'"①。上述前两种都比较容易理解,它们的实质是"在公共场所外衣下的私人空间"。问题的重点在第三种类型,即公共场合的私人行为。"普罗瑟教授认为公共场所不会发生侵扰他人安宁的隐私侵权行为的原因有两个:一个原因是默示的,即每个人进入公共场所就等于默示同意别人对自己进行审视;另外一个原因则是明示的,那就是在公共场所内,仅仅目视观察一个人与拍摄他的照片是毫无区别的。"② 普罗瑟教授的"默示规则"是说得通的,但"明示规则"则有点"一厢情愿"了。将"被目视观察"和"被拍照片"相提并论,显然缺乏情境考量。在 Kramer v. Downey 案中,原告与被告是一对刚刚分手的情侣,被告是原告的前女友,原告控告被告在分手后"总是在公共场所内紧紧盯着自己"。被告辩称"每次观察原告时都是在公共建筑物或公共场所内,而且警察也从未因此而逮捕她"。一审法院判决原告败诉,但得克萨斯州上诉法院在二审中推翻了一审判决,并在判决书中写道:"我们认为隐私权是内涵很丰富的权利,其中包括了无论在家中还是在工作场所,原告都有不受被告故意侵扰其生活的权利。"③

比较恰当的说法是,"尽管当人们进入公共场所的时候所让渡的隐私权会比在私人场所的时候让渡的个人隐私权更多,但是这不等于人们自动地

---

① 魏永证、张鸿霞:《大众传播法学》,法律出版社,2007,第 172 页。
② 转引自〔美〕安德鲁·杰·麦克拉格《打开隐私侵权的封闭空间:公共场所隐私侵权理论》,骆俊菲译,载张民安主编《侵扰他人安宁的隐私侵权》,中山大学出版社,2012,第 298 页。
③ 转引自〔美〕安德鲁·杰·麦克拉格《打开隐私侵权的封闭空间:公共场所隐私侵权理论》,骆俊菲译,载张民安主编《侵扰他人安宁的隐私侵权》,中山大学出版社,2012,第 307 页。

丧失所有的隐私权。"① 确定公共场合存在隐私利益的标准是"与公共利益无关的私人事件",即使"私人"是歌手、演员、官员等公众人物,也应在公共场合享有隐私权。美国联邦最高法院在 Time, Inc. v. Firestone 案中推翻了佛罗里达州最高法院的判决,拒绝将"'公众事件'等同于公共利益事件",该院还指出"通过法律程序结束婚姻关系的事件不是 Gertz 一案中所宣称的'公共利益事件',即使是超级富翁的婚姻危机与部分读者的兴趣有关,这仍然不构成公共利益事件"②。1999 年 12 月 15 日德国联邦最高法院在著名的"摩纳哥公主案"中判决,隐私也存在于公共场合,只要此时权利人相信其活动不在公众视野中,具体标准应依赖于个案的情况判断。③

综上,有理由相信在诸如校园等公共场合,也有学生的个人隐私利益存在。只要与公共利益无关(如校园安全),学生的隐私权必须得到保障。或许是因为教室中有了多媒体之类贵重的财物,教室里也安装了监控,但不管正当性为何,每天在"被监视"中学习,必然不是一种美好的体验,相信即便是教师,也难以在监控面前始终保持"从容"和"个性"。王泽鉴先生曾言:"一个人若可以被任意监视,窃听或干涉,他将无法对自己事物保有最终决定的权利,势必听命于他人,不再是自己的主宰,丧失其作为独立个体的地位。"④ 学校作为教书育人之重镇,万不可轻易作出有损学生个性和人格之事。摄像头既已安装,那就规范其操作,在正常的教学和生活时段停止运行,给学生的个人隐私留有余地。

4. 教师通过家访、心理咨询等所掌握的学生隐私

从教育史学分析,教育是一个由个别教育、家庭教育走向普遍教育、社会教育的过程,在此过程中,教育的"一般性"和"特殊性"如何权衡一直令教育工作者头疼。一方面,大教室、大屏幕的教学工具使得教育的推进是整体意义上的,教师不可能做到让每一个学生都能齐头并进,这就是教育的"一般性";但另一方面,教育还要因材施教,关心、爱护、了解

---

① Ward W. Fearnside&William B. Holther, *Fallacy*: *The Counterfeit of Argument*, 1959, p. 30.

② 424 U. S. 448, 452 (1976).

③ see Michael Henry, ed., *International Privacy*, *publicity and Personality Laws*, London: Butterworths Press, 2001, p. 157, p. 169.

④ 王泽鉴:《人格权法:法释义学、比较法、案例研究》,北京大学出版社,2013,第 179 页。

孩子，从这点上看，教师在"需要"的时候可以涉足学生的个人世界，包括其家庭，这就是教育的"特殊性"。为此，教师或多或少都会掌握一些学生个人信息，比如通过家访了解学生的身体健康、行为习惯、智力情感、家庭背景、父母职业等。但须注意的是：掌握这些信息既可能成为改进学生教育的契机，也可能成为教师不经意间泄露后的谈资。

还有种情况就是学生的心理健康状况越来越受到重视，学校都有心理咨询师。学生的心理问题不仅来自学习压力，还有家庭状况、男女感情、生理卫生等，在学生倾诉的过程中，教师非常容易获得学生的私人信息和秘密。如果教师将这些信息和秘密不当公开，就侵犯了学生的隐私权。

英国法对这种情况的处理有得天独厚的优势，它通过一种"信任责任法"的制度保护当事人隐私。它的经典描述是："无论何时，只要出于有限目的明示或默示的公开了某一秘密信息……那么，无论是已经获知秘密信息的知情者，还是因知情者违反自身信任责任而获得秘密信息的第三人，都必须承担相应的信任责任。"① 信任责任法的创设基于人与人之间的关系，这意味着他人对别人的信任，从而避免自己的私人信息被未经授权的其他人揭露。② 正如它的名称一样，他保护的是这样一种情形：我们基于对信托的合理期待与对相互关系的信赖而与他人分享一些个人信息，他人就不能擅自将我们的个人信息披露，否则就承担侵权责任。

四 校园搜查中的学生隐私权

案例 12：2013 年 9 月 18 日晚，山东某学院学生科发出一条通知，按照学校和公安局安排，所有男生务必第二天下午 2：20 在一教门口集合，参加 DNA 抽检备案。尽管对通知心存疑惑，但学生们还是完成了 DNA 采集。后来，区公安分局宣传科刘科长告诉记者说，2013 年以来滨城区发生了 38 起学生宿舍盗窃案，被盗电脑 35 台、手机 20 多部，涉及资产 20 余万元，并且从侦查的情况看，不排除学生盗窃的嫌疑。而学院给出的答复是，采集

---

① GVRRY, *Breach of Confidence* 278（1984），p. 4
② Neil M. Richards, "The Information Privacy Law Project", 94 *Geo. L. J.* 1087, 1137 – 1138（2006）.

DNA 信息是为了配合公安机关建立流动人口数据库。[①]

　　之所以将校园搜查中的隐私权独立出来，是因为对搜查背后的强制力进行限制以及对"正当程序"的强调。现代的"搜查"已经超出了"物理性搜查"的范围，即搜查不仅指对身体、宿舍、行李的搜查，还延伸到DNA、血型、尿检、指纹匹配等。校园中的案件很多，比如女生宿舍、浴室被偷窥、偷录；宿舍失窃；学校公共资产被盗等，甚至校园中流传一句话："如果你的自行车没被偷过，那你的大学生活是不完整的。"面对大量案件，校园安保部门"破案"的手段只有三种：看监控、走访学生以及搜查。而搜查发展到了极致，就在事实上行使了国家侦查机关才能行使的权力，一如案例 12。但问题的严重性就在于此，校园搜查的危害甚大，但却没多少人意识到这一点。在 R. V. M.（M. R.）案中[②]，加拿大联邦最高法院审查了某校行政主管搜查被怀疑携带毒品的学生行为的合法性问题，尽管同样被看作是政府部门，联邦最高法院还是认为对学校当局搜查学生的行为进行审查不能适用政府部门搜查普通公民的标准，如果学校确信有关校规被违反，法院就认为这理由足够克减学生的私人权利。法院的这一裁量实际上受"替代家长主义"很大影响。家长主义暗含着被管教者无法自己照料自己，由此学校权利来自家长权威的创造或赋予。[③] 1985 年的 New Jersey v. T. L. O. 案是《美国联邦宪法第四修正案》首次适用于校园搜查中学生隐私权的案例，法院指出："学校搜查权一旦逾越合理的范围，就会触犯到隐私利益的核心——'个人不受干扰'。"[④] 基于"便利"和"效率"的考虑，校园搜查往往不注意程序与方式方法，将被搜查学生的人身、财产置于灼灼目光之下，甚至强迫其脱衣，或者侵入被搜查学生不会主动公开的精神领域，从而使其遭受不快、屈辱等精神损害。

　　无论学校搜查的原因为何，其正当性只能源自搜查启动前的怀疑达到

[①]　参见《宿舍失窃，全校男生验 DNA》，《南方周末》2013 年 10 月 11 日。

[②]　20 C. R.（5th）197（SCC）（1998）.

[③]　Greg Sitch, Sarah McCoubrey, "Stay in Your Seat: The Impact of Judicial Subordination of Students' Rights on Effective Rights Education", *Education and Law Journal*（2001-2002）11, p. 173.

[④]　469 U. S. 325-341（1985）.

或超过"合理怀疑"标准。这种标准具有双重功能。"一方面,'合理怀疑'标准构成学校行使强制搜查的最低界限,保障了学生免于遭受不合理的搜查。另一方面,'合理怀疑'标准也保障了学校行使正当的搜查权。"① 也就是说,在"合理怀疑"标准下的搜查即使毫无结果,也是值得学生容忍的。然则达到什么程度才算"合理怀疑"呢?唯有客观充分的证据。2006 年"普雷尼诉西普瑞诺学区案"(Phaneuf v. Cipriano)中②,学校启动校园搜查的原因竟是有学生举报有人在言谈中有将毒品带进校园的想法。"合理怀疑"赖以形成的证据必须客观、充分,诸如学生的违法违纪记录、学生行为的危害程度、对学生人品的直觉预感以及传言等,都不能作为启动搜查的证据。如果一有"风吹草动"就搜查,那么学生的个人隐私将会受到极大威胁。

第三节　未成年学生隐私权保护的制度设计

"儿童被看作是一个国家拥有的最珍贵的财富,这种财富如果没有被悉心保护,它将导致国家的衰退并将在与他国的竞争中失去权力和地位。因此国家不可避免地在儿童问题上涉足越来越深。"③ 大部分学生皆为儿童,因此儿童的权益保护绝不能简单地认为是家长的事务,是学校的事务,是社会福利机构的事务。目前的现实是,对学生隐私权来讲,宣告尊重的呼声很高,付诸实践的行动很少。学生隐私权的保护除受到"作为未成年人"的一般保护外,还需要一些特殊的制度设计。

一　学生隐私权保护的分层与有度

学生作为孩子从家庭步入社会的过渡阶段,其享有的隐私权既不能像在亲子关系中那么无所遁形,也不能像在成人社会中那么"完整"。学生隐私权受到学校教育管理权的严格限制,也就是说,对学生来讲,"并不是所

---

① 吴亮:《美国校园搜查中的未成年人隐私权保护及其启示》,《青少年犯罪问题》2011 年第 6 期。

② Phaneuf v. Cipriano, 2nd cir. May 19 (2006).

③ H. Cunningham, *Children and Childhood in Western Society since* 1500, Longman, 1995, p. 172.

有进入和靠近他人私人空间的行为、侵扰他人财产的行为以及对与他人生活有关的信息加以控制的行为都会涉及隐私的领域。只有某些影响人们私人和亲密空间的侵扰、信息或者控制才会转变成侵犯隐私"[1]。韦克斯（Raymond Wacks）提出，隐私权所提供的保障应只限于某类别的资料，这些资料必须"是关于某个人的，而且可合理预期他会视为私人或敏感的资料，并因此而希望可以将其保密，或限制这些资料的收集、使用或流通"[2]。因此，学生隐私权的保护必须分层、有度。一方面，不能以家长主义的视角审视学生的隐私利益需求，尤其是对学生的日记、信笺等，要重视孩子的感受；另一方面，尊重学生隐私并不意味着放任其独立，在必须由学校或教师来做决定的场合学生必须接受，并要认识到此举基于他们自身的利益。阿伦·威斯汀（Alan Westin）认为，"给予公民过大或过小的隐私权对个人都有害"[3]，这个道理不仅适用于成年人，也适用于未成年人。

如果将分层、有度地保护学生隐私权视为原则的话，那在具体实践中如何践行此原则呢？德国在私生活保护范围认定上提出的"领域理论"或许会给我们带来启示。德国联邦法院将私生活领域区分为隐秘领域、私密领域及个人领域。"隐秘领域的实质内容来自于人性尊严的核心，享有绝对保护，任何侵害，无论是来自个人或公权力，均应被排除，例如性行为，对证人或被告自我责难的强制。其他两个领域则依相互利益衡量的标准，以决定其是否应受保护。领域理论系将私人生活领域，放置于一个同心圆的模型上，依其接近中心核心部分的远近，分为不同层次加以保护。"[4] 简而言之，该理论应用于学生隐私权就是将学生的私人事务、个人信息等进行"与私人领域远近关系的等级划分"，越是靠近这个核心，其受保护的程度越高，甚至在隐私侵权构成要件中不需要损害后果的证实。相反，若是

---

[1] 〔加〕马克斯·范梅南、〔荷〕巴斯·莱维林：《儿童的秘密——秘密、隐私和自我的重新认识》，陈慧黠、曹赛先译，教育科学出版社，2014，第80页。

[2] Raymond Wacks, *Personal Information—Privacy and the Law*, Oxford: Clarendon Press, 1993, p. 26.

[3] 〔美〕本杰明·土穆里、阿耶莱特·布莱切尔·普里伽特：《未成年子女的隐私权研究》，黄淑芳译，载张民安主编《侵扰他人安宁的隐私侵权》，中山大学出版社，2012，第218页。

[4] 王泽鉴：《人格权法：法释义学、比较法、案例研究》，北京大学出版社，2013，第198~199页。

逐渐远离这个核心,则需要在保护隐私与保护其他权益之间进行利益衡量。这一方面从侧面证明对学生隐私类型进行划分的典型意义,另一方面也说明,到目前为止,任何企图一劳永逸界定隐私权内涵与外延的做法都是徒劳的,对学生隐私权的保护必须置于具体的情境中。

二 双罚的设计

尽管学生隐私权的侵权直接主体多为教师,但从责任承担的角度讲,学校无论如何皆难辞其咎。一方面,在学校构成侵犯学生隐私权的直接主体时,其责任承担无须赘言,如学生个人信息被学校出于商业利益泄露;另一方面,在教师构成侵犯学生隐私权的直接主体时,学校承担连带责任,如教师公开披露学生日记。

学校承担的侵权责任主要有两种:一是民事责任,典型的为赔礼道歉和精神损害赔偿;二是行政责任,比如行政处罚。《高等学校信息公开办法》第27条就规定高等学校非法披露学生隐私信息的,将承担通报批评、行政处分等责任。① 那么问题来了,学校非法披露学生个人隐私信息的行为究竟是一种民事责任还是行政责任?该问题源于我国的高校还承担着部分国家授权的部分行政职权,比如学籍、档案管理、学位授予等,而学生个人信息恰好位列其中。当然,除此之外其他侵犯学生隐私权的行为多为民事侵权,比如奖惩中的侵权。事实上,对不同性质的学校,其惩罚措施也应不同。对公立学校来讲,最为严重的责任承担方式是减少教育管理部门的资助。而对于民办学校来说,承担一定的精神损害赔偿以及公开道歉等方式或许能更有效地刺激他们对学生隐私利益的保障。

教师在很多场合都是侵犯学生隐私权的直接主体和责任主体。对于教师来说,应当转变教育观念,教师的任务不仅仅是"传道授业解惑",还肩负培养、发展学生个性的重担。"那些懂得秘密和隐私的意义以及它们可能带来的后果的父母和教师会认识到,每个孩子都是不同的、独特的,因而

---

① 《高等学校信息公开办法》第27条:高等学校违反有关法律法规或者本办法规定,有下列情形之一的,由省级教育行政部门责令改正;情节严重的,由省级教育行政部门或者国务院教育行政部门予以通报批评;对高等学校直接负责的主管领导和其他直接责任人员,由高等学校主管部门依据有关规定给予处分。

每个孩子具有不同的忍耐能力，因此，必须给他们创造不同的秘密和隐私空间。这种教育上的相对论，与认为隐私和秘密是孩子们成长乃至贯穿整个成年生活的积极因素的观点并不矛盾。所以我们需要为年轻人提供享有私人空间的机会，提供一人独处的时间，提供可能具有个人意义的事物。"[1] 对于教师及基地教辅人员对未成年人隐私造成的侵犯，应适用《民法典》第四编人格权之一般规定条款。如第 996 条的精神损害赔偿，第 997 条的人格权行为禁令条款，第 1000 条的民事责任承担条款等。

三　正当程序原则

美国《家庭教育权利和隐私法》规定，教育组织如果公开学生的姓名、地址、出生地、生日、电话、参加的体育活动、出勤记录、学位和奖励等信息，必须先通知学生及其家长将要披露的信息种类，并留出适当时间供他们作出是否同意披露的决定。如需披露以上列举信息以外的、据此可以推断出学生身份的信息，必须取得家长或学生的书面许可。书面许可必须指明要披露的信息以及披露的原因。如果法院命令要求对教育组织的学生记录进行披露，教育组织必须将其要遵守法院命令的意向通知学生及其家长。教育组织有告知家长和学生根据该法享有哪些权利的义务。[2] 这就是公平信息实践中的"知情同意"程序。我国《个人信息保护法》第 31 条除将不满 14 周岁未成年人个人信息视为敏感个人信息外，还规定个人信息处理者处理此类信息的，应当取得未成年人的父母或其他监护人的同意，并且，个人信息处理者还应当制定专门的个人信息处理规则。

正当程序原则在学生隐私权保护方面的作用还体现在学校奖惩措施的作出及补救上。学校奖惩是典型的家长主义作风，丝毫不考虑学生的利益需求，也没有相应的制约机制。"学校依法行使自主管理权对违规学生作出处罚时，是否具有符合法治精神的严格程序，诸如原告的申诉、学生管理部门的调查程序、专门委员会听证并作出处罚建议的程序、学生的辩解和

---

① 〔加〕马克斯·范梅南、〔荷〕巴斯·莱维林：《儿童的秘密——秘密、隐私和自我的重新认识》，陈慧黠、曹赛先译，教育科学出版社，2014，第 191 页。

② 〔美〕理查德·C. 托克音顿、阿丽塔·L. 艾伦：《美国隐私法：学说、判例与立法》，冯建妹译，中国民主法制出版社，2004，第 232 页。

申诉程序、校长仲裁及作出行政决定的程序、具体实施处罚的程序等等，是学校管理是否遵循法治原则的重要体现。"① 再比如校园搜查程序的启动前，对证据进行审视并形成"合理怀疑"的确信，需要一个委员会的慎重思量。

正当程序能够最大限度地缓解教育管理权与学生隐私权的对立，也能为具体的利益衡量提供原则上的指引。比如在学费减免的名单公示上，公示信息的多少、公示的范围、对异议的处理等，无不隐含着"公正、公开、监督"与"隐私利益保护"的博弈。

---

① 秦惠民：《学校管理法治化的几个问题》，《中国教育报》2001 年 7 月 7 日。

第八章　刑事诉讼中的未成年人隐私权保护

我们都曾经是儿童。我们都希望孩子们幸福，这一直是并将继续是人类最普遍珍视的愿望。[①] 但儿童难免会犯错。在他们犯错的时候，是心怀善意拉他们一把，并将其拥抱在怀里，还是将他们的错误公之于众，使其终生难忘周围人的目光？在刑事诉讼的各阶段，充分尊重并有效保障涉案未成年人的隐私权，就是我们给他们最好的保护伞。

第一节　刑事诉讼中未成年人隐私权的提出

一　刑诉中未成年人隐私权保护的特殊价值

1. 国家亲权理论

亲权理论源自欧洲，"普通法中的国家亲权制度起源于英格兰，14 世纪，爱德华二世颁布了《关于国王特权的法律》，该法规定，国王承担保护其臣民的监护义务"[②]。它的基本含义是当未成年人的父母因为不称职或者贫穷、死亡、失踪等原因没有或不能履行其抚养义务时，国家要理所当然地代替父母、以未成年人监护人的身份行使亲权。

国家亲权理论是"社会契约论"的合理推演，是国家伦理的重要表现。对涉罪未成年人来说，尊重和保护其隐私利益是文明国家的象征，并且这种关爱要像"父母对待子女"一样。不仅仅是涉罪未成年人，还有未成年受害人、特殊情况下需要保护的未成年证人，国家都要对其隐私利益进行

---

① 《我们儿童：世界儿童问题首脑会议后续行动十年期终审查——秘书长的报告》开篇语。
② 徐国栋：《普通法的国家亲权制度及其罗马法根源》，《甘肃社会科学》2011 年第 1 期。

充分保护。

少年法院或法庭的建立是刑诉领域最能体现国家亲权理论的,理查德·S.塔海尔在1904年对监狱委员会描述第一个少年法庭时曾说道:"在每个案件中,我总是觉得并努力这样行动:在图书馆或在家里,被指控实施了不端行为的我自己的儿子站在我前面……首先我用一种亲切的、体贴的方式对他讲,努力使他感觉到目的不是代表任何人惩罚他,而是援助和帮助他,使他认识到国家——国家的善良人民——对他有兴趣,并希望只做对他有帮助的事情,无论是现在还是在他的整个生命历程。"①

基于未成年人生理特点、孩子的身份以及"可塑性强"的综合考量,各国的少年司法制度都对涉罪未成年人采取"教育优先、惩罚为辅"的态度,正像天下所有的父母面对犯错的孩子所采取的行为一样。也正是在此意义上,林纪东先生言道:"少年法庭实以审判机关而兼具教育机关之性质……且为特殊之教育机关。"②

2. 标签理论

标签理论来源于社会学中的符号互动理论③(symbolic interactionism),是一组解释犯罪发生原因的理论,其基本内容包括:"(1)犯罪是以司法活动为主要内容的社会反应系统,在赋予人们行为以特定属性之后产生的;(2)没有贴标签的行为就没有犯罪行为;(3)社会对犯罪的反应,反而会促使犯罪的发生;(4)这种促进作用是通过犯罪人对标签意义的认同、内化的过程而实现的。"④

弗兰克·坦南鲍姆是标签理论的开创者,他认为犯罪是由社会制造的,犯罪人的产生过程,是一个社会对有不良行为的少年给予消极反应,使其对这种消极反应产生认同,从而逐渐走上犯罪道路的互动过程。⑤ 这种"社会对少年不良行为的消极反应"就是"标签",是人们对于自身难以接受的

---

① William McHenru Horne, "The Movement to Open Juvenile Courts: Realizing the Significance of Public Discourse in First Amendment Analysis", *Indiana Law Review*, 2006 (39).

② 林纪东:《少年法概论》,台湾编译馆,1972,第137页。

③ 江山河:《犯罪学理论》,格致出版社,2008,第126页。

④ 李明琪、杨磐:《犯罪学标签理论的应然走向》,《中国人民公安大学学报》(社会科学版)2012年第3期。

⑤ 吴宗宪:《西方犯罪学》(第2版),法律出版社,2006,第395页。

行为进行的一种概括，而概括的主体是多元的，既包括司法、行政系统在内的公主体，也包括家庭、工作单位、社会大众等在内的私主体。霍华德·贝克尔将标签理论的研究推上顶峰，他的研究重心是贴标签本身，贝克尔指出："社会群体通过制定那些违背它们就会构成越轨行为的规则来创造越轨行为，并且将那些规则适用于特定的人，给他们贴上局外人（outsider）的标签。根据这种观点，越轨行为不是个人实施的行为的特征，而是别人将规则和制裁适用于'犯罪人'的结果。越轨者是被成功地贴上标签的人；越轨行为是人们如此标定的行为。"①

标签理论受到了国际社会的广泛关注，并内化为规范性法律文件。《北京规则》第 8 条之"说明"就是例证："规则 8 强调少年隐私保护的重要性。青少年特别易受污名化的影响。关于标签化的犯罪学研究已经证明了少年'越轨者'或'犯罪者'的永久身份识别所造成的（各种不同的）有害影响。""当这种外部的力量加强到一定程度时，就会反馈到涉罪未成年人处，使其重新审视、评估和衡量外界加诸给他的'犯罪'身份，其结果是导致对这种形象的接受，以至于在犯罪行为的轨道上愈滑愈远。"②

未成年人血气方刚、冲动易怒、不知轻重且不知后果，再加上社会阴暗面的影响，偶尔失足也不足为奇。但是"失足"的污点仅仅是其漫长人生旅程中的一个"瑕疵"，这种"瑕疵"不能决定其后续人生。对于"未成年犯"来讲，当国家的惩罚结束后，犯罪记录的公共属性将淡去，私人隐私信息的色彩越来越浓厚，而国家保护这种"隐私记录"将有助于他们回归社会。所以，不管是国家还是社会大众对少年违法者要宽容，要视其为一个"孩子"，而不是一个"罪犯"。

3. 刑罚的目的

最早人们将刑罚视为"报应"，认为"犯罪是一种恶害，刑罚则是国家和社会对犯罪这种恶害行为的正义报应"③。19 世纪末期，李斯特提出了目的刑论，刑罚目的有了重大突破。该理论认为，"刑罚本身并没有什么意

---

① 吴宗宪：《西方犯罪学》（第 2 版），法律出版社，2006，第 399 页。
② 宋远升：《隐私权视角下涉罪未成年人刑事司法保护》，《青少年犯罪问题》2009 年第 6 期。
③ 梁根林：《刑事制裁：方法与选择》，法律出版社，2006，第 7 页。

义，只有在为了实现一定的目的即预防犯罪的意义上才具有价值，因此，预防犯罪在必要而且有效的限度内刑罚才是正当的"①。

刑罚"注重预防"的目的对少年司法制度的构建意义重大。对于涉罪未成年人来讲，预防其再次涉罪的最好方式就是让其有效地融入社会。社会控制理论认为，"任何人均是潜在的犯罪人，个人与社会的联系可以阻止个人进行违反社会准则的越轨与犯罪行为，当这种联系薄弱时，个人就会无约束地随意犯罪行为"②。而加强涉罪少年与社会联系的因素除了"少年的意愿与行为"以及公众的宽容外，最重要的就是社会对犯罪记录的遗忘或"不知情"。正是在此意义上，"少年法院的创建者认为保密对于矫正和治疗少年是至关重要的。只有儿童逃脱了公众知情的污名，才能遗忘麻烦的过去"③。

有种观点认为未成年人犯罪在本质上源于他所处的社会，"是未成年人在不良生活环境和尚未发育成熟的身心智力条件的双重影响下的被动选择，而不是自由意志选择的结果"④。所以，涉罪的未成年人既是社会的加害人，又是社会不良环境的受害人。"与普通刑事司法注重惩罚犯罪、保护人民不同的是，少年司法保障少年实现正常的社会化或再社会化，营造有利于少年发展的社会环境，实现社会肌体的健康循环，而预防和控制犯罪只不过是其初级目的。"⑤ 儿童是国家的未来，涉罪未成年人也是儿童，所以在刑事诉讼的各个阶段，都要保障其合法权益，尤其是其隐私利益，是其重返社会的必要条件。

二 刑诉中未成年人隐私权与其他权益的冲突

1. 知情权

知情权是公民享有通过新闻媒体了解政务信息的自由和权利。在公民

---

① 翁跃强、雷小政：《未成年人刑事司法程序研究》，中国检察出版社，2010，第 102 页。
② 〔美〕特拉维斯·赫希：《少年犯罪原因探讨》，吴宗宪等译，中国国际广播出版社，1997，第 3 页。
③ Emily Bazelon, "*Public Access to Juvenile and Family Court: Should the Courtroom Doors Be Open or Closed?*", *Yale Law & Policy Review*, 1999, 18.
④ 曾新华：《论未成年人轻罪记录封存制度——我国新〈刑事诉讼法〉第 275 条之理解与适用》，《法学杂志》2012 年第 6 期。
⑤ 张利兆主编《未成年人犯罪刑事政策研究》，中国检察出版社，2006，第 38 页。

政治权利与人权的发展过程中，知情权理论逐渐超出了公民对政务信息的知悉范围，扩展到一切与公民权利和利益有关、公民个人想了解或者应当让公民个人了解的各种信息。诉讼中的"审判公开"就与公民的"知情权"紧密相关，没有公开，知情就无从谈起。知情权的本质是一种宪法上的权利，它的初衷是为了对抗和监督国家权力。刑事诉讼法又被称为"小宪法"，因此，从规范权力的角度讲，刑诉中的各种制度和"当事人的权利设计"都是为了"控权"，知情权就是其中一种。只有赋予公众知情权，才能有效监督国家公权力机关的"侦查、公诉和审判"行为是否具备合法性。

然而，涉及未成年人的刑事案件需要特殊考量：一方面，公民的知情权仍然重要，媒体的报道、社会公众的旁听及参与不可或缺；另一方面，基于"少年犯重返社会的准备"以及"未成年被害人、未成年证人等隐私利益"，不公开审理成为常态。

如何调和这种冲突？需从以下两方面进行设计。（1）明确"知情权"的对象范围。公众需要知情的是案件事实（包括案件侦查情况和案件公诉与否）和案件判决（包括案件判决结果及判决理由），并不必然包括涉案未成年人的姓名、具体年龄、家庭住址等。一些无良媒体对涉案未成年人个人信息的肆意挖掘和报道不过是出于吸引眼球、出于商业价值的考虑。公众通过对"案件事实和法律适用的知情"来达到监督司法权的运行，涉案未成年人的个人信息隐私在这个过程中无关紧要。"一言以蔽之，未成年人特别隐私权只限于未成年人的身份信息，而过滤了未成年人身份信息的案件事实及其处理则应当属于公众知情的信息。"① （2）明确"不公开"的对象限度。"在审理涉罪未成年人案件时，对公众不公开的程序，一方面存在不为人知的侵犯人权的危险，另一方面，则存在徇私枉法的危险。因此，对于少年及其家庭生活产生深刻影响的裁决同样必须接受公众的审查和监督。"② 这种"审查和监督"除了用公众的知情权来实现外，还有别的途径，比如允许"特定人员"参与到审理过程中来。如果说公众通过媒体报道的监督是一

---

① 高维俭、梅文娟：《未成年人刑事案件不公开审判制度比较研究——基于特别隐私权的理论视角》，《天中学刊》2015 年第 1 期。

② Geraldine van Bueren, *The International Law on the Right of the Child*, Martinus Nijhoff Publisher, 1995, p. 182.

种"事后监督"的话,那特定人员的参与审理就是一种"实时监督"。我国《刑事诉讼法》第281条就规定了未成年的所在学校和未成年人保护组织可以派代表参加庭审,只是该条规定太过谨慎,将"特定人员"的范围和参与程序规定得太严格,比如基层自治组织居委会、村委会就被排除在外。

2. 国家公权力

有一种观点认为:"隐私权的全部历史就是个人与国家之间冲突的一部分。"[①]确实是这样,很多学者认为刑事诉讼中隐私权的保护重心应放在"审判"阶段,然而这是对政府"侦查权"行使"合法化"的盲目信任。一方面,法治社会将"救济"的权利收归国家,在刑事案件中行使侦查权;另一方面,政府在侦查的过程中尊重和保护公民的基本权利,隐私权即为其中一种。个人隐私的存在事实上已经成为侦查活动的障碍,在美国之所以会产生"《美国联邦宪法第四修正案》上的隐私权"这种类型,正是因为大量的涉及侦查行为侵犯个人隐私的案件。

国家对于涉案未成年人的隐私利益更要加以保护,无论是侦查阶段的强制性措施,还是庭审过程中的"不公开制度"和对待未成年被害人及未成年证人的保护措施,甚至于判决的公开和执行阶段,凡涉及未成年人隐私利益的国家行为皆要慎重。

第二节 刑事诉讼各阶段中的未成年人隐私权类型

一 侦查阶段未成年人的隐私权保护

《北京规则》第8条和《儿童权利公约》第40条第2款都规定了应当在诉讼的各个阶段尊重涉案未成年人的隐私。而在刑事诉讼中,最容易对涉罪未成年人隐私权造成侵犯的就是侦查阶段了。

1. 侦查措施对未成年人隐私权的侵犯与保护

侦查是指公安机关、人民检察院为侦破案件而进行的专门调查工作和采

---

① David. M. Smolin, "the Jurisprudence of Privacy in a Splintered Supreme Court", in Kermit L Hall, *Conscience*, *Expression*, *and Privacy*, p. 982.

取的各种强制性措施。当前侦查已由传统的现场侦查、物理侦查转向大数据侦查。随着人权理论的发展和科技的进步，犯罪手段以及侦查机关侦破案件的方式都发生了巨大变化，涉案当事人的隐私权保护理念也随着发生改变。

以往研究未成年人权益保护的学者大多关注"未成年犯"，却很少注意到未成年被害人以及未成年证人，在隐私权领域更是如此。在以未成年人为加害对象的诸多案件类型中，最应该关注的就是性侵案。先来看以下两份报道。

广东省妇联与广东省人民检察院对全省女童受性侵害情况进行联合调研发现，自 2008 年至 2011 年 6 月间，全省检察机关公诉部门受理涉及"不满 18 岁"女童被害人案件共 2267 件 2506 人，其中涉及性侵害的案件高达 1708 件，占受理案件数的 75.34%，排前列的分别为强奸，猥亵儿童，猥亵妇女，强迫、组织、引诱卖淫。从广东全省看，女童被害人的年龄分布相对均匀，14 岁以上人员比例略高。在 2506 名女童被害人中，14 周岁以上的 1271 人，占总人数的 50.72%；14 周岁以下的 1235 人，占总人数的 49.28%。同时，具有受害女童"熟人"身份的加害人较多。根据调查数据，此类案件中被害人与加害人属于"熟悉"关系的占 65.74%，而属于"陌生"关系的仅占 34.26%。加害者包括邻里、朋友、同事、亲属、老师等。①

据《中国青年报》报道："2013 年全年，媒体曝光的性侵儿童案高达 125 起，平均每 3 天就曝光一起，受害者以 8~14 岁居多。今年 6 月，媒体曝光的性侵儿童案 9 起，其中，作案者为教师的 3 起，19 名儿童受害，包括 1 名男孩；作案者为邻居及亲属的 4 起，4 名儿童受害；其他人员 2 起，6 名儿童受害。"②

从自然正义的角度讲，未成年受害人的隐私权相比未成年犯的隐私权

---

① 《广东发布女童遭性侵报告：多为熟人作案》，《广州日报》2012 年 4 月 24 日。
② 《国际统计每 10 个孩子由 1 个受性侵：预防零岁起》，《中国青年报》2014 年 7 月 24 日。

更应当受到保护，一旦他（她）们被性侵的事实被周围人知晓，他（她）们走到哪都能察觉到别人的"指指点点"。不管是尚存"怜悯之心"的人，"冷漠无情"的人，抑或是富有"八卦之心"的人，未成年受害人的信息总会被有意无意地迅速公开和传播。

在侦查过程中对未成年人隐私权侵害最大的莫过于"强制采样"，加拿大就有一个著名的案例：R v. Stillman 案。① 该案涉及对一个女孩的一级谋杀，犯罪嫌疑人 Stillman 的律师明确提出其当事人享有沉默权，并且不同意提供任何身体样本，如毛发、唾液、精液等。可办案警察在律师离去后，用强制手段对 Stillman 的毛发和唾液进行了采样，并将其使用过的纸巾也收集起来以进行 DNA 的分析比对。在律师提出非法证据应予以排除的时候，警察试图通过"逮捕时的附带行为"证明其合法，但法庭并没有采纳。法庭认为办案人员的行为违反了加拿大《权利与自由宪章》第 7 条与第 8 条②的规定，该规定从公民隐私的人格价值出发，对 DNA 样本的采集和分析设置了强制性条款，并由此认定通过强制采样获取的证据作为非法证据应予以排除。此外，在办理对少女性侵的案件时更要尊重和保护其隐私权，少女身体正在发育，"羞耻之心"强烈，对其体内的精液进行采样时更应做到人性化、规范化。办案女警也要进行专业的心理学教育，以便对受害少女随时进行"心灵按摩"。

事实上，不管是未成年人还是成年人，他们在刑事诉讼中的隐私权都应当得到保障，只不过基于未成年人的身份，对他们的保护力度更大一些。侦查阶段，由于警察的侦查行为多样化，故而侵犯公民隐私权的种类也多样化，最典型的是非法监控、监听以及秘密录音。2001 年的 P. G & J. H. v. United Kingdom 案③就涉及对"秘密录音"证据的效力问题，欧洲人

① R. v. Stillman, (1997) 1 S. C. R 607. 该案基本案情是：Stillman 涉嫌强奸和谋杀一名 10 岁少女而被逮捕，当时 Stillman 只有 17 岁。受害人的尸体在河边被发现，体内有残留的精液，腹部有抓痕，且有目击者称最后一次见到受害人是和 Stillman 在一起。

② 《权利与自由宪章》第 7 条规定：每个人都有生存、人身自由和安全的权利，除非"依据基本正义的原则"，不得剥夺。第 8 条规定：人人都有权不受不合理的搜查和扣押。

③ 该案基本案情是：警察为获取嫌疑人的声音样本，秘密录制了警察局里警官与嫌疑人的谈话。申请人将该案提交给了欧洲人权法院，主张政府侵犯了《欧洲人权公约》第 8 条赋予的"私生活"的权利。

权法院在裁决中认定《欧洲人权公约》对隐私权的保障包括对私人数据的记录和存档，即使这类数据并不含有任何敏感信息。1967 年的 United States v. White 案①即涉及电子监控技术的频繁使用侵犯个人隐私的情形。而且更值得我们深思的是，仅靠政府执法人员的自我约束是不足以保护个人隐私的，所以，"凭证搜查"对自由社会有非常重要的意义。在我国的制度设计中，侦查机关的"搜查证"来自侦查机关自身，这与美国"搜查证"来自中立的"法官"不同。

就我国而言，有学者并不看好法官令状制度，如程雷教授认为，很多国家法官令状制度的司法实践证明该制度流于形式②，也与我国目前的强制性措施体系均衡性不符。更为可行的是建立由检察机关预审并审批的令状制度。一方面，检察机关本身具有监督刑事侦查行为合法性的职能；另一方面，检察机关签发令状后，仍要对侦查机关的取证行为予以监督，并在后续的批捕、审查起诉阶段对侦查机关获取的证据进行审查。

2. 不当披露对涉案未成年人信息隐私的侵犯与保护

在侦查阶段，对涉案未成年人隐私的不当披露主体主要有两个：侦查机关和媒体。《公安机关办理未成年人违法犯罪案件的规定》第 5 条和《人民检察院办理未成年人刑事案件的规定》第 5 条皆规定了在办理未成年人刑事案件时要注意保护未成年人的隐私，不得擅自披露涉案未成年人信息，而公检机关又是媒体获得涉案未成年人信息的重要来源，所以，对侦查机关"不作为义务"的严格规定，是在刑诉中保护未成年人隐私权的重要内容。"个人信息即使被官方掌握，也不意味着就此变成了公共资源而可以任意强制公开。正如加拿大最高法院在 R v. Mills 一案的判决中认为'官方掌握信息记录并不必然导致个人对隐私和合理期待的消失'"③。该判决理应成为对"官方不当披露个人隐私"承担国家赔偿责任情形的"先例"。《未

---

① 401 U.S. 745（1967）. 该案中，White 被指控涉嫌多种不法交易。并违反了禁用麻醉剂的联邦法律。政府机关用隐藏在情报人员身上的无线电发送器窃听到 White 与政府情报人员之间的某些对话，并将对话内容提交给法院。

② 程雷：《大数据侦查的法律控制》，《中国社会科学》2018 年第 11 期。

③ 转引自吴星、郭婕《真相与未来——新媒体时代未成年被告人隐私权的司法保护》，《中国青年研究》2014 年第 5 期。

成年人保护法》第 103 条规定，公检法等机关及其他组织和个人不得披露有关事件中未成年人的姓名、影像、住所、就读学校以及其他可能识别出其身份的信息。

我国法律除对公安机关和检察机关的"禁止不适当披露"有规定外，对新闻媒体的职业行为，《未成年人保护法》《预防未成年人犯罪法》也有规定。《中国新闻工作者职业道德准则》第 6 条第 3 款将"维护未成年人等特殊人群的合法权益，注意保护其身心健康"列为新闻工作者的职业道德。

二 审判阶段未成年人的隐私权保护

审判阶段包括"审"和"判"，是刑诉中对未成年人隐私权保护讨论最多、制度设计最密集的阶段。但大多数学者将关注的重心还是放在了"未成年被告"上，对未成年证人以及作为证据使用的"未成年被害人陈述"等却讨论较少，立法中虽有相关表述但太过笼统，且缺乏可操作性。故本阶段与未成年人隐私权保护相关联的阐述主要有：不公开审理；未成年被害人陈述、未成年人的证人证言；媒体及旁听人员的限制；社会调查制度；判决公开。

1. 不公开审理与未成年人的隐私权保护

我国《刑事诉讼法》第 285 条规定："审判的时候被告人不满十八周岁的案件，不公开审理"。据此，我国未成年人犯罪案件不公开审理的年龄点是"审判时"，而国外大多数的规定却是"行为时"。德国《少年法院法》第 1 条规定："对人和案件的适用范围：（1）少年或青年人实施的犯罪行为，根据一般法律规定应判处刑罚的，适用本法；（2）少年是指行为时已满 14 岁不满 18 岁者；青年人是指行为时已满 18 岁不满 21 岁者。"日本《少年法》第 22 条规定："审判必须以诚恳为旨，在温和的气氛中进行，同时促使非行少年对于自身的非行进行发自内心的反省。"而"非行少年"根据该法第 3 条包括三类少年：犯罪少年；触法少年（即未满 14 周岁触犯刑罚法令的少年）和虞犯少年（即有严重不良行为之少年），由此，日本也是依"行为时"为准的。

以"是否有例外"为标准，世界范围内的未成年人刑事审判公开制度可以分为"绝对不公开"和"相对不公开"两种。前者主要有：英国《1989 年儿童法》第 97 条规定"治安法院可以依照本法行使对儿童进行不公开审理的权力"；日本《少年法》第 22 条第 2 款规定"审判不予公开"；德国《少年法院法》第 48 条第 1 款规定"法院的审理以及判决的宣布，均不予公开"等。后者主要有：《俄罗斯联邦刑事诉讼法典》第 18 条规定未满 16 周岁犯罪的案件可由法官决定不公开审理；美国在 20 世纪 70 年代以来的司法"强硬运动"，对一些犯重罪的少年也实行公开审判。

相对不公开是指"以不公开审理为原则、以公开审理为例外"的情形，例外的考量要素主要包括未成年人的年龄、罪行的轻重以及未成年人监护人的申请等。据此，相对不公开又分为两种：一是由法官视情况来决定是否公开，如前述美国强硬司法的出现。"从 1988 年到 1994 年，少年暴力犯罪的逮捕率大概增加了 61%。少年实施的杀人行为从 20 世纪 80 年代末开始增加，至 1994 年，与十年前的水平相比，增加了 110%。"[①] 在此背景下，美国经历了一场少年司法的"强硬运动"，程序方面的表现就是审判从秘密走向公开。后一种相对不公开情形可称之为"申请的公开制度"，如我国台湾地区"少年事件处理法"第 73 条[②]就规定了少年、少年之法定代理人及少年保护组织可以申请公开审理，而法院没有特殊情形不得拒绝。

司法的"公开"是基于程序的公正，基于对当事人的一般性利益的维护，而未成年人司法制度的"不公开"则出于少年身份的特殊性，对未成年人隐私利益的重视。然而，从"规范权力"的角度讲，"绝对不公开"对涉案未成年人来说并不一定都是好事。"当政府全力对付一个人时，公众注意是对专断和不正义的一个有效制约。"[③] 这种"全力对付一个人"的原因有可能出自法官本身，也有可能来自"民意"。

还有一类案件值得关注，即成年人和未成年人的共同犯罪案件。目前

① Thomas. J. Bernard, Megan. C. Kurlychek, *The Cycle of Juvenile Justice* (second edition), Oxford University Press, 2010, pp. 141-142.

② "少年事件处理法"第 73 条规定：审判不得公开之。但得许少年之亲属、学校教师、从事少年保护事业之人或其他认为相当之人在场旁听。少年、少年之法定代理人或现在保护少年之人请求公开审判者，除有法定不得公开之原因外，法院不得拒绝。

③ 〔美〕迈克尔·D. 贝勒斯：《程序正义——向个人的分配》，邓海平译，高等教育出版社，2005，第 51 页。

我国规定的"分案处理"仅指分别关押和分别管理,而不包括分案审理。如果一并公开审理,就要冒"未成年被告人的大量身份隐私"被泄露的危险;而如果一并不公开审理,那成年被告的公开审理的正当权利又无法得到保障。因此,从涉案未成年人隐私保护的角度来说,建立分案审理制度是必要的。此外,国际条约中也有相关规定,如《公民权利和政治权利国际公约》第 10 条(2)乙项:"被控告的少年应与成年人分隔开,并应尽速予以判决"。

2. 涉及未成年人的证据与未成年人的隐私权保护

涉及未成年人的证据主要有两种:未成年被害人陈述和未成年人的证人证言。

(1)未成年被害人陈述

性侵是较常见但对未成年人来说伤害极大的案件类型。从心理上讲,"德国学者克烈姆布里调查未满 14 岁的未成年人被奸淫者,发现其年龄以 12 ~ 14 岁的最多,其次是 10 ~ 12 岁,因为这个年龄段的孩子具有在其成熟过程中特有的羞耻心,往往不愿将被害之事告诉别人,这个弱点很容易为加害人所利用。"[1] 并且,"在儿童性侵害案件中,有 70%的被害人与加害人在案件发生时彼此是相识的"[2]。这种熟人之间的关系降低了未成年人的防范心理。从生理上讲,未成年人的体力处于明显弱势,且当面对成年人的侵犯时,他们缺乏反抗的勇气和胆量。

在性侵案件的审理中,对未成年被害人的隐私保护是非常重要的。尤其是对 8 周岁以上的未成年人,他们特有的"敏感而脆弱"的羞耻心,如果缺乏疏导和保护,会让他们在社会生活中"主动边缘化"。他们"不愿意与人交往、接触,性格也由此变得孤僻和封闭,害怕面对亲朋好友,甚至在被害后的相当长一段时间内会在脑中不断重现着被害时的情景,严重的还会出现精神萎靡、举止失常、注意力不集中,学习成绩下降等。而有的未成年人受到'犯罪毒素'感染后,发生恶逆变,由被害人转化为加害

---

① 佟丽华主编《未成年人法学》,中国民主法制出版社,2001,第 329 页。

② 〔德〕汉斯·约阿希姆·施奈德主编《犯罪学》,吴鑫涛、马君玉等译,中国人民公安大学出版社,1990,第 745 页。

人。"① "根据美国犯罪学家桑伯瑞和辛格的统计，美国有64%的未成年被害人在成年后变成违法者……而且'恶逆变'犯罪由于有先前痛苦经历的强烈刺激和报复欲念的反复积累，其社会危害性往往比偶然性的普通犯罪更加严重。"②

在一些被害人为未成年人的特殊案件中，作为证据之一种的"被害人陈述"，经常会陷入尴尬的境地，那就是，往往只有"被害人陈述"和"被告人供述"，且两者大多是相反的。这种情形下，如何认定被害人证言的可信性就成为核心问题。先看一下国外的做法。"1955年德国最高法院做了一个规定，在所有存在争议的儿童性虐待案件中都要求使用心理访谈和可信度评价，在此基础上，德国发展出来一种评价陈述真实性的程序，即陈述有效性评价（Statement Validity Assessment，SVA）。"③ 现在大部分欧洲国家以及加拿大等都普遍采用陈述有效性评价作为判断儿童证言可信性的依据。美国面对这种情况常采用"行为证据"来证实虐待事实的存在。美国法院认可的主要行为证据是创伤后应激障碍和儿童性虐待住所综合征（CSAAS）。④ 但需指出的是，尽管CSAAS可作为证据被采纳，但在实际操作中，陪审团会接收到来自法官的指令，即应清楚这些专家证言并不能最终证明儿童性侵害案件是否真正发生。但不管是SVA还是CSAAS，其本质都是一种专家证言。"这些涉及儿童遭受性侵害后行为的专家证言，向陪审团展示了儿童遭受性侵害后所表现出的一系列行为特征，这是证言在公诉案件被接受的部分原因。专家证言在案件处理过程中被接受是因为法庭上的证据和证明的事实很有可能与作为门外汉的陪审团认为儿童遭受性侵害

---

① 徐建主编《青少年法学新视野（上）》，中国人民公安大学出版社，2005，第140~141页。
② 〔德〕汉斯·约阿希姆·施奈德主编《国际范围内的被害人》，许章润等译，中国人民公安大学出版社，1992，第597页。
③ 〔英〕Aldea Vrij：《说谎心理学》，郑红丽译，中国轻工业出版社，2005，第138页。
④ 罗兰萨米特博士在1983年首先确认了该症状，并指出，遭受性侵害的儿童通常具有典型的五种经历：（1）对性侵害行为保密，因为被威胁案件暴露后自己会受到消极影响；（2）感到无助，无法抵抗侵害行为或者提出控诉；（3）受到诱惑，儿童无法逃避继续发生的侵害行为而变得适应；（4）对性侵害行为迟延揭露，或者揭露的事实有冲突或者不能令人信服；（5）如果揭露侵害事实可能会破坏家庭结构时，儿童可能会撤回控诉以维持现有的家庭秩序。

后的反应不一致。"①

美国法庭除了允许 CSAAS 作为证据外，还允许儿童在法庭外"特殊情况下的陈述"作为传闻证据的例外，用以证明侵害事实的存在。主要有四种情形：亢奋的陈述或者自发声明，即害怕的事件或者情况引起证人的亢奋状态，并在这种情况下作出的陈述；为了医学方面的诊断和治疗所做的陈述；其他陈述的例外；特殊的儿童性侵害案件的例外。可见，国外大多采用"鉴定人""专家"等提供专业意见作为辅助证据，用以证明案件事实。但在我国，仅有"被害人陈述"几乎不可能成为定罪的依据。

要特别注意对未成年被害人在作证过程中的隐私保护，因为在性犯罪案件的作证过程中，未成年被害人的隐私会被反复提及，这无异于是对被害人的二次伤害。随着被害人权利运动的兴起和发展，联合国 1985 年通过了《为罪行和滥用权力行为受害者取得公理的基本原则宣言》，该宣言第 6 条（d）项规定："采取各种措施，尽可能减少对受害者的不便，必要时保护其隐私，并确保他们及其家属和为他们作证的证人的安全而不受威吓和报复。"宣言通过后不久，德国就在 1986 年制定了《关于改善被害人刑事程序中的地位的第一法律》（又称《被害人保护法》），其中该法第 68 条 a 第 1 项、第 247 条第 2 句规定了被害人隐私权保护的内容。

在被害人权利运动的影响下，"刑事诉讼法开始由犯罪人中心转化为强调被害人与被告人权利的平衡，同时开始强调被害人利益与国家利益的平衡"②。涉及未成年被害人，各国开始研究如何在刑事诉讼过程中具体保障未成年人被害人的利益，尤其是其隐私利益。比如"以不出庭为原则、以出庭为例外""影像资料代替当庭质证""监护人或保护人的陪伴"等。我国《刑事诉讼法》第 281 条规定，询问未成年被害人应通知其法定代理人到场。询问女性被害人应由女性工作人员进行等等。2013 年 10 月 24 日，最高人民法院、最高人民检察院、公安部和司法部联合发布《关于依法惩治性侵害未成年人犯罪的意见》第 5 条还专门规定了参与该案的公职人员的保密

---

① Mindombe v. U. S., 795 A. 2d 39（D. C. 2002）.
② 高春兴：《也谈我国刑事司法改革中的人权保障问题》，载郝宏奎主编《侦查论坛》（第三卷），中国人民公安大学出版社，2004，第 26~40 页。

义务以及诉讼文书的特殊处理要求。《未成年人保护法》第 112 条也规定，公、检、法等机关办理未成年人遭受性侵害或暴力伤害案件，在询问未成年被害人、证人时，应当采取同步录音录像等措施，尽量一次完成。

在刑事诉讼过程中，对犯罪行为的惩罚目的甚至要让位于对未成年人利益的保护，而这一切通过精心的程序设计来体现。"对于尊严、程序性人权和人性的尊重甚至可以细化到律师与受刑事追诉的当事人见面的方式、场所的设置，对刑事审讯方式、场所的规范性要求，以及死刑的执行方式等等。这种叙述在于指出，程序不只是时空要素的技术性排列组合，在其形式性、逻辑性、技术性的安排背后，可以充盈浓重的人本和道义成分，这种成分构成程序的本体价值，使得权力得以保持对人的理性、人格、尊严和人性的最基本的尊重。"①

（2）未成年人的证人证言

证人证言是证据体系中重要的一部分，而未成年人的证人证言首先涉及的就是要达到什么条件才能作证的问题，即什么样的未成年人才具有作证能力。美国《联邦证据规则》对儿童作证能力的规定是："只要审判法官认为该儿童具有感知、记忆和表述的能力，任何年龄段的儿童都允许作证。"英国在《1999 年青少年审判和刑事证据法》第 53 条规定，在刑事诉讼的任何阶段，所有的人（无论年龄大小），都有资格作证；对证人的基本审查是"是否理解对其提出的问题以及能否作出让人理解的回答"。由此观之，美国和英国对未成年人作证能力的审查是"法官主导"的。我国《刑事诉讼法》第 62 条规定："凡是知道案件情况的人，都有作证的义务。生理上、精神上有缺陷或者年幼，不能辨别是非、不能正确表达的人，不能作证人。"由此，只要能"辨别是非、正确表达"的未成年人皆可作证，但由法官还是其他主体来判别何谓"辨别是非、正确表达"法律则没有明文规定。

对于证人作证制度的设计，最根本的考虑应出于"安全"，未成年人作证也不例外。《刑事诉讼法》第 63 条规定了人民法院、人民检察院和公安

---

① 孙莉：《人本的过程性与权力运作过程的人本性》，载《政法论坛》（《中国政法大学学报》）2007 年第 1 期。

机关应当对证人及其近亲属的安全予以保障，但仅仅有"宣示性"价值；第65条尽管规定了证人保护的五项措施，但仅限于四类重大特殊案件，实践中还有其他的一些案件的被告对证人的安全威胁很大，比如走私、洗钱、人口贩卖案件等。而在达成"安全"目标的诸多方法中，证人"信息隐私"的保护是最根本的。

未成年证人区别于一般的成年证人之处在于其特别容易受到惊吓和"诱导性"作证，所以采取灵活的作证方式是保护其信息隐私及心理安全的需要。就作证方式而言，一般可以分为出庭作证和不出庭作证。出庭作证时，如果被告人在场会对未成年证人产生严重影响，法官有权命令被告人暂时退庭，待被告人返庭后，法官可将证言告知被告人并准许其询问，然后被告人再次退庭等待未成年证人作证。法庭也可以通过屏幕遮掩和声音改变技术作证。当未成年证人不出庭时，可以通过即时视频或事先录制的询问视频向法庭作证。英国《1999年青少年审判和刑事证据法》第2编第1章（第16至33条）"对案件中易受攻击的和被恐吓的证人采取特殊措施的指示"的规定，法官可以根据案件的具体情况作出指示，决定是否采取以下特殊保障措施之一："（1）向被告遮蔽证人；（2）通过现场连接提供证据；（3）秘密给出证据；（4）去假发与法袍；（5）承认关于证人谈话的录像记录为证人的主要证据；（6）承认关于证人在接受交叉询问与再询问时的录像记录为证人在接受交叉询问与再询问提供的证据；（7）通过中介询问证人；（8）提供必要的手段以便于同证人进行交流。"[1]

此外，"在整个司法过程中应当以关爱和敏感的态度对待儿童证人，考虑到他们的个人处境和紧迫需要、年龄、性别、伤残情况和成熟程度，并充分尊重他们的身体、精神和道德的完整性"[2]，"在为确保司法过程的公平和公正结果而必须保持证据收集工作高标准的同时，应当将对儿童私生活的干涉限制到最低必要限度"[3]，且不管是法官还是其他参与诉讼的主体，与儿童证人的"所有互动均应在考虑到儿童特殊需要的适当环境中

---

① 李伟：《刑事诉讼中的儿童证人研究》，《河南社会科学》2012年第9期。
② 《关于在涉及罪行的儿童被害人和证人的事项上坚持公理的准则》第10条。
③ 《关于在涉及罪行的儿童被害人和证人的事项上坚持公理的准则》第12条。

根据儿童的能力、年龄、智力成熟程度和不断变化的行为能力以具有儿童敏感性的方式进行。他们还应当以一种儿童能够使用并且理解的语言进行"①。

　　3. 媒体及旁听人员的限制与未成年人的隐私权保护

　　媒体报道对司法公正的实现乃至政府权力的监督有着重要的意义，所以新闻与言论自由也往往被称为"第四种权力"。现实中，如果媒体报道了涉案未成年人的个人信息，但只要所披露信息来源正当，法院也多会站在媒体这一边。在 Cox Broadcasting Corp. v. Cohn 案②中，广播公司在电视报道中不当披露了"其从庭审现场获知的未成年被害人姓名"，从而被被害人父母起诉，但法官认为美国联邦宪法第一修正案和第四修正案不会允许让媒体因为报道真实的内容而承担责任，而这些内容又可以从公共记录中得到。在 Smith v. Daily Mail Publishing 案③中，联邦最高法院以同样的推理宣告州法违宪，该州法禁止公布刑事诉讼中作为被告的未成年人姓名。

　　一般情况下，媒体喜欢追踪报道的涉案未成年人要么是"骇人听闻"的大案要案，要么是与"公众人物"扯上关系，比如自身是童星、"他爸是李刚"，或是显贵的"二代"等。对上述未成年人的隐私权保护受到"公众问责理论"的冲击。该理论指出，公众人物可分为两种："自愿性公众人物"和"非自愿性公众人物"。对于"自愿性公众人物"来说，即使他们没有主动放弃维护自身私人事务免遭调查的权利，但如果公众在评价他们的公共行为涉及这些事务，那么公众就有权获取并审议该信息；对于"非自愿性公众人物"来说，被卷入公共事件（如犯罪、灾难或事故）并不是他们的本意。但不管是哪一种，公众人物都涉及"公共议题"，而对于"公共议题"的讨论应该"秉持不受限制的、活泼有力的、完全开放的原则"④。

　　各国法律对媒体参与"涉及未成年人的案件"庭审大多做了限制，如

---

①　《关于在涉及罪行的儿童被害人和证人的事项上坚持公理的准则》第 14 条。

②　420 U. S. 469（1975）. 该案基本案情是：1971 年 4 月，Cohn17 岁的女儿被人强奸致死，1972 年，法庭对 6 位被告进行了审判，一位全程旁听庭审过程的记者从法庭提供的公共档案中得知了被害人姓名，并在广播公司的电视报道中提到了被害人姓名，Cohn 以广播公司侵犯其隐私权为由向法院起诉。

③　433 U. S. 97（1979）.

④　376 U. S. 254，279-80（1964）.

德国规定"禁止媒体对不公开审理的案件进行报道及评论",而根据《少年法院法》,未成年人案件是不公开审理的。德国《基本法》和《刑事诉讼法》规定,案件涉及青少年和个人名誉或隐私权时,禁止媒体对审判进行录音录像。[①] 日本《少年法》第61条也规定,"对于交付家庭法院的少年或者少年时因为犯罪而被提起公诉者,不得在报纸等其他印刷品上刊载可以通过其姓名、年龄、职业、容貌等信息可以推知该案件本人的报道以及照片";英国《1989年儿童法》原则上也禁止媒体报道儿童案件,但也在第97条(4)做了例外规定,即"法院或者政务大臣如果认为儿童的福利有此需要,可以发布命令,在该命令指定的范围内免除本条第(2)款规定的相关要求"[②]。

我国的司法实践是禁止媒体旁听未成年人案件的审理的,能够旁听案件审理的人员范围和数额都有法律的明文规定。我国《刑事诉讼法》第281条规定,能够参与庭审的人员有未成年被告人的成年亲属、所在学校、单位、居住地基层组织或者未成年人保护组织的代表,且参与的程序是"无法通知、法定代理人不能到场或者法定代理人是共犯的,也可以通知未成年人犯罪嫌疑人、被告人的其他成年亲属、所住学校、单位、居住地基层组织或未成年人保护组织的代表到场"。

4. 社会调查制度与未成年人的隐私权保护

对未成年人案件的诉讼过程越来越重视社会调查。《联合国保护被剥夺自由少年规则》第27条[③]规定从少年被剥夺自由开始(即"入所"后),就应撰写一份有关该未成年人心理及社会状况的报告,说明与该少年所需

---

① 张亚茹:《未成年人刑事司法身份信息保密制度研究》,硕士学位论文,西南政法大学,2013。

② 孙云晓、张美英:《当代未成年人法律译丛(英国卷)》,中国检察出版社,2005,第137页。

③ 《联合国保护被剥夺自由少年规则》第27条:"少年入所后,应尽快找他们谈话,撰写一份有关心理及社会状况的报告,说明与该少年所需管教方案的特定类型和等级有关的任何因素。此报告应连同该少年入所时对其进行体格检查的医官报告一起送交所长,以便在所内为该少年确定最适宜的安置地点及其所需和拟采用的特定类型和等级的管教方案。如果需要特别感化待遇,且留该所的时间许可,则应由该所训练有素的人员拟定一项个别管教书面计划,说明管教目的和时间构想以及应用以达到目标的方式、阶段和延迟情况。"

管教方案的特定类型和等级有关的任何因素。《北京规则》第 16 条①、《国内法和国际法下的未成年人刑事责任决议》第 8 条②规定，在作出最后的司法决定之前，应对其生活的背景和环境或犯罪的条件进行适当的调查，这一切的目的指向就是"少年司法制度应强调少年的幸福，并应确保对少年犯作出的任何反应均应与罪犯和违法行为情况相称"③。

我国《刑事诉讼法》第 279 条规定了从侦查阶段到审判阶段，办理未成年刑事案件，都可以根据情况对未成年犯罪嫌疑人、被告人的成长经历、犯罪原因、监护教育等情况进行调查。这份调查报告在审判阶段尤其重要，直接影响着对未成年被告人的刑罚措施和量刑。最高人民法院《关于贯彻宽严相济刑事政策的若干意见》第 20 条也有相关规定，在具体考虑其实施犯罪的动机和目的、犯罪性质、情节和社会危害程度的同时，还要充分考虑其是否属于初犯，归案后是否悔罪，以及个人成长经历和一贯表现等因素。

社会调查制度也与刑法上主张的"个别化原则"相契合，体现了儿童利益最大化和获得特别关照之要求。正如胡玉鸿教授所说，"抽象的法律规定无视人与人之间的实质不同，也不就行为人行为时的特定背景予以考虑，所以在抽象的平等理念之下反而失却了真正意义上的平等对待。正因如此，个别化是司法过程中必须采行的方法，法官对法律的理解如果仅停留在抽象分析的层面之上，必然无法保证个案事实与法律规范的对应。""这种特殊化的考量固然加重了法官的负担和审判的责任，但这恰恰也是司法的魅力之所在：司法不是一种简单的加减操作，司法是解决人生苦难的一门艺术。"④

但正如"每一枚硬币都有两面"，社会调查制度在实践的过程中也极易

---

① 《北京规则》第 16 条："所有案件除涉及轻微违法行为的案件外，在主管当局作出判决前的最后处理之前，应对少年生活的背景和环境或犯罪的条件进行适当的调查，以便主管当局对案件作出明智的判决。"

② 《国内法和国际法下的未成年人刑事责任决议》第 8 条："只有经过多方面的预先调查，并经过当事人的质证，才能作出司法决定。"

③ 《北京规则》第 5 条第 1 款。

④ 胡玉鸿：《论司法审判中法律适用的个别化》，《法制与社会发展》2012 年第 6 期。

对涉案未成年人的隐私造成侵犯。首先，正如《关于贯彻宽严相济刑事政策的若干意见》第 20 条提到的，调查的内容涉及未成年人生活经历和犯罪背景，这几乎已经是他已有人生的全部，涉案未成年人在调查人员面前像一个"赤身裸体的人"，毫无隐私可言。其次，有些未成年人极力想忘记的"悲惨经历"，会在调查人员的"善意调查"行为下再次被提出，从而给涉案未成年人的情感造成"二次伤害"。再次，最高法、最高检出台的相关司法解释表明，社会调查既可以自行开展，也可以委托其他机关、社会组织和个人进行，如共青团、妇联、专业社工、志愿者等。调查主体的多元化对涉案未成年人的个人隐私是一种潜在的威胁。

所以，从涉案未成年人隐私利益保护的角度讲，社会调查制度是有益的，但要对其操作予以规范化。其一，社会调查实施的主体和对象要严格控制，在办案机关有条件自行调查的前提下尽量不要委托社会组织或个人，在访问"知情人或组织"的过程中，要对涉案未成年人的案件审理信息保密；其二，调查报告材料的审阅仅限于办案人员，使用完毕后要归入案件审理档案，不得随意公开；其三，对接触过该调查材料的办案人员设定严格的"保密"义务，如果因办案人员的过错造成涉案未成年人隐私的泄露，须承担相应的法律责任。

5. 判决公开与未成年人的隐私权保护

关于未成年人案件审理后的宣判是否公开问题，我国《刑事诉讼法》规定得并不明确。《刑事诉讼法》第 285 条规定的不公开审理在第五编，第 202 条规定"宣告判决，一律公开进行"在第三编。可以发现第五编是关于未成年人涉诉程序的特别规定，而第三编则是一般性规定。《刑事诉讼法》第 287 条也规定："办理未成年人刑事案件，除本章已有规定的以外，按照本法的其他规定进行"。所以，从现有的《刑事诉讼法》条文看，未成年人案件也要公开宣判。

但该结论与 2014 年 1 月 1 日正式施行的最高人民法院《关于人民法院在互联网公布裁判文书的规定》有明显冲突。该规定第 4 条规定，人民法院的生效裁判文书应当在互联网公布，但有下列情形之一的除外：涉及国家秘密、个人隐私的；涉及未成年人违法犯罪的；以调解方式结案的；其他不宜在互联网公布的。

那涉及未成年人的案件判决到底应不应当公开宣判呢？《公民权利和政治权利国际公约》第 14 条第 1 款规定："对刑事案件或法律诉讼的任何判决应公开宣布，除非少年的利益另有要求或者诉讼系有关儿童监护权的婚姻争端。"该条实际上只明确规定了一种情形下不公开宣判，即案件是关于儿童监护权之诉的。而何谓"少年的利益另有要求"？应该交由立法还是司法来判断？法律并没有予以明确。

就法理而言，判决的公开对一国法治的实现极具意义，富勒所著《法律的道德性》一书中就将"公开性"列为法的 8 个"形式道德"之一。判决的公开可以"呼唤"社会公众的监督，保障"知情权"的实现，从而实现对国家权力的控制；判决的公开也为社会上了一堂生动的普法宣传课，它以活生生的案例形式告诉民众生活中的"权利、义务及责任"；判决的公开也通过这种"形式上的正当"增强被告人及其家属的"可接受性"。诚然，判决书中含有涉案未成年人的个人信息，但是这些是可以通过技术操作予以屏蔽掉的。社会公众是通过对判决书中"案件事实的认定""证据的采纳及证明方向""判决生成的依据"来实现对"司法权"的社会监督，理解了这一点，对涉及未成年人案件的判决公开与否就没什么可为难的了。正如陈瑞华教授所言："如果过于恪守形式上的法律规定而忽略实质上的法律精神以及少年司法中教育、感化、挽救的原则，法律的发展就成了一句空话。"①

三　执行及之后阶段的未成年人隐私权保护

刑事诉讼是一个完整的过程，自然应将"执行"阶段纳入其中，执行阶段对涉罪未成年人隐私权保护关系最密切的莫过于"社区矫正"。而在执行完毕之后，涉罪未成年人的身份发生改变，由"犯罪人"重新成为一个"社会人"，而对这种转变至关重要的便是"犯罪记录封存"制度，也是对涉罪未成年人信息隐私保护的重要内容。

---

① 转引自山东省高级人民法院刑一庭整理《未成年人轻罪犯罪记录消灭制度专题探讨》，《山东审判》2010 年第 4 期。

1. 执行阶段的隐私保护

不管是未成年犯罪人是被判处管制、拘役还是徒刑，少管所、拘留所、监狱等执行机关的工作人员都要对未成年犯罪人的身份信息予以保密。在众多的执行方式中，对未成年犯罪人身份信息泄露最常见的莫过于社区矫正。《刑事诉讼法》第 269 条规定："对被判处管制、宣告缓刑、假释或者暂予监外执行的罪犯，依法实行社区矫正。"然而在社区矫正的过程中，许多程序或步骤极易造成"被矫正未成年人"的身份信息泄露，比如未成年矫正人和成年矫正人一起接受矫正；比如矫正期满后，司法所人员公开宣告解除社区矫正，都会无形中泄露未成年矫正人的身份信息，对其顺利回归社会造成影响。这种情况在《刑法修正案八》将社区矫正法定化后得到了改善，国家开始加强对社区矫正的指导工作。2012 年 1 月 10 日《最高人民法院、最高人民检察院、公安部、司法部关于印发〈社区矫正实施办法〉的通知》第 33 条①就专门规定了"对未成年人实施社区矫正"，其中第 1 项和第 2 项规定尤其值得司法所工作人员注意。

实践中，"未成年矫正人的身份"对社区人员"掩饰"一下，未成年矫正人服务的对象再"特定"一下，可能对他们的身份信息保密更有优势。比如当社区居民问起时，未成年矫正人可以"义工"的身份回答；再比如未成年矫正人提供服务的场所在稍微封闭的养老院，对未成年矫正人的身份保密都是有益的。

在现行法律中，与未成年犯罪人的身份信息保密制度相冲突的主要就是"不起诉决定"的公开宣布制度。《刑事诉讼法》第 178 条规定："不起诉的决定，应当公开宣布，并且将不起诉决定书送达被不起诉人和他的所在单位……"第 180 条规定："对于有被害人的案件，决定不起诉的，人民检察院应当将不起诉决定书送达被害人……"我国不起诉制度的类型共有

---

① 最高人民法院、最高人民检察院、公安部、司法部《关于印发〈社区矫正实施办法〉的通知》第 33 条共规定了 8 项针对未成年社区矫正人的措施，其中与未成年社区矫正人的身份信息保密相关的规定主要是前两项。"对未成年人实施社区矫正，应当遵循教育、感化、挽救的方针，按照下列规定执行：（一）对未成年人的社区矫正应当与成年人分开进行；（二）对未成年社区矫正人员给予身份保护，其矫正宣告不公开进行，其矫正档案应当保密……"

四种，即法定不起诉、酌定不起诉、存疑不起诉和附条件不起诉。《刑事诉讼法》规定了未成年人的案件附条件不起诉，其中"法定不起诉"和"存疑不起诉"中的被起诉人并不构成犯罪，因而，对这两类的不起诉决定予以公开宣布，对未成年被不起诉人来说，是"还其清白"之举，对其有百利而无一害。但是"酌定不起诉"和"附条件不起诉"的被不起诉人本身是构成犯罪的，只是因为犯罪情节轻微，法律出于对未成年人这一身份的特殊考虑才不起诉。对于这两种不起诉决定的公开宣布无疑是将未成年被不起诉人暴露在众人面前。一旦公众知晓其已经有"罪行"，就会对其"另眼相看"，不知不觉中"标签效应"就会出现。因此，对后两种不起诉决定的公开宣布反而不利于未成年犯罪嫌疑人回归社会。

除此之外，《刑法》第 40 条、第 76 条、第 85 条分别规定了管制期满、缓刑考验期满及假释考验期满后，执行机关应向本人和其所在单位或者居住地的群众宣布。公开宣告的目的一方面在于发挥公众的监督功能，另一方面在于向公众宣布被宣告人刑罚已经执行完毕，已经不再是罪犯，应当受到同等的对待。[1] 但如果这种"善意"是用于未成年人时，反而会造成"恶"的后果，即未成年人的犯罪人身份信息暴露。所以，不管是"不起诉决定"还是"考验期满"的宣告，"一刀切"的公开并不是恰当之举。

2. 犯罪记录封存制度

"随着定罪、量刑、行刑、考察行刑效果等阶段的完成，犯罪记录的公共信息性逐渐降低"[2]，未成年人曾经的犯罪经历逐渐变成了他的一件"私人事务"，正是在此意义上，我们视犯罪记录具有双重属性，"从制作和保存的角度来看属于政府信息，但从其内容来看，则属于公民隐私的范畴"[3]。所以欧洲一些国家的判例和学说将隐私权又称为"被遗忘权""被忘却权"。公众的"忘却"是犯罪人向社会人转变的重要因素，不管是在心理上，还是在曾经的犯罪人被社会接纳、参加工作的过程中。

贝卡里亚说："对人类心灵发生较大影响的，不是刑罚的强烈性，而是

---

[1] 胡苗玲：《论我国未成年人前科消灭制度的完善》，硕士学位论文，西南政法大学，2014。

[2] 于志刚：《关于对犯罪记录予以隐私权保护的思索——从刑法学和犯罪预防角度进行的初步检讨》，《河南大学学报》（社会科学版）2010 年第 5 期。

[3] 周强：《〈政府信息公开条例〉视野下的刑事犯罪记录》，《宁夏社会科学》2011 年第 1 期。

刑罚的延续性，因为最容易和最持久地触动我们感觉的，与其说是一种强烈而暂时的运动，不如说是一些细小而反复的印象。"① 贝卡里亚此言道出了犯罪人（包括未成年犯罪人）因曾经的"犯罪人"身份被公众知晓所造成的歧视和排斥，从而陷入长久痛苦的事实。不说这种"持久的被区别对待"是否有利于达成"刑罚的目的"，单从人道主义角度来讲，就有违公平和正义。国家的职责并不能止步于对刑罚的执行，也在于执行完毕后提供"力所能及的、适当的"便利，为曾经的犯罪人重返社会创造条件。这种条件大致可以分为两种：一是在对犯罪人改造的过程中提供劳动技能培训；二是在"符合条件"的犯罪人出狱后，封存其犯罪记录，给其一个"清白"的过往，从而让其更加顺利地融入社会。"我们在设立规则时应为那些有希望与人为善的人们留一盏回头是岸的指明灯，而不是让他们在犯罪的汪洋中因看不到光明和方向而越陷越深。"② 对未成年犯来说，这种犯罪记录的封存意义更加重要。

我国未成年人犯罪记录封存制度雏形的建立可分为三步：2010年8月中央六部门发布了《关于进一步建立和完善办理未成年人的刑事案件配套工作体系的若干意见》，该意见三（三）8条③规定了对违法和轻微犯罪的未成年人可试行行政处罚和轻罪记录消灭制度；2011年5月1日生效的《刑法修正案（八）》免除了行为人在入伍、就业时对其未成年时犯罪记录的报告义务，并将未成年人犯罪排除于累犯之外，从而为后来刑诉法创设未成年人犯罪记录封存制度创造了前提；《刑事诉讼法》第286条第1款规定："犯罪的时候不满十八周岁，被判处五年有期徒刑以下刑罚的，应当对相关犯罪记录予以封存。"至此，我国未成年人的犯罪记录封存制度雏形的"三步走"基本完成。

---

① 〔意〕贝卡里亚：《论犯罪与刑罚》，黄风译，中国大百科全书出版社，1996，第46页。
② 翁跃强、雷小政主编《未成年人刑事司法程序研究》，中国检察出版社，2010，第266页。
③ 该意见三（三）8条规定：对未成年犯的档案应严格保密，建立档案的有效管理制度；对违法和轻微犯罪的未成年人，有条件的地区可以试行行政处罚和轻罪记录消灭制度。非有法定事由，不得公开未成年人的行政处罚记录和被刑事立案、采取刑事强制措施、不起诉或因轻微犯罪被判处刑罚的记录。

根据刑诉法的规定，我国实行的是"依职权自动封存模式"[1]，也就是说，司法机关对未成年人的犯罪记录应主动封存、及时封存，并对犯罪档案妥善保管。该制度规定的初衷是好的，但在目前，仍存在四方面的不足或不明确之处。

第一，封存的仅仅是未成年人的"犯罪"记录吗？违法记录要不要封存？事实上学习、就业的申请表中不仅有"是否有犯罪记录"的调查，还有"有无受过行政处罚"的项目，而对未成年来说，"犯罪记录"都可以封存，"违法记录"的封存当然更不存在问题了，这符合"举重以明轻"的原理。上述六部门发布的《关于进一步建立和完善办理未成年人的刑事案件配套工作体系的若干意见》中就将"违法"记录纳入其中。

第二，刑诉法规定应当封存犯罪记录的条件不科学，以"犯罪时不满18周岁、判处5年以下有期徒刑"为条件，"实质上正是体现了'刑罚中心主义'，离现代少年司法的理念还有较大差距"[2]。在应然层面上，协调"个人利益"和"社会利益"的最佳判断标准是"社会危害性"，所以决定未成年人犯罪记录封存条件达标的依据也应是"社会危害性"而不是"刑期"。虽然判处刑罚的年限也能反映出社会危害性的程度，但毕竟不是唯一要素，且在个案中并不一定是最重要的要素。如美国加利福尼亚州，某些罪行的性质决定了前科不得封存，即被判处"谋杀、企图谋杀、故意杀人罪、纵火罪、抢劫罪、某些性犯罪、绑架罪以及一些暴力重罪"的未成年人不得封存前科。[3] 在德国，"被判处死刑或者重惩役的行为人不得消除前科记录，这是从所犯罪行的社会危害性以及所判刑罚的轻重来划分的；此外，针对未成年人的特殊消灭，法律明文规定触犯了某些罪名的行为人不得消灭前科，即大部分'妨害性自决权的犯罪'不得消灭前科记录"[4]。

---

[1]　刘清生：《规范与事实之间的冲突与弥合：未成年人犯罪记录封存制度的未来走向》，载《中国刑事法杂志》，2012年第6期。

[2]　《青少年犯罪问题》编辑部：《新刑事诉讼法设置未成年人专章的意义与遗憾》，《青少年犯罪问题》2012年第3期，卷首语。

[3]　佟丽华主编《未成年人法学·司法保护卷》，法律出版社，2007，第150页。

[4]　庄敬华、徐久生编著《德国刑法典》，中国方正出版社，2004，第91~100页。

第三，"依职权自动封存"不能成为唯一途径。司法实践中，司法机关对犯罪记录封存时间的规定并不统一，且对被封存记录的未成年人并没有实施"书面告知"，从而在事实上造成未成年人对自己的犯罪记录封存的现状并不知情。应规定在诉讼终结后一定时间内完成封存，且将封存的时间和内容等基本情况书面告知当事人，由此，"当事人由此可以及时掌握自己权利受保护的情况，这也是一项权利的应有之义"①。也因此引申出犯罪记录封存的另一种方式：依申请。即当未成年人在一定期限内没有收到犯罪记录封存的告知，可以主动申请，请求司法机关对其记录予以封存，这也体现了公民权利对司法权力的监督，凸显当事人的权利主体地位。比如德国就是"依职权"和"依申请"并行的犯罪记录封存启动制度，"只要少年法官确信，被判刑少年的行为无可挑剔，证实已具有正派品行时，少年法官可依据职权，或经被判刑少年、其监护人或法定代理人的申请，宣布消除前科记录"②。

第四，责任承担机制缺失。尽管《刑事诉讼法》第 286 条规定"犯罪记录被封存的，不得向任何单位和个人提供"，但紧接着又规定了例外条款"司法机关为办案需要或者有关单位根据国家规定"可以进行查询。这样一种例外的规定太过笼统，可以比较一下《北京规则》第 21 条："21.1 对少年罪犯的档案应严格保密，不得让第三方利用。应仅限于处理手头上的案件直接有关的人员或其他经正式授权的人员才可以接触这些档案。21.2 少年罪犯的档案不得在其后的成人诉讼案件中加以引用。"无论是对"可查询的人员""可查询的程序"还是"使用的禁止"规定，《北京规则》的逻辑严密程度远超《刑事诉讼法》的规定。更重要的是，《刑事诉讼法》没有紧跟该条规定创设一个"责任"条款，即发生司法机关工作人员非法接触"已封存"的记录或"不当泄露"未成年人犯罪记录的情形，应承担什么样的法律后果，条文只用"不得"两个字，是无法真正实现保障未成年人犯罪记录隐私权目的的。

---

① 蔡福华、严义挺：《未成年人犯罪记录隐私权基本问题分析》，《海峡法学》2014 年第 3 期。
② 樊荣庆：《德国少年司法制度研究》，《青少年犯罪问题》2007 年第 3 期。

第三节 刑事诉讼中未成年人隐私权保护的制度设计

一 顶层设计：隐私权入宪

联合国《儿童权利公约》第40条第2款（b）项（7）规定：缔约国应当确保"儿童的隐私在诉讼的所有阶段均得到充分尊重"。《北京规则》第8条也有类似规定，"保护隐私 8.1 在所有阶段，少年隐私权应得到尊重，以避免不当宣传或标签化而对其造成的伤害。8.2 原则上，不得公开可能导致某少年违法犯罪者的身份被识别的信息。"我国《未成年人保护法》第102条提出办理未成年人犯罪案件要"照顾未成年人身心发展特点和健康成长的需要"。《刑事诉讼法》第五编特别程序第一章"未成年人刑事案件诉讼程序"第285条"不公开审理"和第286条"犯罪记录封存"制度也体现了国家日益重视刑事诉讼中的未成年人隐私权。然而，仅仅做到这些才只是"万里长征走完了第一步"，实现对未成年人隐私权的充分保护还任重而道远。

在所有关于未成年人隐私权保护的制度设计中，当首推"隐私权入宪"。如果说《民法典》明文规定了"隐私权"是对私法层面上的"隐私权"加以承认的话，那"隐私权入宪"则是公法层面上对隐私权的认可。长久以来，学界对隐私权的研究是片面的，仅将其视为"具体人格权"的一种。即使是对刑事诉讼中的隐私权研究，也把它定性为"政府权力对公民权利的'合法'侵犯"。但只要稍微转变一下思路，将"尊重隐私权"作为一项"政府权力行使必须要履行的义务"，那隐私权将因其"控权功能"而立刻拥有"公法"属性。

"隐私权入宪"对保障刑诉中的未成年人隐私权具有逻辑上的自洽性，因为《刑事诉讼法》又被称为"小宪法"，所以"隐私权入宪"能在公法的层面给未成年人的隐私利益提供"终极"保护。事实上，提出"隐私权入宪"是根本设计。首先，《未成年人保护法》于2020年修订，《刑事诉讼法》是2018年修订，如果近期内再次对上述法律进行修订，会对法律的"稳定性"造成损害，而宪法的上一次修订已经是十多年前的事了。其次，关于刑事诉讼中的未成年人隐私权条款散见于上述法律，每部法律文件中都规定了部分隐私权保护的内容，且某些规定之间相互冲突，如"未成年人犯罪案件的判决公开"与最高人民法院《关于人民法院在互联网公布裁判文书的规定》就存在冲突。而有一个效力更高的法律规范存在的话，对这种冲突的消解是有益的，也会强化法律的确定性。再次，"隐私权入宪"会为以后的隐私权立法提供理论基础。目前我国的隐私权研究极为混乱，民法学者和刑诉法学者对隐私权各执一词，对"隐私权"的内涵、外延都没有形成"共识"。但可以确定的是，随着人权理论的推进和发展，隐私权将在公民权利体系中处于更加重要的地位。比如《个人信息保护法》也涉及信息隐私问题，其第 1 条就规定"根据宪法，制定本法"。又次，"隐私权入宪"有助于我国建立现代刑事司法制度。宪法是公法，而公法的本质是控权，强调尊重和保护当事人的隐私权就是对司法机关"侦查权和审判权"的限制，就此而言，隐私权的历史就是一部与国家权力抗争的历史。在国家权力和个人权利的关系上，对前者的限制多一点，对后者的保护也就多一点。最后，目前我国的刑事司法是以"成年人"为本体构建出来的，这一点可以从"《未成年人保护法》中并没有多少司法过程中隐私权的规定"和"在刑诉法中用'特别程序'一章来建构未成年人的隐私权"合理推导出来，"司法实务中对未成年人的实际治理始终无法摆脱'小成年人'主体概念旧思维和'刑罚为基础'处理模式"[1]。这种将未成年人当作"未来成年人"的做法是显失公平的，因为成年人的刑事司法理念和少年刑事司法理念是截然不同的。正如有学者指出："在成人司法的框架下塞进某些似乎是为少年定制的法律条款，这只能是一种权宜之计，那些由支离破碎、缺乏一致性的原则理念做指导的拼盘式做法，呈现来的并不是真正的少年法。"[2] 少年是国家的未来，在宪法中对其权利明确化是将其真正视为权利主体的表现，也是人权理论的重大进步。

二 平衡原则：合理的隐私期待

在刑事诉讼中强调未成年人的隐私权，本身就是在两种利益中寻求平衡。

---

① 张利兆主编《未成年人犯罪刑事政策研究》，中国检察出版社，2006，第 119 页。
② 皮艺军：《中国少年司法理念与实践的对接》，《青少年犯罪问题》2010 年第 6 期。

一是刑事诉讼所追求的惩罚犯罪、维护社会利益；二是保障未成年人个人利益。尽管在学理研究和立法层面将保障未成年人在刑诉中的隐私利益重心放在了"审判阶段"，如不公开审理、禁止媒体报道、犯罪记录封存等，但在实践层面，最容易对未成年人隐私权造成侵犯的是刑事侦查，也是社会利益和个人利益博弈最激烈的地方。说到底，就是侦查行为是"为了侦破案件不择手段"还是"案件侦破不能以侵犯公民利益为手段"的问题。

还须加以强调的就是，未成年人的"合理隐私期待"不能用成人的眼光来看待。如果不能用真正儿童的标准来判断隐私的"合理"以及"期待"，那对未成年人的隐私权保护来说就只是个空壳。比如我们经常谈起的"学习成绩"，在成年人尤其是家长看来，毫无可"隐"之处，然而对未成年人来说情况就不同了。在刑事诉讼中，不管是侦查阶段还是审判、执行阶段，都要采用"与未成年人心理、生理特征相适宜"的手段和措施，尊重其人格尊严，保障其隐私利益。

三　实践场所：少年法院（法庭）的建立

少年法院（包含少年法庭，下文不再重复）的建立是少年司法制度真正走向文明的标志，因为从法治的应有之义来看，立法和司法从来都不是同一个方向的"权力运行轨迹"。立法追求的是"剔除特别""抽取一般"，从而创设能够"普遍化"适用的规则，而司法却是反其道而行之，将"普遍性"规则应用于"个案化事实"，从而作出"个案裁判"。所以，如果说立法是"同类案件相同处理"，那么司法就是"不同案件不同处理"。

少年法院就是"不同案件不同处理"的应有之物。1899 年 7 月 1 日，美国伊利诺伊州通过了《规范治疗和控制无人照管、疏于照管和罪错儿童法》（又称伊利诺伊少年法院法），建立了世界上第一个少年法庭，其中关于"不公开审判"的规定招致了许多批评，如"不公开审判会使国家行为不透明……会阻止新闻界报道案件，并且掩盖了母亲们因为孩子被免于公共审查的组织带走而产生的痛苦"[①]。波士顿少年法院的首席法官哈维·贝

---

① 转引自〔美〕玛格丽特·K. 罗森海姆等《少年司法的一个世纪》，高维俭译，商务印书馆，2008，第 70 页。

克在《不公开审判——利与弊》一文中写道："不公开审判最大的好处在于允许法官最大限度地接近儿童，保护儿童和他们家庭的隐私权，但很可能包庇一个不称职法官的粗心、怪癖或者偏见。"① 但经过反复辩论，美国人还是认可了少年法院制度带来的"利大于弊"。"为什么我们不能像对待疏于管教的孩子一样，像一位明智、仁慈的父亲对待自己的孩子一样，公正恰当地处理少年犯？……误入歧途的孩子、屡教不改的孩子、触犯法律法规的孩子，应被置于政府的监管之下——不是作为其敌人，而是作为其最终的监护人。"② 这种温情款款、充满慈爱的语言所表达的正是少年法院建立的初衷。

事实上，少年法院仅仅是一个统称，与它相匹配的是一系列从侦查到审判再到执行的具体规则和措施。《北京规则》第 6 条、第 12 条、第 22 条皆为相关规定。如处置少年违法犯罪案件的司法人员构成应当专业化、多样化，确保司法人员组成中有熟悉少年成长和心理规律，懂得法学、社会学、心理学、犯罪学和行为科学基础知识的，确保有一定比例的女性司法人员和少数民族工作人员等；《联合国预防少年犯罪准则》第 58 条、《联合国保护被剥夺自由少年规则》第 81 至 86 条，也规定了一定比例的女性执法人员、拘留所管理人员专业化等内容。总之，未成年人的身心特点以及少年司法制度的特殊性决定了办案人员都应是满足特殊要求的人员。在少年法院系统中，不仅仅是工作人员，少年司法的各项程序设计也应体现对少年的"倾斜性"对待。如美国和瑞典采用的"密室"一站式服务，即对儿童性侵案的询问、审理都在专门小密室进行，房间内有专门的录影设备，每一名受害儿童都有专门的女警接待，且尽力将程序一次、迅速完成。这种"精细化"的程序设计体现了对儿童的人文关怀，是司法机关面对未成年人这一特殊群体时的应尽义务。

少年法院的建立为保护刑事诉讼中的未成年人隐私权提供重要条件，且不仅仅是针对未成年犯罪嫌疑人、未成年被告人，还包括未成年受害人、

---

① 转引自高维俭、梅文娟《未成年人刑事案件不公开审判制度比较研究——基于特别隐私权的理论视角》，《天中学刊》2015 年第 1 期。

② 〔美〕玛格丽特·K. 罗森海姆等：《少年司法的一个世纪》，高维俭译，商务印书馆，2008，第 175 页。

未成年证人。首先，不公开审理可以保证最大限度地防止未成年人信息泄露，同时隔绝了新闻媒体来自法庭的报道；其次，专门配置的女性工作人员及其他专门人员会在询问、采样、检查等侦查措施中，以及作证、陈述等证据展示阶段发挥重要作用，对未成年人的隐私利益起到最大的维护作用；最后，法庭会对通过侵犯隐私等方式取得的证据进行效力审查，一旦认定其为非法证据，那对未成年人隐私权的保护意义重大。也正是因为这样，少年法院制度不仅涉及法院，而是连同公安和检察院，对未成年人案件设立专门的程序、配备专业的人员。

我国并没有建立单独的少年法院，而是在普通法院内部设立少年法庭。同样，公安机关设立独立的未成年人案件侦查机构，检察机关设立独立的未成年人案件检察机构。但相较于未成年人审判和检察机构，未成年人警察机构发展最为迟缓。此外，为了防止在刑事诉讼的各阶段泄露未成年人的隐私信息，以及迅速、不拖延地结案，各机关都在探索新的路径。如江苏省如皋市公安局、检察院和法院就共同签订了《关于对未成年被害人特殊司法程序保护的实施意见》，确定了"立案优先""隐私权保护""知情权保障""不公开审理""上诉、申诉、请求抗诉权的优先"等五大原则。"其中'隐私权保护原则'规定对涉及未成年被害人隐私的案件，要注意侦查的方式，到其所在的学校、社区、村庄、家庭等场所取证，尽量不开警车、不着警服。对该类案件，检察院侦查监督、公诉部门应及时派员介入侦查、引导取证。对被害人的询问，尽量一次到位；制作视听资料，一次成像；捕、诉、审一站式复核固定被害人陈述，避免各诉讼程序反复询问，以免对被害人心理上造成'二次伤害'。"①

四　行为规制：责任追究制度

不管是《未成年人保护法》，还是《刑事诉讼法》，都没有对侵犯未成年人隐私权的行为规定责任条款，而仅以"不得"来代替。具体说来，在刑事诉讼的各阶段，对未成年人隐私信息负有保密义务的主体主要有以下两类。（1）相关公职人员。《公安机关办理未成年人违法犯罪案件的规定》

---

① 转引自兰跃军《未成年被害人权益保障新论》，《青少年犯罪问题》2013 年第 6 期。

第5条和《人民检察院办理未成年人刑事案件的规定》第5条分别规定了公安和检察院相关人员在办理未成年人刑事案件时要注意保护未成年人的隐私，不得擅自披露涉案未成年人信息；《刑事诉讼法》第286条规定犯罪记录被封存且不得向任何单位和个人提供的例外条款："司法机关为办案需要或者有关单位根据国家规定"可以进行查询的人员；还有陪伴左右、负责未成年受害人以及未成年证人作证以及检查的过程中知悉她（他）们隐私的人员。上述三类公职人员因其职务获悉未成年人的隐私，但"官方掌握信息记录并不必然导致个人对隐私和合理期待的消失"①。（2）相关社会组织、新闻媒体及个人。首先，能够参与庭审的人员有未成年被告人的成年亲属，所在学校、单位、居住地基层组织或者未成年人保护组织的代表，且参与的程序是"经未成年被告人及其法定代理人同意"。那随之而来的就是上述参与庭审的组织、单位代表对所知悉的未成年人隐私负有保密责任。其次，《未成年人保护法》第49条规定了新闻媒体采访报道不得侵犯未成年人的名誉、隐私等。由此，媒体也负有保密的义务。再次，《律师法》第48条第4款规定了律师不得"泄露商业秘密或者个人隐私"，若有泄露行为，则应承担相应的法律责任。最后，《刑事诉讼法》第279条规定了从侦查阶段到审判阶段，办理未成年刑事案件，都可以根据情况对未成年犯罪嫌疑人、被告人的成长经历、犯罪原因、监护教育等情况进行调查。并且社会调查既可以由办案机关亲自进行，也可以委托给相关组织或个人。这些接受委托的组织或个人在调查的过程中会接触到大量的未成年人隐私，因而，他们也必须对这些隐私负保密义务。2009年通过的《湖北省实施〈中华人民共和国未成年人保护法〉办法》第42条就确立了"对涉嫌犯罪的未成年人进行调查的社会调查员不得披露被调查未成年人的有关信息和资料"的规定。

只有对上述机构、组织及个人规定严格的保密义务，并设置责任追究机制，才能真正实现对未成年人隐私权的充分保护。英国《1989年儿童法》给我们做了榜样，该法第97条（6）规定："任何人都不得公开旨在或可以

---

① 转引自吴星、郭婕《真相与未来——新媒体时代未成年被告人隐私权的司法保护》，《中国青年研究》2014年第5期。

确定儿童参与治安法院依法审理的诉讼程序的材料或该儿童的住址或所在学校。但如果为了儿童福利之需要，法院可以命令公开。公开的途径包括电视节目。任何违反本条规定的人都应当构成藐视法庭罪，经简易程序定罪，可以判处不超过第 4 标准等级的罚金。"[1] 这里的"儿童福利之需要"如未成年被告被判无罪的情形，此类案件的全面公开报道反而有利于洗刷其业已在一定范围内造成的污名。

五　路径选择：未成年人的权利救济

紧承上文，如果说责任追究是对负有保密义务的相关机构、组织或个人提出的、违反此义务将承担的"法律后果"，那么，救济措施则是基于未成年人利益的考量。现实生活中，如果涉案的未成年人是"童星"，或者"官二代""富二代"，再加上类似"我爸是李刚"之类的"豪言壮语"，那么新闻媒体会非常乐意将其"祖上三代"的信息都深挖出来。对于此类违法行为的法律责任，仅有《未成年人保护法》规定的"由公安机关给予行政处罚"、检察院"提出纠正意见"显然是不够的，对诉讼过程中的未成年人隐私保护应从根源入手，而不能"头痛医头、脚痛医脚"。

1. 诉讼程序内的救济

所谓诉讼程序内的救济，指的是在涉及未成年人案件的诉讼过程中，针对办案机关及其工作人员对其隐私的侵犯，即时提出的"申诉和控告"和"非法证据排除"请求。

（1）申诉和控告

申诉和控告是宪法赋予公民的基本权利，指向政府机关及其工作人员的非法行为。在刑事诉讼各阶段，侦查行为最容易对未成年人的隐私权造成侵犯，所以，未成年人及其监护人等可以对侦查机关的非法侦查提出申诉和控告。

我国刑诉法中有申诉和控告的规定，只不过该规定不是针对隐私侵权，而是针对强制措施的变更和解除。随着远程拍照、摄像头监控、电话监听、电子邮件截取、热成像探测、GPS 定位、高空侦查、指纹及 DNA 数据库比

---

① 孙云晓、张美英：《当代未成年人法律译丛》（英国卷），中国检察出版社，2005，第 137 页。

对等新型侦查措施的出现,我们发现公民个人的隐私越来越少,更不用说涉案未成年人了。对侵犯当事人隐私权的侦查行为提起申诉和控告,目的是要求侦查机关立即停止侵权,防止个人隐私进一步被收集和处理。

(2)非法证据排除

非法证据排除是"防范侦查机关以通过侵权的方式获取证据"的最佳设计,是"规范侦查权运行"和"保障当事人权利"的有效调控。对非法证据排除规则的最大质疑源于对两种利益的选择:是发现案件真实,哪怕手段不太正当?还是保障个人权利,却使"有罪者逍遥法外"?任何绝对偏向一方的选择都将是不恰当的,在个人利益与社会利益之间需要构建一种"灵活而不失原则"的协调机制。所谓"原则",是指常态下,通过非法手段收集的证据效力不予认定。"犯罪能够逃脱侦查和定罪,并非仅仅是因为由监听公共电话系统的线路而获得的证据不被采纳……在任何情况下,少数罪犯逃脱,比所有人的生活隐私暴露于政府机构面前要好些,那些机构自行其是,诚实或不诚实,不受法院的批准和约束。如果法院仍然认为非法取得证据可以采纳的话,立法规定监听属于犯罪行为是不够的。"①

我国《刑事诉讼法》第56条规定:"在侦查审查起诉审判时发现有应当排除的证据的,应当依法予以排除,不得作为起诉意见、起诉决定和判决的依据。"第57条规定:"人民检察院接到报案、控告、举报或者发现侦查人员以非法方法收集证据的,应当进行调查核实。对于确有以非法方法收集证据情形的,应当提出纠正意见;构成犯罪的,依法追究刑事责任。"这种规定类似于"裁量权主义",对证据收集的合法性证明达到什么程度或标准,完全掌握在法官手中。

对于通过侵犯未成年人隐私权而获取的证据应在"最大程度上"认定其"无效",因为文明国家的少年司法政策对未成年人利益是"倾斜保护"的,这也符合《儿童权利公约》所提倡的儿童权益保护"最大化"原则。

2. 诉讼程序外的救济

所谓诉讼程序外的救济,是指在涉及未成年人的案件审理或刑罚执行完毕之后,针对在诉讼各阶段发生的侵犯未成年人隐私权的行为所提出的

---

① 〔美〕路易斯·D.布兰代斯等:《隐私权》,宦盛奎译,北京大学出版社,2014,第91页。

侵权之诉或国家赔偿之诉。

（1）侵权之诉

侵权之诉是指未成年人及其法定代理人对新闻媒体、相关社会组织及个人违反"对涉案未成年人隐私的保密义务"而提起的隐私侵权之诉。正如上文中提到的，新闻媒体、未成年人保护组织、所在单位、学校、居（村）委会、社会调查人员、律师等主体，基于法律规定，负有保守"在报道和参与刑诉过程中获悉的涉案未成年人隐私信息"的义务，对该义务的违反将可能引起侵权之诉。

学校和工作单位也是保护涉案未成年人隐私权的重要主体，在面对媒体的采访时，不能发表犯罪与否的主观性预测，不能随意披露涉案少年的隐私信息，必要的时候要拒绝采访。因为"即使是未成年人品行经历中的一点小瑕疵都有可能被媒体等放大成'定罪的品格证据'，这对于未成年当事人和司法审判都会产生不良影响"[1]。在未成年人被定罪后，学校和单位一般情况下也会作出将其开除的决定，这种处罚不能向社会公开。此外，对社会调查人员、未成年人保护组织、居（村）委会相关人员也应有类似的要求。

事实上，有些法律已经明文规定了对上述人员违法披露未成年人隐私权的处罚措施，如《律师法》第48条规定对律师肆意披露当事人信息的，司法行政部门给予警告，可以处1万元以下的罚款；有违法所得的，没收违法所得；情节严重的，给予停止执业3个月以上6个月以下的处罚。但该处罚是行政处罚，对未成年人的隐私权益没有多少补救。对违法披露未成年人隐私的媒体、组织及个人所提起的侵权之诉中，最重要的诉求有两项：停止侵权和精神损害赔偿。停止侵权可通过"禁令"的途径提前作出申请；而隐私侵权的精神损害赔偿在2009年《侵权责任法》颁布后已经成为独立的诉因了。《民法典》第996条更是明确了精神损害赔偿请求权。除此之外，还需特别注意的是，在侵权之诉的审理过程中以及诸如赔礼道歉等责任承担方式执行时，应本着充分尊重未成年人隐私权的原则，不该公开的就不公开，以免给未成年人造成"二次伤害"。

---

[1]　蔡福华、严义挺：《未成年人犯罪记录隐私权基本问题分析》，《海峡法学》2014年第3期。

（2）国家赔偿之诉

针对公职人员在办理涉案未成年人的案件中对其隐私权的侵犯，除了"非法证据排除"之外，还应规定国家赔偿。司法机关"善的初衷"并不是证成其"侵权不成立"的正当理由，既如此，司法机关及其工作人员在履行职责过程中对公民的合法权益造成损害的，应当承担法律责任。如德国民法在监护制度中规定，监护法院法官因过错造成被监护人人身或财产损害的，应依职务侵害的规定承担责任。①

对办理涉及未成年人案件的公权力机关来说，尊重并保护其隐私权是法律规定必须履行的义务。《公安机关办理未成年人违法犯罪案件的规定》和《人民检察院办理未成年人刑事案件的规定》都在第 5 条规定在办案过程中要保护涉案未成年人的隐私；《未成年人保护法》、《预防未成年人犯罪法》也对司法机关作出类似规定；最高人民法院《关于审理未成年人刑事案件的若干规定》第 13 条也作出了"审判人员不得向外界披露未成年人的相关资料"之规定。

---

① 聂阳阳：《未成年人监护制度之反思与重构》，《北京社会科学》2008 年第 6 期。

结　语

　　已故南非总统曼德拉曾说过："没有什么比我们对待孩子的态度更能深刻折射这个社会的核心价值追求了。"文明的进步让我们谨慎地思考、对待"权威与服从"语境中的未成年人隐私权问题，今日的孩子再也不能被当作是可以被规划的、被设计的、被安排的对象，而是拥有独立地位和人格尊严的主体。诚然，孩子的成长离不开父母的养育、师长的教导，孩子也难免会因犯错而被公权力机关找上，但这一切都不是父母、师长、公权力机关等权威主体无视甚至侵犯未成年人隐私利益的正当理由。从生活关系到法律关系，从道德权利到法律权利，从隐私利益到隐私权，这种认识的每一次递进都彰显成人世界对待未成年人权利的态度，也象征着文明进步的尺度。

参考文献

著作

1. 张民安主编《隐私权的比较研究》，中山大学出版社，2013。

2. 张民安主编《侵扰他人安宁的隐私侵权》，中山大学出版社，2012。

3. 张民安主编《公开他人私人事物的隐私侵权》，中山大学出版社，2012。

4. 张民安主编《公开权侵权责任研究：肖像、隐私及其他人格特征侵权》，中山大学出版社，2010。

5. 张民安主编《美国当代隐私权研究》，中山大学出版社，2013。

6. 张民安主编《信息性隐私权研究》，中山大学出版社，2014。

7. 史尚宽：《亲属法论》，台湾荣泰印书馆，1980。

8. 王秀哲：《隐私权的宪法保护》，社会科学文献出版社，2007。

9. 陆士桢、魏兆鹏、胡伟：《中国儿童政策概论》，社会科学文献出版社，2005。

10. 徐国栋：《民法哲学》（增订本），中国法制出版社，2015。

11. 杨大文：《亲属法》，法律出版社，2003。

12. 陈戈、柳建龙等：《德国联邦宪法法院典型判例研究——基本权利篇》，法律出版社2015。

13. 郭道晖：《法理学精义》，湖南人民出版社，2005。

14. 郑玉波：《民法总则》，中国政法大学出版社，2003。

15. 李震山：《人性尊严与人权保障》，元照出版公司，2000。

16. 李建华：《法治社会中的伦理秩序》，中国社会科学出版社，2004。

17. 李步云：《法理学》，经济科学出版社，2000。

18. 齐爱民：《大数据时代个人信息保护法国际比较研究》，法律出版社，2015。

19. 郭明龙：《个人信息权利的侵权法保护》，中国法制出版社，2012。

20. 马特：《隐私权研究——以体系构建为中心》，中国人民大学出版社，2014。

21. 贾淼：《人格权益法总论》，中国政法大学出版社，2014。

22. 陈昶屹：《网络人格权侵权责任研究》，北京大学出版社，2014。

23. 张民安：《法国民法》，清华大学出版社，2015。

24. 杨立新：《人格权法》，法律出版社，2015。

25. 王利明：《侵权责任法研究》（上、下册），中国人民大学出版社，2011。

26. 曹刚：《道德难题与程序正义》，北京大学出版社，2011。

27. 陈金钊等：《法律方法论研究》，山东人民出版社，2010。

28. 鲁友章、李宗正主编《经济学说史》（下册），人民出版社，1983。

29. 张新宝：《侵权责任法原理》，中国人民大学出版社，2005。

30. 杨立新：《侵权法论》（第三版），人民法院出版社，2005。

31. 王海明：《伦理学原理》，北京大学出版社，2012。

32. 张新宝：《隐私权的法律保护》（第二版），群众出版社，2004。

33. 孙云晓、张美英：《当代未成年人法律译丛（英国卷）》，中国检察出版社，2005。

34. 孙云晓、张美英：《当代未成年人法律译丛（美国卷）》，中国检察出版社，2005。

35. 孙云晓、张美英：《当代未成年人法律译丛（澳大利亚卷）》，中国检察出版社，2005。

36. 孙云晓、张美英：《当代未成年人法律译丛（日本卷）》，中国检察出版社，2005。

37. 涂子沛：《大数据：正在到来的数据革命，以及它如何改变政府．商业与我们的生活》，广西师范大学出版社，2015。

38. 梁治平：《寻求自然秩序中的和谐》，中国政法大学出版社，2002。

39. 陈爱武:《家事法院制度研究》,北京大学出版社,2010。

40. 俞可平:《社群主义》(第三版),东方出版社,2015。

41. 刘军宁:《保守主义》(第三版),东方出版社,2014。

42. 张民安、杨彪:《侵权责任法》,高等教育出版社,2011。

43. 佟丽华主编《未成年人法学·司法保护卷》,法律出版社,2007。

44. 梁根林:《刑事制裁:方法与选择》,法律出版社,2006。

45. 翁跃强、雷小政:《未成年人刑事司法程序研究》,中国检察出版社,2010。

46. 王泽鉴:《人格权法:法释义学、比较法、案例研究》,北京大学出版社,2013。

47. 王丽萍:《亲子法研究》,法律出版社,2004。

48.《法国民法典》(上册),罗结珍译,法律出版社,2005。

49.《德国民法典》,陈卫佐译,法律出版社,2004。

50.《侵权法重述第二版:条文部分》,许传玺等译,法律出版社,2012。

51.〔美〕乔尔·范伯格:《刑法的道德界限》(共4卷),商务印书馆,2014。

52.〔美〕理查德·C. 托克音顿、阿丽塔·L. 艾伦:《美国隐私法:学说、判例与立法》,中国民主法制出版社,2004。

53.〔英〕约翰·密尔:《论自由》,许宝骙译,商务印书馆,1959。

54.〔英〕克莱尔·奥维、罗宾·怀特:《欧洲人权法——原则与判例》(第三版),何志鹏、孙璐译,北京大学出版社,2006。

55.〔美〕埃里克·A. 波斯纳:《法律与社会规范》,沈明译,中国政法大学出版社,2004。

56.〔美〕熊彼特:《经济分析史》(第1卷),朱泱等译,商务印书馆,1991。

57.〔英〕彼得·斯坦、约翰·香德:《西方社会的法律价值》,王献平译,中国人民公安大学出版社,1990。

58.〔日〕我妻荣、有泉亨:《日本民法·亲属法》,夏玉芝译,工商出版社,1996。

59. 〔德〕冯·巴尔:《欧洲比较侵权行为法》(上),张新宝译,法律出版社,2004。

60. 〔德〕康德:《道德形而上学原理》,苗力田译,上海人民出版社,2001。

61. 〔德〕梅迪库斯:《德国民法总论》(第2版),邵建东译,法律出版社,2001。

62. 〔奥〕阿尔弗雷德·阿德勒:《儿童的人格教育》,上海人民出版社,2011。

63. 〔日〕《我妻荣民法讲义》(共8卷),中国法制出版社,2008。

64. 〔美〕J. 科尔曼:《社会理论的基础》,社会科学文献出版社,1999。

65. 〔美〕小詹姆斯·A. 亨德森:《美国侵权法:实体与程序》,北京大学出版社,2014。

66. 〔加〕萨姆纳:《权利的道德基础》,中国人民大学出版社,2011。

67. 〔英〕克莱尔·奥维、罗宾·怀特:《欧洲人权法——原则与判例》,北京大学出版社,2006。

68. 〔美〕艾伦·德肖维茨:《你的权利从哪里来?》,黄煜文译,北京大学出版社,2014。

69. 〔英〕史蒂文·卢克斯:《个人主义》,阎克文译,江苏人民出版社,2001。

70. 〔美〕汉娜·阿伦特:《人的境况》,王寅丽译,上海世纪出版集团,2009。

71. 〔英〕麦尔荀伯格:《大数据·隐私篇:数位时代,"删去"是必要的美德》,林俊宏译,台北远见天下文化出版股份有限公司,2015。

72. 〔加〕威尔·金里卡:《当代政治哲学》,刘莘译,上海三联书店,2004。

73. 〔美〕罗斯科·庞德:《法理学》(第三卷),廖德宇译。法律出版社,2008。

74. 〔美〕伯纳德·施瓦茨:《美国法律史》,王军等译,法律出版社,1989。

75. 〔奥〕曼弗雷德·诺瓦克:《民权公约评注(上)》,毕小青、孙世彦译,三联书店,2003。

76. 〔美〕路易斯·D.布兰代斯等:《隐私权》,宦盛奎译,北京大学出版社,2014。

77. 〔美〕玛格丽特·K.罗森海姆等:《少年司法的一个世纪》,高维俭译,商务印书馆,2008。

78. 〔德〕汉斯·约阿希姆·施奈德主编《国际范围内的被害人》,许章润等译,中国人民公安大学出版社,1992。

79. 〔美〕菲尔德:《少年司法制度》,高维俭、蔡伟文、任延锋译,中国人民公安大学出版社,2011。

80. 〔英〕以赛亚·伯林:《自由论》,胡传胜译,译林出版社,2011。

81. 〔加〕马克斯·范梅南、〔荷〕巴斯·莱维林:《儿童的秘密——秘密、隐私和自我的重新认识》,陈慧黠、曹赛先译,教育科学出版社,2014。

82. 〔美〕凯特·斯丹德利:《家庭法》,屈广清译,中国政法大学出版社,2004。

83. 〔美〕帕森斯:《现代社会的结构和过程》,光明日报出版社,1988。

84. 〔美〕爱德华·怀特:《美国侵权行为法:一部知识史》,北京大学出版社,2014。

85. 〔德〕迪特尔·施瓦布:《德国家庭法》,王葆莳译,法律出版社,2010。

86. 〔德〕迪特尔·施瓦布:《民法导论》,郑冲译,法律出版社,2006。

87. 〔德〕卡尔·拉伦茨:《德国民法通论》(上),王晓晔等译,法律出版社,2003。

88. 〔德〕K.茨威格特、H.克茨:《比较法总论》,潘汉典等译,法律出版社,2003。

89. 〔美〕马克·赫特尔:《变动中的家庭——跨文化的透视》,宋践等译,浙江人民出版社,1988。

90. 〔意〕桑德罗·斯奇巴尼选编《婚姻·家庭和遗产继承》,费安玲译,中国政法大学出版社,2001。

91. 〔英〕约翰·伊克拉：《家庭法和私生活》，石雷译，法律出版社，2015。

92. 〔英〕A. J. M. 米尔恩：《人的权利与人的多样性》，夏勇、张志铭译，中国大百科全书出版社，1995。

93. 〔美〕玛丽·安·格伦顿：《权利话语——穷途末路的政治言辞》，周威译，北京大学出版社，2006。

94. 〔德〕康德：《法的形而上学原理》，沈叔平译，商务印书馆，1991。

95. 〔美〕庞德：《通过法律的社会控制》，沈宗灵、董世忠译，商务印书馆，1984。

96. 〔美〕皮文睿：《论权利与利益及中国权利之旨趣》，载夏勇主编《公法》（第1卷），法律出版社，1999。

97. 〔美〕德沃金：《生命的自主权——堕胎、安乐死与个人自由》，郭贞伶、陈雅汝译，商周出版社，2002。

98. 〔法〕卢梭：《爱弥儿（论教育）》（上卷），李平沤译，人民教育出版社，2001。

99. 张民安主编《隐私权的性质和功能》，中山大学出版社，2018。

100. 张民安主编《隐私权的界定》，中山大学出版社，2017。

101. 陆海娜：《家庭与隐私权》，知识产权出版社，2016。

102. 〔法〕科琳·雷诺-布拉尹思吉：《法国家庭法精要》，石雷译，法律出版社，2019。

103. 刘征锋：《论民法教义体系与家庭法的对立与融合：现代家庭法的谱系生成》，法律出版社，2018。

104. 蒋月：《20世纪婚姻家庭法》，中国社会科学出版社，2015。

论文

1. 吴星、郭婕：《真相与未来——新媒体时代未成年被告人隐私权的司法保护》，《中国青年研究》2014年第5期。

2. 蔡福华、严义挺：《未成年人犯罪记录隐私权基本问题分析》，《海峡法学》2014年第3期。

3. 孙莉：《人本的过程性与权力运作过程的人本性》，《政法论坛》（《中国政法大学学报》）2007年第1期。

4. 高维俭．梅文娟：《未成年人刑事案件不公开审判制度比较研究——基于特别隐私权的理论视角》，《天中学刊》2015年第1期。

5. 皮艺军：《中国少年司法理念与实践的对接》，《青少年犯罪问题》2010年第6期。

6. 刘清生：《规范与事实之间的冲突与弥合：未成年人犯罪记录封存制度的未来走向》，《中国刑事法杂志》2012年第6期。

7. 胡玉鸿：《论司法审判中法律适用的个别化》，《法制与社会发展》2012年第6期。

8. 胡玉鸿：《法律与自然情感——以家庭关系和隐私权为例》，《法商研究》2005年第6期。

9. 胡玉鸿：《"人的尊严"的法理疏释》，《法学评论》2007年第6期。

10. 于志刚：《关于对犯罪记录予以隐私权保护的思索——从刑法学和犯罪预防角度进行的初步检讨》，《河南大学学报》（社会科学版）2010年第5期。

11. 余广俊：《论道德权利与法律权利》，《山东社会科学》2009年第10期。

12. 李伟：《刑事诉讼中的儿童证人研究》，《河南社会科学》2012年第9期。

13. 宋远升：《隐私权视角下涉罪未成年人刑事司法保护》，《青少年犯罪问题》2009年第6期。

14. 曾新华：《论未成年人轻罪记录封存制度——我国新〈刑事诉讼法〉第275条之理解与适用》，《法学杂志》2012年第6期。

15. 李明琪、杨磐：《犯罪学标签理论的应然走向》，《中国人民公安大学学报》（社会科学版）2012年第3期。

16. 徐国栋：《普通法的国家亲权制度及其罗马法根源》，《甘肃社会科学》2011年第1期。

17. 吴亮：《美国校园搜查中的未成年人隐私权保护及其启示》，《青少年犯罪问题》2011 年第 6 期。

18. 梁慧星、廖新仲：《隐私的本质与隐私权的概念》，《人民司法》2003 年第 4 期。

19. 王利明：《隐私权概念的再界定》，《法学家》2012 年第 2 期。

20. 段玉章：《儿童权利观初论》，载徐显明主编《人权研究》（第 12 卷），山东人民出版社，2013。

21. 可欣：《隐私权研究》，载徐显明主编《人权研究》（第 7 卷），山东人民出版社，2008。

22. 王立志：《隐私权之定义是否可能?》，《政治与法律》2015 年第 8 期。

23. 李道刚：《论德国家庭教育权》，《山东社会科学》2003 年第 4 期。

24. 陈爱武：《论家事审判机构之专门化——以家事法院（庭）为中心的比较分析》，《法律科学》2012 年第 1 期。

25. 张晓茹：《日本家事法院及其对我国的启示》，《比较法研究》2008 年第 3 期。

26. 尹田：《论人格权的本质——兼评我国民法草案关于人格权的规定》，《法学研究》2003 年第 4 期。

27. 龙卫球：《论自然人人格权及其当代进路——兼评宪法秩序与民法实证主义》，载许章润主编《清华法学》（第二辑），清华大学出版社，2003。

28. 刘德良：《隐私与隐私权问题研究》，《社会科学》2003 年第 8 期。

29. 何燕：《论少年家事法庭的重构——一种中国式路径的思考》，《烟台大学学报》（哲学社会科学版）2014 年第 3 期。

30. 蒋月：《家事审判制：家事诉讼程序与家事法庭》，《甘肃政法学院学报》2008 年第 1 期。

31. 王雪梅：《儿童权利保护的"最大利益原则"研究》，《环球法律评论》2002 年第 4 期。

32. 季乃礼、张振华：《心理层面的威权主义辨析》，载李路曲主编《比较政治学研究》（第 2 辑），中央编译出版社，2011。

33. 马庆钰：《论家长本位与"权威主义人格"——关于中国传统政治文化的一种分析》，《中国人民大学学报》1998年第5期。

34. 徐国栋：《人身关系流变考》，《法学》2002年第6期。

35. 曹诗权：《亲属法的时代背景与走向》，载夏吟兰、龙翼飞主编《家事法研究》（2012年卷），社会科学文献出版社，2012。

36. 董小平：《家庭隐私观代际差异比较研究》，《青年研究》2004年第6期。

37. 白红平、杨志勇：《澳大利亚家庭法院的特点及对我国的启示》，《山西大学学报》（哲学社会科学版）2008年第2期。

38. 于飞：《论德国侵权法中的"框架权"》，《比较法研究》2012年第2期。

39. 石佳友：《论侵权责任法的预防职能》，《中州学刊》2009年第3期。

40. 张龑：《何为我们看重的生活意义——家作为法学的一个基本范畴》，《清华法学》2016年第1期。

41. 张龑：《论我国法律体系中的家与个体自由原则》，《中外法学》2013年第4期。

42. 蒋舸：《个人信息保护立法模式的选择——以德国经验为视角》，《法律科学》（《西北政法大学学报》）2011年第2期。

43. 杨芳：《个人信息自决权理论及其检讨》，《比较法研究》2015年第6期。

44. 王风民：《隐私权民法保护的制度设计》，《学术交流》2006年第2期。

45. 贺来：《有尊严的幸福生活何以可能》，《哲学研究》2011年第7期。

46. 陈来：《价值·权威·传统与中国哲学》，《哲学研究》1989年第10期。

47. 李帅：《权威与服从：对施密特理论的检视——读〈论法学思维的三种模式〉》，《政法论坛》2016年第5期。

48. 邵莉、季金华：《权威关系的社会价值与合法性——对恩格斯、帕森斯和科尔曼之权威理论的解读》，《南京社会科学》2002年第3期。

49. 胡玉鸿：《法律史上人格制度的演化》，《法律科学》2008 年第 4 期。

50. 刘作翔：《权利冲突的几个理论问题》，《中国法学》2002 年第 2 期。

51. 张伟涛：《从功利到道义：当代中国权利观念道德基础的构建》，《法制与社会发展》2012 年第 1 期。

52. 程立显：《试论道德权利》，《哲学研究》1984 年第 8 期。

53. 李树军、李业杰：《道德权利初探》，《郑州大学学报》（哲社版）1985 年第 4 期。

54. 张开城：《试论道德权利》，《山东师范大学学报》（社会科学版）1995 年第 5 期。

55. 王芳：《美国刑事诉讼法对隐私权的保护》，博士学位论文，山东大学，2012。

56. 胡苗玲：《论我国未成年人前科消灭制度的完善》，硕士学位论文，西南政法大学，2014。

57. 张亚茹：《未成年人刑事司法身份信息保密制度研究》，硕士学位论文，西南政法大学，2013。

58. 郑玉双：《法律保卫家庭：重构孝道的法治形象》，《河南大学学报》（社会科学版）2021 年第 5 期。

59. 曹相见：《人格权支配权说质疑》，《当代法学》2021 年第 5 期。

60. 曹相见：《人格权法定的宪法之维与民法典编纂》，《浙江社会科学》2020 年第 2 期。

61. 房绍坤、曹相见：《论个人信息人格利益的隐私本质》，《法治与社会发展》2019 年第 4 期。

62. 李延舜：《论宪法隐私权的类型及功能》，《烟台大学学报》（哲学社会科学版）2017 年第 6 期。

63. 李延舜：《公共场所隐私权研究—法理、要素及类型》，《法学论坛》2018 年第 6 期。

64. 程雷：《大数据侦查的法律控制》，《中国社会科学》2018 年第 11 期。

外语文献

1. Edward J. Bloustein, "Privacy As an Aspect of Human Dignity: An Answer to Dean Prosser", 39 *N. Y. U. L. Rev.*, 962, 971 (1964).

2. Schweder&Bourne, "Does the Concept of the Person Vary Cross-culturally?" In R. A. Schweder&R. A. Levine (eds.), *Culture Theory: Essays on Mind, Self and Emotion, Cambridge*: Cambridge University Press (1984), p. 194.

3. Simmel, "Privacy is not An Islolated Freedom", in *Privacy* 71 (J. Pennock & J. Chapman eds. 1971).

4. Parker, "A Definition of Privacy", 27 *Rutgers L. Rev.* 275, 288 (1974).

5. Russell Meares, "The Secret and the Self: On a New Direction in Psychotherapy", *Australian and New Zealand Journal of Psychiatry*, 1987, 214 (4), 545-59.

6. Max Weber, *The Theory of Social and Economic Organization*, Oxford University Press (1947).

7. Samantha Brennan&Robert Noggle, "the Moral Status of Children: Children's Rights, Parents' Rights, and Family Justice", *Social Theory and Practice* (1997), No. 1.

8. Joseph Raz, *the Morality of Freedom*, Clarendon Press, 1986.

9. John Eekelar, "the Interests of the Child and the Child's Wishes: the Role of Dynamic Self-Determinism", *in* Philip Alston (eds.), *The Best Interests of the Child: Reconciling Culture and Human Rights*, Oxford University Press, 1994.

10. Freeman, Michael D. A, "The Rights and the Wrongs of Children", London, *N. H. F. Printer*, 1983.

11. David William Archard, *Children, Family and the State*, Ashgate Publishing Company, 2003.

12. Reiman, "Privact, Intimacy and Personhood", 6 *Phil. &Pub. Aff*, 26 (1976).

13. Judith J. Thomson, *The Right to Privacy*, *Philosophy and Public Affairs* 4, 1975.

14. Robert C. Post, "The Social Foundation of Privacy: Community and Self in the Common Law Tort", 77 *Cal. L. Rev.*, 957, 992 (1989).

15. Peter B. Edelman, "Free Press v. Privacy: Haunted by the Ghost of Justice Black", 68 *Tex. L. Rev.*, 1195, 1198 (1990).

16. Seth Safier, "Between Big Brother and the Bottom Line: Privacy in Cyberspace", 5 *Va. J. L. &Tech.*, 6, 7 (Nov. 4, 2002).

17. Louis Henkin, "Privacy and Autonomy", 74 *Columbia Law Review*, 1424-1425 (1974).

18. Charles Fried, "Privacy", 77 *Yale. L. J.*, 475, 484 (1968).

19. Neil M. Richards, "The Information Privacy Law Project", 94 *Geo. L. J.*, 1087, 1137-1138 (2006).

20. S. F. Deakin, *Angus Johnston and B. S. Markesinis and Deakin's Tort Law*, fifth edition, Clarendon Press Oxford.

21. Jean Carbonnier, *Droit Civil*, 1/*Introduction*, *Les Personnes*, Presses Universitaires De France.

22. Alan F. Westin, *Privacy And Freedom* 7 (1967).

23. Jerry Kang, "Information Privacy in Cyberspace Transactions", 50 *Stan. L. Rev.*, 1193, 1203 (1998).

24. Kellie Smidt, "Who Are You to Say What My Best Interest Is? Minors' Due Process Rights When Admitted by Parents For Inpatient Mental Health Treatment", 71 *Wash. L. Rev.*, 1187 (1996).

25. Robert C. Post, *Rereading Warren and Brandeis: Privacy, Property, and Appropriation*, *in Privacy*, edited by Eric Barendt, Published by Darmouth Publishing Company, 2001.

26. Robert C. Post, "The Social Foundation of Privacy: Community and Self

in the Common Law Tort", 77 *Cal. L. rev.* , 957 (1989), 1007-1008.

27. Greg Sitch, Sarah McCoubrey, "Stay in Your Seat: The Impact of Judicial Subordination of Students' Rights on Effective Rights Education", *Education and Law Journal* (2001-2002) 11.

28. Jerry Berman & Deirdre Mullligan, "The Internet and the Law: Privacy in the Digital Age: A Work in Progress", 23 *Nova L. Rev.* , 549, 554 - 556 (1999).

29. Andrew Jay McClung, "Bringing Privacy Law out of the Closet: A Tort Theory of Liability For Intrusions in Public Places", 73*N. C. L. Rev* (1995) .

30. Neil M. Richards, "The Information Privacy Law Project", 94 *Geo. L. J.* , 1087, 1137-1138 (2006).

31. William McHenru Horne, "The Movement to Open Juvenile Courts: Realizing the Significance of Public Discourse in First Amendment Analysis", *Indiana Law Review*, 2006 (39).

32. Emily Bazelon, "Public Access to Juvenile and Family Court: Should the Courtroom Doors Be Open or Closed?", *Yale Law & Policy Review*, 1999.

33. Thomas J. Bernard, Megan C. Kurlychek, *The Cycle of Juvenile Justice* (second edition), Oxford University Press, 2010.

图书在版编目（CIP）数据

"权威与服从"语境中的未成年人隐私权保护／李
延舜著. -- 北京：社会科学文献出版社，2022.1
ISBN 978-7-5201-9568-3

Ⅰ.①权…　Ⅱ.①李…　Ⅲ.①青少年保护-隐私权-
研究-中国　Ⅳ.①D922.74

中国版本图书馆 CIP 数据核字（2021）第 279306 号

"权威与服从"语境中的未成年人隐私权保护

著　　者／李延舜

出 版 人／王利民
责任编辑／高　媛
责任印制／王京美

出　　版／社会科学文献出版社·政法传媒分社（010）59367156
　　　　　地址：北京市北三环中路甲 29 号院华龙大厦　邮编：100029
　　　　　网址：www.ssap.com.cn
发　　行／市场营销中心（010）59367081　59367083
印　　装／三河市尚艺印装有限公司

规　　格／开　本：787mm×1092mm　1/16
　　　　　印　张：16.75　字　数：256 千字
版　　次／2022 年 1 月第 1 版　2022 年 1 月第 1 次印刷
书　　号／ISBN 978-7-5201-9568-3
定　　价／98.00 元